TECNOLOGIAS
para transformar a EDUCAÇÃO

T255   Tecnologias para transformar a educação / Juana María Sancho ... [et al.]. ; tradução Valério Campos. – Porto Alegre : Artmed, 2006.
200 p. : il. p&b ; 23 cm.

ISBN 978-85-363-0709-1

1. Tecnologia educacional. I. Sancho, Juana María. II. Campos, Valério.

CDU 37:004

Catalogação na publicação: Júlia Angst Coelho – CRB 10/1712

TECNOLOGIAS
para transformar a EDUCAÇÃO

Juana María Sancho
Fernando Hernández
e colaboradores

Tradução:
Valério Campos

Consultoria, supervisão e revisão técnica desta edição:
Maria da Graça Souza Horn
*Pedagoga. Doutora em Educação pela
Universidade Federal do Rio Grande do Sul*

Reimpressão 2008

2006

© Artmed Editora S.A., 2006

Capa:
Gustavo Macri

Preparação do original
Edna Calil

Leitura final
Carla Rosa Araujo

Supervisão editorial
Mônica Ballejo Canto

Projeto gráfico
Editoração eletrônica

artmed®
EDITOGRÁFICA

Reservados todos os direitos de publicação, em língua portuguesa, à
ARTMED® EDITORA S.A.
Av. Jerônimo de Ornelas, 670 - Santana
90040-340 Porto Alegre RS
Fone (51) 3027-7000 Fax (51) 3027-7070

É proibida a duplicação ou reprodução deste volume, no todo ou em parte, sob quaisquer formas ou por quaisquer meios (eletrônico, mecânico, gravação, fotocópia, distribuição na Web e outros), sem permissão expressa da Editora.

SÃO PAULO
Av. Angélica, 1091 - Higienópolis
01227-100 São Paulo SP
Fone (11) 3665-1100 Fax (11) 3667-1333

SAC 0800 703-3444

IMPRESSO NO BRASIL
PRINTED IN BRAZIL
Impresso sob demanda na Meta Brasil a pedido de Grupo A Educação.

Autores

Juana María Sancho Gil (org.). Catedrática de Universidade no Departamento de Didática e Organização Educativa da Universidade de Barcelona. Coordenadora do grupo de pesquisa consolidado Formação, Inovação e Novas Tecnologias (http://tint.doe.ds.ub.es) e co-diretora do Centro de Estudo sobre a Mudança na Cultura e Educação do Parque Científico de Barcelona. Coordena, participa e assessora diferentes projetos de pesquisas espanholas, européias e internacionais. Publicou muitos artigos e livros e co-dirige a coleção *Repensar a educação*, na editora Octaedro.

Fernando Hernández Hernández (org.). Professor de Educação Artística e Cultura Visual na Faculdade de Belas-Artes da Universidade de Barcelona. Além do trabalho e da pesquisa nesses dois campos, também atua na busca de uma melhor educação. É membro do grupo de pesquisa consolidado Formação, Inovação e Novas Tecnologias e co-diretor do Centro de Estudos sobre a Mudança na Cultura e Educação do Parque Científico de Barcelona (http://www.cecace.org). Coordena, participa e assessora diferentes projetos de pesquisa espanhóis, europeus e internacionais. Publicou muitos artigos e livros, co-dirige a coleção *Repensar a educação* e dirige a coleção *Interseções*, da editora Octaedro.

Ángel San Martín Alonso. Professor titular de Didática e Organização Escolar na Universidade de Valência, membro do grupo de pesquisa CRIE. Autor de *La escuela de las tecnologias* e *Del texto a la imagen*.

Anne Gilleran. É especialista em Tecnologias da Informação e Comunicação (TIC) na prática e na educação. Coordenou o Centro de Gestores Escolares (School Manager Centre) na Rede de Escolas Européias.

Carmen Alba Pastor. Professora Titular de Tecnologia Educativa, desenvolve sua atividade docente na Universidade Complutense de Madri.

David Istance. Analista sênior do Centro de Pesquisa e Inovação Educativa (CERI) da OCDE, no qual dirige o projeto "A escola do amanhã". Produziu o relatório principal e os cenários sobre o futuro da educação publicados em *What schools for the future?*

Juan de Pablos Pons. Catedrático de Didática e Organização Escolar na Universidade de Sevilha. Autor e editor científico de livros como *La tarea de educar* (2003), *La Universidad en la Unión Europea* (2005). Participa do Mestrado de Tecnología Educativa da Universidade de Salamanca como professor convidado.

Manuel Area Moreira. Catedrático da área de Didática e Organização Escolar. Atualmente, atua na Faculdade de Educação e dirige o Laboratório de Educação e Novas Tecnologias da Universidade de La Laguna. Entre suas publicações, destacam-se os livros *Educar em la sociedad de la información* (2001), *Los medios e tecnologias en la educación* (2004), *La educación en el laberinto tecnológico* (2005).

Sumário

Introdução 9

1. De tecnologias da informação e
   comunicação a recursos educativos 15
   Juana María Sancho

2. Por que dizemos que somos a favor da educação,
   se optamos por um caminho que deseduca e exclui? 43
   Fernando Hernández

3. A visão disciplinar no espaço das tecnologias
   da informação e comunicação 63
   Juan de Pablos

4. Práticas inovadoras em escolas européias 85
   Anne Gilleran

5. A organização das escolas e os reflexos da rede digital 111
   Ángel San Martín

6. Uma educação sem barreiras tecnológicas.
   TIC e educação inclusiva 131
   Carmen Alba

7. Vinte anos de políticas institucionais para incorporar
   as tecnologias da informação e comunicação ao sistema escolar 153
   Manuel Area

8. Os cenários da escola da OCDE, os professores
   e o papel das tecnologias da informação e comunicação 177
   David Istance

Introdução

UM PONTO DE PARTIDA

A obra que você tem nas mãos começou a nascer com o convite da Universidade Internacional da Andaluzia, sede de La Rábida,* para organizar um curso de verão com o título *Tecnologias da Informação e a Comunicação e Prática Docente*, ao qual, desde que comecei a ensiná-lo, acrescentei o subtítulo *Cenários da Escola do Amanhã*. Nosso conceito do que é uma Universidade de Verão e nossa trajetória de experiência, estudo e pesquisa no que se refere à utilização educativa das tecnologias da informação, comunicação, inovação e melhoria da educação nos levaram a conceber um curso que combinasse a análise prática de diferentes propostas de utilização dos computadores, das redes e dos sistemas virtuais de ensino com o estabelecimento e a exploração de diferentes problemáticas que a educação enfrenta atualmente e deverá continuar enfrentando no futuro próximo.

Os objetivos do curso foram assim articulados: (a) analisar as configurações da escola atual que dificultam a integração educativa das tecnologias de informação e comunicação; (b) explorar possíveis cenários da escola do amanhã, assim como suas conseqüências para os professores, os equipamentos, a organização e a formação dos docentes; (c) analisar diferentes concepções do conhecimento representadas no currículo e seu significado para a plena integração das TIC; (d) experimentar e analisar ambientes digitais de ensino e aprendizagem que favoreçam a inovação docente e a inclusão dos alunos com necessidades educativas especiais.

Partindo dessas premissas, as atividades do curso foram estabelecidas não como *oficinas para aprender a utilizar os recursos informáticos nas diferentes disciplinas do currículo*, porque esta tarefa é das secretarias estaduais de educação, e sim como um fórum de discussão sobre os desafios da educação, que devem ser enfrentados não apenas pelos professores, mas também pelas administrações, famílias e todo o conjunto de sistemas que formam a sociedade. Desafios gerados em um passado recente ainda são enfrentados cotidianamente e se proje-

---

*N. de T. Grupo de Universidades Ibero-Americanas.

tam para um futuro próximo, porque a escola de hoje indica o que será a escola do amanhã (Sancho, 2005a e b).

O desenvolvimento do curso consistiu em um conjunto de sessões de trabalho que integravam a teoria e a prática para possibilitar que os participantes vislumbrassem a complexidade dos processos de mudança educativa – vinculados com a integração das TIC nos ambientes de ensino e aprendizagem – que signifiquem uma melhoria. Esta forma de trabalho possibilitou aos especialistas nacionais e internacionais responsáveis pelas sessões explorarem e discutirem com os estudantes, os quais seguiram com interesse e entusiasmo todas as atividades do curso, o conjunto de temas que agora integram este livro com o título *Tecnologias para transformar a educação*. E assim o chamamos porque, da leitura do conjunto dos capítulos, se concluiu que não falamos apenas das TIC, mas de um conjunto de tecnologias – formas de fazer e intervir no mundo da educação – conhecimentos e saberes fundamentais para olhar a educação de outras maneiras.

No primeiro capítulo, **Juana María Sancho**, estabelece os efeitos das novas tecnologias da informação – cada vez menos novas – na "estrutura de nossos interesses (as coisas em que pensamos)"; "o caráter dos símbolos (as coisas com as quais pensamos)" e na "natureza da comunidade (a área em que se desenvolve o pensamento)". O que situa uma dimensão importante dos desafios da educação atual e futura. A partir daí, evidenciando uma vez mais – pelos resultados de um projeto europeu – a dificuldade da escola para transformar suas formas de fazer a educação, desenvolve-se um sistema de reflexões e perguntas sobre os sete axiomas de McClintock. Sistema que pode ajudar as pessoas interessadas em *tirar partido* das TIC na educação a vislumbrar a distância entre o *real*, o que ter/fazer neste momento, e o *possível*, o que poderiam ter/fazer não apenas utilizando as TIC, mas transformando sua visão sobre a educação, as pautas institucionais e a prática docente.

No segundo capítulo, **Fernando Hernández** enfrenta uma difícil tarefa em um livro sobre as TIC. Pediu-se a ele que falasse da perspectiva integrada do currículo, que ele transformou em visão integrada da educação escolar, porque a atividade que ocorre na escola vai além do currículo. E o faz de forma *apaixonada* a partir de sua convicção de que a escola deve fomentar o desenvolvimento da eqüidade, minimizar a exclusão e possibilitar que todas as pessoas encontrem seu lugar para aprender. Um enfoque que não se limita às TIC, mas que, por situar "a criatividade e a inventividade, a integração social e pessoal dos jovens e a ação social como eixos de uma proposta educativa em permanente transformação", coloca-se como uma das perspectivas mais idôneas para tirar partido do desejado potencial educativo das TIC.

Juan de Pablos, no terceiro capítulo, aborda a tarefa de fundamentar a lógica disciplinar subjacente na maior parte dos currículos escolares dos diferentes sistemas educacionais, assim como o papel das TIC nesta configuração escolar. O autor percorre a evolução do conhecimento escolar em sua necessidade de procurar respostas válidas que possibilitem alcançar as finalidades educativas; as ferramentas do conhecimento que tornam possível a evolução do saber humano; as diferentes perspectivas sobre a interdisciplinaridade em educação e os desafios que enfrentam; assim como a utilização das TIC no currículo disciplinar. Uma concepção do desenvolvimento e uma teoria da educação baseados na visão articuladora das matérias curriculares como conjuntos formalizados de conhecimentos permitem reconhecer, analisar e avaliar as bases que sustentam as crenças dominantes sobre o quê e o como do ensino, o que parece uma excelente oportunidade para situar suas possibilidades e limites e procurar alternativas.

No quarto capítulo, **Anne Gilleran** organiza seu texto do ponto de vista da aprendizagem contínua e do fato de que as TIC oferecem um meio para aprender que "nos permite executar, de forma mais simples, atividades construtivas de discussão e troca de idéias, para garantir nossos conhecimentos para o futuro". Isto a leva a explorar a teoria construtivista da aprendizagem compartilhada ou comunitária. O contexto desta discussão o situa em dois estudos realizadas com o apoio da Rede de Escolas Européias da Comissão Européia, em que as TIC são amplamente utilizadas, mesmo que nem sempre seja possível assegurar que a inovação tecnológica traga uma melhoria para o ensino. Os estudos que apresenta lhe permitem constatar que a mera presença de computadores nas escolas e salas de aula não significa, por si mesma, nenhuma mudança pedagógica se não são introduzidas, ao mesmo tempo, as idéias e ferramentas pedagógicas adequadas. Algo que, como também se discute em outros capítulos deste texto, é mais difícil do que alguns haviam previsto.

Ángel San Martín, no quinto capítulo, aborda o tema fundamental de como a atual gestão e organização das escolas contribui para aumentar a dificuldade de que as TIC se tornem a versátil e poderosa ferramenta de ensino e aprendizagem preconizada pelos *tecnotimistas* ou *tecnoingênuos*. A partir da argumentação de um professor, de que as TIC não representam a menor mudança na organização das escolas, que apesar de sua presença tudo continua igual, o autor analisa as mudanças *imperceptíveis* produzidas de fora dos próprios sistemas que podem chegar a transformá-los de maneira profunda, permanente e, às vezes, até mesmo indesejada. Ser consciente da dimensão destas mudanças que já estão ocorrendo – promovendo inovações que garantam tanto conservar o melhor dos sistemas existentes como beneficiar-se das possibilidades não apenas das TIC, mas também do conhecimento atualizado sobre gestão e direção dos estabelecimentos de ensino – parece uma boa forma de que as comunidades educativas sejam protagonistas do presente e do futuro e não meros *consumidores* ou *adaptadores* das decisões de outros.

No sexto capítulo, **Carmen Alba** dedica-se ao sempre atual tema da inclusão, que passa por garantir o pleno acesso de todas as pessoas à educação e à formação em uma sociedade profundamente mediada pela tecnologia da informação e da comunicação. A partir da argumentação de que o desenvolvimento tecnológico costuma basear-se mais em razões políticas e econômicas ou em interesses parciais do que na busca de soluções de problemas gerais, a autora não minimiza a necessidade de conhecer, analisar, avaliar e utilizar as diferentes adaptações existentes para que todos aqueles que, seja pelo motivo que for, tenham necessidades educativas, formativas e sociais especiais estejam em condições de igualdade reais na hora de se beneficiar das possibilidades oferecidas pelas TIC. Contudo, transcende a meras razões práticas e utilitárias que estas pessoas possam usar o que foi pensado para a *normalidade* e estabelece a necessidade de situar o tema da inclusão tanto na base do projeto educativo e social como na dos próprios desenvolvimentos tecnológicos.

Manuel Area, no sétimo capítulo, percorre as "grandes linhas que, nestes últimos 20 anos, guiaram os programas impulsionados institucionalmente para facilitar a dotação e o uso das tecnologias de informação e comunicação às escolas". Refere-se, sobretudo, aos contextos dos Estados Unidos e da União Européia, mas concentra-se particularmente no caso espanhol e, de forma mais concreta, no processo da Comunidade Autônoma de Canárias, que servirá para exemplificar o processo de adoção de políticas de introdução das TIC no ensino. Sua principal conclusão, na linha das contribuições de outros autores, alguns dos quais nesta obra, é que as políticas deveriam centrar-se mais na inovação da prática educativa e deixar de se *obcecar* pela *dança dos números*, ou seja, pelas frias estatísticas sobre o número de computadores por estudante ou sobre os recursos disponíveis em cada escola.

No oitavo capítulo, **David Istance** defende a necessidade de contar com ferramentas lógicas e simbólicas que nos permitam pensar no futuro não como algo inevitável a que teremos, irremediavelmente, que nos *adaptar*, mas como algo que vamos configurando no presente com nossas ações ou omissões. É por isso que a OCDE desenvolveu um conjunto de cenários sobre a escola do amanhã. Os cenários não são previsões do que acontecerá, mas *simulações* do que poderia acontecer a partir das decisões das administrações, professores, famílias e sociedade em geral, em torno da educação. O valor deste tipo de recurso intelectual reside em sua capacidade de aumentar nossa consciência sobre as alternativas que podemos vislumbrar a longo prazo, assim como a avaliação do quanto é a alternativa desejada, a probabilidade de se tornar realidade e os meios necessários para que isso ocorra. A análise, avaliação e discussão destes hipotéticos cenários pode ajudar os diferentes grupos envolvidos na educação a situar as conseqüências de suas próprias ações ou omissões, assim como do resto dos agentes, na configuração do futuro próximo da escola – seja qual for.

Uma obra que estabelece e aborda temas diversos e complexos sobre o papel das TIC na educação e sua influência na configuração da escola do amanhã tem como leitores potenciais diferentes grupos. Aos professores, tanto os da ativa como os ainda em formação, interessados em realizar da melhor forma possível seu trabalho e em estar em dia com as problemáticas a ele relacionadas, pode ajudar a compreender a natureza dos desafios que enfrentam, por meio de elementos de reflexão e princípios de atuação. Neste sentido, também pode ser do interesse de especialistas em educação e dos formadores de professores. O pessoal da administração com responsabilidade no planejamento e na implementação de políticas educativas destinadas a melhorar a escola encontrará neste texto importantes elementos para refletir sobre o sentido de seu trabalho. Finalmente, aos pais interessados na educação de seus filhos pode ser útil para aumentar sua compreensão do sentido das problemáticas enfrentadas hoje pela escola.

REFERÊNCIAS

SANCHO, J. M. (2005a). La escuela del futuro. *Revista de Cooperación Educativa*. 75-76, p. 21-22.

SANCHO, J. M. (2005b). Hacia la escuela del futuro desde la transformación de la del presente. *Revista de Cooperación Educativa*. 75-76, p. 23-28.

De Tecnologias da Informação e Comunicação a Recursos Educativos

Juana María Sancho

DESCOBRINDO A FERRAMENTA QUE MUDARIA O MUNDO

Comecei a pensar que computadores podiam vir a ser um novo meio para a educação no começo dos anos de 1980, quando não passavam de potentes máquinas de calcular, pouco *amigáveis* e carentes de atrativo visual. A ocasião, me foi proporcionada pelos organizadores de um dos primeiros programas de utilização educativa da informática que criaram o CRIEP (Centro de Recursos de Informática Educativa e Profissional).[1] Não me convidaram por causa das minhas habilidades informáticas, que não iam além do uso dos terminais da biblioteca da Universidade de Londres (primeiro lugar onde pude acessar diretamente uma base de dados informatizada) e o conhecimento quase exclusivo de uma das experiências mais fascinantes, educativamente falando, do uso da informática que vi em toda a minha vida.[2] O que os levou a me convidarem foi minha posição ante a formação dos professores do ensino médio e meu interesse na inovação educativa e na melhoria do ensino. Também me pediram que aprofundasse meu conhecimento sobre o uso do computador, coisa que fiz com muito prazer e interesse. E o fiz – e ainda faço – não apenas do ponto de vista prático da utilização de aplicações informáticas, mas também da perspectiva teórica, crítica, filosófica e social do que representa para a sociedade a incorporação de uma nova ferramenta.[3] Neste caso, com um grau de versatilidade até então desconhecido.

Uma série de temas relacionados com o desenvolvimento dos computadores – e depois das TIC (Tecnologias de Informação e Comunicação) – captou minha curiosidade desde o primeiro momento. Interessava-me descobrir como estes aparelhos podiam realmente contribuir para o encontro de soluções para os problemas da educação. Comecei a perceber que a própria versatilidade deste novo objeto o tornava adaptável a qualquer perspectiva de ensino e aprendizagem; ou seja, que o avanço tecnológico que imaginava não significava de imediato – como foi demonstrando-se – o avanço e a melhoria da educação. Comecei a ver as conseqüências que o incessante desenvolvimento destas aplicações tecnológicas e a generalização de seu uso em todos os ambientes da vida cotidiana estavam tendo e iam ter na forma de conceber, criar, recuperar, transmitir, difundir, representar e aplicar o conhecimento. Mas, sobretudo – e esta foi talvez a razão mais importante para que tenha continuado a trabalhar e pesquisar neste campo – descobri que a introdução de uma tecnologia tão *suave* como o computador e, mais tarde, internet em uma estrutura tão *dura* como a escola (Sancho, 1996a) permitia refletir a partir de enfoques pouco explorados sobre uma forma de fazer a educação que, por tradição e costume, foi aceita *naturalmente* como a única possível. Nos últimos anos, dediquei a esta tarefa significativa quantidade de tempo e energia ao ensino, à pesquisa e à escrita.

Este capítulo tem como finalidade problematizar as concepções sobre o ensino e a aprendizagem vigentes e profundamente arraigadas nas escolas tendo como referência as TIC. O argumento principal é a dificuldade – quase impossibilidade – de tornar as TIC meios de ensino que melhorem os processos e resultados da aprendizagem se os professores, diretores, assessores pedagógicos, especialistas em educação e pessoal da administração não revisarem sua forma de entender como se ensina e como aprendem as crianças e jovens de hoje em dia; as concepções sobre currículo; o papel da avaliação; os espaços educativos e a gestão escolar. É algo fundamental para planejar e colocar em prática projetos educativos que atualmente respondam às necessidades formativas dos alunos.

O CARÁTER TRANSFORMADOR DAS TIC

Como argumentamos em trabalhos anteriores (Sancho, 1998), as novas tecnologias de informação e comunicação, conforme assinala Inis (cf. Tedesco, 1995), tem invariavelmente três tipos de efeitos.

Em primeiro lugar, *alteram a estrutura de interesses* (as coisas em que pensamos). O que tem conseqüências importantes na avaliação do que se considera prioritário, importante, fundamental ou obsoleto e também na configuração das relações de poder.

Em segundo lugar, *mudam o caráter dos símbolos* (as coisas com as quais pensamos). Quando o primeiro ser humano começou a realizar operações comparativamente simples, como dar um nó ou fazer marcas em um pedaço de pau para lembrar de alguma coisa, passou a mudar a estrutura psicológica do processo de memória, ampliando-a para além das dimensões biológicas do sistema nervoso humano. Este processo, que continuou com o desenvolvimento dos sistemas de escrita, numeração, etc. permitiu incorporar estímulos artificiais ou autogerados que chamamos de *signos* (Vygotski, 1979). As novas tecnologias da informação não apenas ampliaram consideravelmente este repertório de signos como também os sistemas de armazenamento, gestão e acesso à informação, impulsionando um desenvolvimento sem precedentes do conhecimento público.[4]

Em terceiro lugar, *modificam a natureza da comunidade* (a área em que se desenvolve o pensamento). Neste momento, para um grande número de indivíduos, esta área pode ser o ciberespaço, a totalidade do mundo conhecido e do virtual, mesmo que praticamente não saia de casa e não se relacione fisicamente com ninguém.

As pessoas que vivem em lugares influenciados pelo desenvolvimento tecnológico não têm dificuldades para ver como a expansão e a generalização das TIC transformaram numerosos aspectos da vida. Inclusive naqueles países em que muita gente não tem acesso à água potável, luz elétrica ou telefone se fez notar a influência do fenômeno da globalização propiciado pelas redes digitais de comunicação. Atividades tão tradicionais como a agricultura se viram profundamente afetadas pelas TIC. O mundo do trabalho, da produção científica, da cultura e do lazer passou por grandes transformações nas duas últimas décadas. Praticamente todas as ocupações se transformaram, algumas desapareceram, enquanto outras tantas surgiram que, até então, eram completamente desconhecidas.

No mundo econômico, também houve profundas modificações. Vieram-se juntar às grandes companhias de exploração de matérias-primas (petróleo, eletricidade, gás, etc.) ou produtos manufaturados as empresas de informação e comunicação (Microsoft, Nokia, IBM, etc.) e os grandes conglomerados da comunicação (Disney, CNN, etc.) que administram recursos de economia e de poder consideráveis. É evidente que a chave do sucesso destas novas empresas não reside apenas na flexibilidade e capacidade das ferramentas que produzem e utilizam. As políticas monetaristas, neoconservadoras e de defesa de leis enganosas de livre mercado[5] tiveram papel fundamental na configuração deste fenômeno. Mesmo que nós, humanos, costumemos reter apenas as imagens mais superficiais dos acontecimentos complexos. Assim, o computador e suas tecnologias associadas, sobretudo a internet, tornaram-se *mecanismos prodigiosos* que transformam o que tocam, ou quem os toca, e são capazes, inclusive, de fazer o que é impossível para seus criadores. Por exemplo, melhorar o ensino, motivar os alunos ou criar redes de colaboração. Daí vem a fascinação exercida por essas tecnologias sobre muitos educadores, que julgam encontrar nelas a nova pedra filosofal que permitirá transformar a escola atual.

Torna-se difícil negar a influência das tecnologias da informação e comunicação na configuração do mundo atual, mesmo que esta nem sempre seja positiva para todos os indivíduos e grupos. De fato, nosso mundo está bem longe da *Arcádia feliz* que os profetas da tecnologia anunciam desde o século XVII.[6] Os complexos fenômenos sociais que configuram a chamada Sociedade da Informação foram estudados por sociólogos como Castells (1998a, 1998b, 1998c). Diferentes autores demonstraram a importante influência das TIC no desenvolvimento da infância, as formas de aprender, de se relacionar e de construir significados e valores no mundo que nos cerca (Buckingham, 2000; Steinberg e Kincheloe, 2000; Haely, 1998). Contudo, o sentido destas transformações nem sempre é positivo.

A maioria das pessoas que vive no mundo tecnologicamente desenvolvido tem um acesso sem precedentes à informação; isso não significa que disponha de habilidade e do saber necessários para convertê-los em conhecimento. A produção de bens e riquezas aumentou exponencialmente; mas sua distribuição entre a população mantém e agrava as desigualdades socioculturais. As TIC contribuíram fortemente para o desenvolvimento da indústria armamentista;[7] muitas razões de caráter social para o desenvolvimento da tecnologia não passaram das boas intenções.

Todo este preâmbulo sustenta dois argumentos básicos:

- As tecnologias da informação e comunicação estão aí e ficarão por muito tempo, estão transformando o mundo e deve-se considerá-las no terreno da educação.
- As tecnologias da informação e comunicação não são neutras. Estão sendo desenvolvidas e utilizadas em um mundo cheio de valores e interesses que não favorecem toda a população. Além de considerar que um grande número de pessoas seguirá sem acesso às aplicações das TIC em um futuro próximo,[8] deve-se lembrar que os processos gerados pela combinação dessas tecnologias e das práticas políticas e econômicas dominantes nem sempre é positivo para os indivíduos e a sociedade.

As argumentações anteriores também ajudam a entender porque as TIC criaram tantas expectativas no terreno da educação e porque são vistas como o motor de inovação pedagógica. Mais de 30 anos de iniciativas de uso das TIC na educação e grandes investimentos levam à colocação desse tipo de questões.

- Por que, apesar da existência de programas específicos de introdução do computador nas aulas, na maioria dos países sua presença costuma ser insuficiente ou anedótica?
- O que precisaria mudar na política educacional e nas escolas para que professores e alunos pudessem beneficiar-se das contribuições destas tecnologias?

Algo que se manifestou nos últimos anos foi a distância entre os que defendem que as TIC fizeram emergir novas perspectivas educativas ou que sua utilização efetiva significa um caminho pedagógico substancial para as políticas educacionais e condições materiais das escolas.

AS TIC E A EDUCAÇÃO

O âmbito da educação, com suas características específicas, não se diferencia do resto dos sistemas sociais no que se refere à influência das TIC. Deste modo, também foi afetado pelas TIC e o contexto político e econômico que promove seu desenvolvimento e extensão. Muitas crianças e jovens crescem em ambientais altamente mediados pela tecnologia, sobretudo a audiovisual e a digital. Os cenários de socialização das crianças e jovens de hoje são muito diferentes dos vividos pelos pais e professores. O computador, assim como o cinema, a televisão e os videogames, atrai de forma especial a atenção dos mais jovens que desenvolvem uma grande habilidade para captar suas mensagens. De fato, estão descobrindo o mundo e lhes custa tanto aprender a realizar trabalhos manuais como a programar um vídeo ou um computador. Estão descobrindo as linguagens utilizadas em seu ambiente e lhes custa tanto ou mais decifrar e dominar a linguagem textual como a audiovisual.[9] A grande diferença é que os resultados desta última ação abrem um amplo mundo de possibilidades cada vez mais *interativas*, em que constantemente *acontece algo* e tudo vai mais depressa do que a estrutura atual que a escola pode assimilar.

Assim, muitas pessoas interessadas em educação viram nas tecnologias digitais de informação e comunicação o novo determinante, a nova oportunidade para repensar e melhorar a educação. Contudo, como argumentei em um trabalho anterior (Sancho, 1998), a história recente da educação está cheia de *promessas rompidas*; de expectativas não-cumpridas, geradas ante cada nova onda de produção tecnológica (do livro de bolso ao vídeo ou ao próprio computador). Devemos considerar as problemáticas associadas ao fracasso na incorporação às aulas de cada um destes meios e como podemos ajudar a planejar melhor sua integração nos processos de ensino e aprendizagem.

A principal dificuldade para transformar os contextos de ensino com a incorporação de tecnologias diversificadas de informação e comunicação parece se encontrar no fato de que a tipologia de ensino dominante na escola é a *centrada no professor*. Em uma sociedade cada dia mais complexa, as tentativas de situar a aprendizagem dos alunos e suas necessidades educativas na escola da ação pedagógica ainda são minoritárias (Cuban, 1993). Como tampouco parecem prosperar as situações educativas em que se consideram as novas representações e o modo de construção do conhecimento, as formas alternativas de avaliação e o papel da comunidade nos processos de ensino e aprendizagem.

Esta situação se torna particularmente problemática em um momento em que a escola tem de enfrentar as demandas não apenas diferentes, mas às vezes até mesmo contraditórias. De um lado, diferentes organismos internacionais (Unesco, OCDE, Comissão Européia, etc.) advertem sobre a importância de educar os alunos para a *Sociedade do Conhecimento*, para que possam pensar de forma crítica e autônoma, saibam resolver problemas, comunicar-se com facilidade, reconhecer e respeitar os demais, trabalhar em colaboração e utilizar, intensiva e extensivamente, as TIC. Uma educação orientada a formar este tipo de indivíduos requereria professores convenientemente formados, com grande autonomia e critério profissional. Mas também escolas com bons equipamentos, currículos atualizados, flexíveis e capazes de se ligar às necessidades dos alunos. Além de sistemas de avaliação autênticos que possam mostrar o que os alunos tenham realmente aprendido.

Contudo, paradoxalmente, em diversos países coexistem programas de uso das TIC com o desenvolvimento de uma política educativa baseada em uma concepção de níveis de êxito que pouco tem a ver com criatividade, expressão do próprio conhecimento e autonomia intelectual. De fato, está intensificando-se a legislação em matéria pedagógica com o conseqüente processo de desprofissionalização e alienação dos professores. Segue-se focando a avaliação nos resultados mostrados pelos alunos em provas padronizadas e afastadas dos contextos de ensino. Como argumenta Hargreaves (2003), está se criando uma situação em que não se permite que as escolas eduquem o aluno para os dias de hoje.

Deste modo, no momento em que, em diferentes setores da sociedade são valorizadas a criatividade e a iniciativa, na escola se fomenta a homogeneidade. Quando se defende a desregulamentação como forma de aflorar a criatividade, a escola se torna cada vez mais controlada e com menos espaço para abordar sua própria transformação.

Uma das conclusões do II Congresso Europeu sobre Tecnologia da Informação em Educação e Cidadania: uma visão crítica (ver http://web.udg.es/tiec), ilustra claramente esta problemática. "Os educadores inquietos para renovar e melhorar a educação com o uso das TIC se sentem prisioneiros das estruturas administrativas e organizativas. As comunidades educativas parecem mais preparadas para a suposta mudança que a incorporação das TIC provocará do que suas condições de trabalho, a legislação vigente e o orçamento lhes permitem. Neste sentido, é necessário impulsionar ou reconhecer iniciativas de cima a baixo mediante estruturas que as favoreçam e não as sufoquem."

Se o sistema educacional em que trabalha o leitor está na mesma encruzilhada, convido-o a situar estas problemáticas em seu próprio contexto, a começar a vislumbrar as possibilidades e dificuldades que encontrarão as TIC em seu caminho até a sala de aula e a elaborar o sentido das transformações necessárias no pensamento pedagógico, as políticas educacionais e a prática docente.

O VÁCUO PEDAGÓGICO DAS TIC

No pensamento dominado pelo chamado *imperativo tecnológico*,[10] tende-se a pensar que as tecnologias digitais de informação e comunicação fazem surgir novos paradigmas ou perspectivas educativas. Contudo, vista da ótica da educação, a realidade parece outra. De fato, uma das características mais genuínas desta tecnologia é a versatilidade. O computador oferece um conjunto extremamente diversificado de uso. Esta circunstância ajuda a explicar porque praticamente todas as perspectivas sobre o ensino e a aprendizagem podem argumentar que encontraram no computador um aliado de valor inestimável.

Como argumentei em trabalhos anteriores (Sancho, 1996), as correntes condutivistas e neocondutivistas do ensino viram o computador como a máquina de ensinar, o sistema especializado ou o tutor inteligente por excelência, e existe uma importante atividade no âmbito da criação e do desenvolvimento de programas de ensino feitos em computador.

Os que defendem que em cada disciplina se destacam certos conceitos-chave e uma seqüência lógica que, quando dominada pelos estudantes, pode ser transferida ou aplicada a novas situações, vislumbraram na programação informática o potencial de desenvolvimento do pensamento lógico que um dia pertenceram ao Latim e à Matemática e defenderam (e defendem) a necessidade de incluir no currículo uma nova disciplina de programação informática. No caso do movimento LOGO, a atividade de programa desta linguagem se tornou uma nova forma de entender o ensino da Matemática, a partir de projetos informatizados, de uma perspectiva construtivista da aprendizagem, elaborada por Seymour Papert, a partir das idéias de Piaget.

As visões cognitivas da aprendizagem e do ensino, que transformaram o computador em metáfora explicativa do cérebro humano, o vêem como ferramenta que transforma o que toca. O computador não apenas parece capaz de realizar ações humanas (calcular, tomar decisões, ensinar), mas toda a atividade mediada por ele pressupõe o desenvolvimento de capacidades cognitivas e metacognitivas (resolução de problemas, planejamento, organização de tarefas, etc.). Deste ponto de vista, o estudo, a experimentação e a exploração da informação, em qualquer área do currículo escolar, melhora imediatamente a motivação, o rendimento e as capacidades cognitivas dos alunos.

Para quem considera que o problema da aprendizagem reside na expressividade e na diversificação dos códigos utilizados para representar a informação nos meios de ensino, a facilidade de integrar textos, gráficos e linguagem audiovisual e pictórica proporcionada pelos sistemas multimídia vem a ser a resposta para os problemas de motivação e rendimento dos alunos (e inclusive dos professores).

Quem considera que a aprendizagem se baseia na troca e na cooperação, no enfrentamento de riscos, na elaboração de hipóteses, no contraste, na argumentação, no reconhecimento do outro e na aceitação da diversidade vê nos sistemas informáticos, na *navegação* pela informação e na ampliação da comunicação com pessoas e instituições geograficamente distantes a resposta às limitações do espaço escolar.

O que mostra essa *facilidade* de adaptação das TIC às diferentes perspectivas sobre o ensino e a aprendizagem é que, em si mesmas, não representam um novo paradigma ou modelo pedagógico. Assim, professores e especialistas em educação tendem a adaptá-las às suas próprias crenças sobre como acontece a aprendizagem. O desafio é que os profissionais da educação mudem de imediato sua forma de conceber e pôr em prática o ensino ao descobrir uma nova ferramenta. Como mostra a história da educação, a administração e os professores costumam introduzir meios e técnicas adaptando-os à sua própria forma de entender o ensino, em vez de questionar suas crenças, muitas vezes implícitas e pouco refletidas, e tentar implantar outras formas de experiência docente.

Aí residem os principais obstáculos para que a escola e os professores tirem partido educativo das TIC. Porque explorar o potencial deste conjunto de tecnologias significa reconhecer e adotar as visões educativas que, desde o princípio do século XX, com o movimento da Escola Nova, contribuem com evidências sobre a importância de repensar o papel dos alunos, o conhecimento, a avaliação e a comunidade educativa na melhoria dos processos de ensino e aprendizagem.

De fato, como mostram repetidamente as pesquisas (Becker, 2001; Pelgum, 2001; Conlon e Simpson, 2003; Wilson, Notar e Yunker, 2003, entre outros), um dos principais obstáculos para desenvolver o potencial educativo das TIC são a organização e a cultura tradicionais da escola. A maioria das escolas dos países tecnologicamente desenvolvidos tem acesso a computadores e internet, mas apenas reduzido número de professores os utiliza (Becker, 2001; Pelgum, 2001; Conlon Simpson, 2003; Wilson, Notar e Yunker, 2003). Além disso, os professores que utilizam computadores têm dificuldades em modificar suas práticas docentes e suas expectativas sobre os alunos. De fato, o uso das TIC por si mesmas não produz as *megamudanças* que muitos imaginavam (Cuban, Kirkpatrick e Peck, 2001; Cuban, 2001; Schofiel e Davidson, 2002; Ringstaff e Kelley, 2002; Kozman, 2003; OECD, 2004: Sancho et al., 2004).

As TIC são usadas muitas vezes para reforçar as crenças existentes sobre os ambientes de ensino em que ensinar é explicar, aprender é escutar e o conhecimento é o que contêm os livros-texto (Cuban, 1993). De fato, os professores têm um papel fundamental na hora de determinar o que é possível realizar com as TIC em aula (Brosnan, 1998; Mercer e Fischer, 1992; Schofield, 1995). Contudo, conforme demonstrado em um projeto europeu de que vamos tratar, as dificuldades para que a introdução das TIC seja um *motor* de mudança real que signifique uma melhoria da escola são muitas e de diferentes tipos.

ALÉM DAS TIC: EM BUSCA DA TRANSFORMAÇÃO DA ESCOLA

Em 2000, a Comissão Européia, mesmo sem ter competências de política educacional, criou um projeto de pesquisa e desenvolvimento denominado *A*

Escola do amanhã, como parte do V Programa Marco de Pesquisa e do Programa das Tecnologias da Sociedade da Informação. A idéia era desenvolver:

- Ambientes múltiplos de aprendizagem e materiais inovadores (incluindo o acesso a fontes de informação distantes) que pudessem apoiar e administrar processos educativos e interações sociais entre os estudantes, os professores e a comunidade escolar.
- Aprendizagem de atividades cognitivas de ordem superior orientadas a fomentar a autonomia, a criatividade, a resolução de problemas e o trabalho em grupo.
- Aplicações das TIC fáceis de usar e com um custo razoável para aumentar a possibilidade de obter recursos distantes da escola e de casa.

O processo *School + Mais que um sistema informático para construir a escola do amanhã*[11] foi um dos 11 projetos selecionados em toda a Europa.

O desenvolvimento do projeto se baseava na constatação de que a maioria dos programas institucionais de informática educativos centra seus esforços em dotar as escolas de computadores e, no melhor dos casos, oferecer cursos de formação aos professores para aprender a utilizar determinadas aplicações. Contudo, na maioria das vezes não consideram as necessidades das escolas, as limitações dos atuais currículos e os temas organizativos envolvidos no uso efetivo das TIC no processo de ensino e aprendizagem. Isto significa que a introdução das TIC na escola não promove formas alternativas de ensinar e aprender, pelo contrário, costuma reforçar as estruturas preexistentes do conteúdo do currículo e as relações de poder.

Por isso, ao criar o projeto, pensamos em contribuir para:

- Promover uma cultura de mudança pedagógica e tecnológica nas escolas.
- Oferecer alternativas para superar as limitações que dificultam a mudança e a melhoria dos ambientes educativos.
- Criar, desenvolver e avaliar um ambiente de ensino e aprendizagem virtual.
- Propiciar um papel protagonista à comunidade educativa como agente da mudança e melhoria da escola.

Isto explica este *Mais que um sistema informático...* no título do projeto. Este MAIS se refere à cultura da escola, aos ambientes de aprendizagem. Por isso, o projeto contou desde o princípio com uma série de traços inovadores importantes.

A partir da concepção do projeto, tentou-se romper deliberadamente com a tradicional separação entre os criadores de programas informáticos, os especialistas e estudiosos em educação e os professores, no caso do ensino médio. Com isso, queríamos diminuir a descontinuidade entre as expectativas e necessidades dos usuários reais de TIC e os desenvolvimentos oferecidos pelos informáticos, um dos fatores que, para Roussel e colaboradores (1991), explicasse o fracasso na introdução destas tecnologias em diferentes terrenos. Queríamos evitar o que vinha acontecendo com os sistemas informáticos que nunca encontravam seu caminho de acesso à escola, tornando-se obsoletos mesmo antes de plenamente utilizados.

Com a incorporação dos professores do ensino médio, também queríamos evitar que os institutos que participavam do projeto se considerassem *usuários finais*, meros executores das idéias pedagógicas de outros. Ao tomarmos parte integralmente no processo de pesquisa e decisões, queríamos fazer com que cada escola participante encontrasse seu próprio caminho de pesquisa e melhoria.

Como promover uma mudança educativa com o apoio das TIC é um processo contínuo que implica a participação decidida de boa parte da comunidade educativa, a participação dos professores do ensino médio no projeto não era individual nem institucional. Para poder fazer parte do consórcio ou da rede *School+*, a direção da escola tinha que garantir a participação de um mínimo de professores que assegurasse poder executar as atividades do projeto pelo menos no ensino médio completo com a participação dos pais.

Finalmente, para evitar que outra vez o uso das TIC fosse extracurricular, como em muitos outros projetos (ver Capítulo 4), os estudos-piloto que significavam trabalho direto com os alunos tinham que se realizar como parte do conteúdo curricular da escola.

A partir dessas premissas, os objetivos do projeto foram assim estipulados:

1. Planejar, desenvolver e avaliar um ambiente de ensino e aprendizagem virtual (School+ Microcosmos) a partir da integração das TIC emergentes e de perspectivas contemporâneas sobre ensino e aprendizagem, para ajudar as escolas a adquirir e desenvolver os conhecimentos e as habilidades necessários para a sociedade atual.
2. Desenvolver paralelamente tecnologias (formas de fazer) organizativas e simbólicas para poder prevenir desvios quanto ao uso educativo das TIC ou à falta de compreensão da complexidade das escolas.
3. Favorecer a *reorganização* do ambiente escolar para poder abordar o tema do uso das TIC nas escolas com base em suas *raízes*, mediante a integração e adaptação das TIC às necessidades emergentes das escolas e sua tarefa de educar indivíduos com predisposição para continuar aprendendo durante a vida.

OS RESULTADOS E AS APRENDIZAGENS DO PROJETO

Todos os objetivos do projeto foram alcançados de forma satisfatória, tanto para a Comissão Européia como para os participantes.

Durante o projeto, desenvolveu-se um sistema de gestão de aprendizagem acessível com a utilização da web (School+ Microcosmos) que permite executar diferentes tipos de práticas educativas, das consideradas tradicionais – centradas nas disciplinas e nos professores e enriquecidas por um novo ambiente de aprendizagem – até as mais inovadoras – voltadas para a pesquisa e a resolução de problemas com um alto grau de colaboração. O projeto não forçou instituições e professores a usar o sistema de uma determinada maneira. Estimularam-se os professores e as escolas a encontrar seu próprio caminho para melhorar o ensino, para garantir a aprendizagem dos alunos e o desenvolvimento de projetos sustentáveis de inovação. O uso do School+ Microcosmos começou a abrir novas vias para a colaboração.

O processo de desenvolvimento do projeto como um todo, da análise das necessidades das escolas à integração formal do sistema informático, primeiro nos cinco institutos do consórcio e depois nos 20 que formam a Rede School+, constituiu um diálogo e uma reflexão permanentes sobre como e porque utilizar as TIC com sentido educativo. Este processo dialógico e reflexivo gerado entre os participantes do projeto possibilitou definir as características principais do ambiente virtual (School+ Microcosmos). Contudo, os resultados mais importantes deste processo foram o conjunto de estratégias desenvolvidas em cada escola para promover mudanças fundamentais nas perspectivas dos institutos e dos professores sobre:

- o que significa ensinar no século XXI;
- a interação docente;
- o papel dos professores e dos alunos no processo de aprendizagem;
- a *melhor* maneira de administrar o tempo e o espaço;
- o que se entende por conhecimento escolar;
- o papel das diferentes linguagens – textual, visual, audiovisual, informática, etc. – no ensino, na aprendizagem e no acesso ao conhecimento, etc.

Estas são as dimensões do que chamamos no projeto de tecnologias organizativas e simbólicas. Todas essas ferramentas cognitivas usadas para configurar a experiência escolar que a consolidada *gramática* da escola (Tyack e Tobin, 1994) tornou invisíveis.

Finalmente, um dos objetivos do projeto que se vislumbrou como mais difícil é o de favorecer a *transformação* das escolas. Apesar de que, para conseguir avançar neste objetivo, que possibilitaria abordar o tema do uso das TIC a partir de suas raízes, tomou-se a decisão de envolver juntas diretivas e associações de pais, a transformação das escolas de ensino médio exige não apenas mais tempo – segundo Fullan (1999), mais de seis anos – mas também muito mais recursos e impacto do que permite um projeto europeu de três anos de duração. Contudo, inclusive reconhecendo que não pudemos *reorganizar* as escolas a partir de suas *raízes*, conseguimos colocar em prática novas perspectivas organizativas e simbólicas em determinados períodos da vida escolar. Isto foi possível durante os dois estudos-piloto mediante a adaptação da inovação às necessidades das escolas, assim como respeitando suas condições e possibilidades: diferentes ritmos e visões sobre a mudança, diferentes recursos e expectativas, etc.

Os principais problemas identificados na implementação de novas perspectivas de ensino e aprendizagem incorporando as TIC são encontrados em:

- especificações e níveis dos currículos atuais;
- restrições da própria administração;
- esquemas organizativos do ensino (aulas de 45-50 minutos);
- a organização do espaço – acesso aos computadores, número de estudantes por sala de aula...;
- os sistemas de formação permanente dos professores que impedem a mudança educativa;
- o conteúdo disciplinar dos currículos que dificultam as propostas transdisciplinares e a aprendizagem baseada em problemas;
- as restrições na organização de espaço e tempo;
- a falta de motivação dos professores para introduzir novos métodos;
- a pouca autonomia de professores e alunos.

Estes temas, que de fato constituem a *tecnologia mais dura* da escola atual e que são uma combinação de legislação, formação de professores, acesso aos recursos adequados e predisposição de todos os envolvidos para promover a mudança, estiveram sempre na base do projeto, como acontece nas iniciativas inovadoras que tentam ultrapassar a superfície da escola.

Este conjunto de reflexões e lições aprendidas no projeto School+ nos leva à última parte deste texto em que, por intermédio de Robert McClintock (2000), resumiremos os elementos que consideramos imprescindíveis para que uma escola converta as TIC em recursos educativos que façam a diferença. E o faremos sugerindo aos leitores um conjunto de perguntas e reflexões que podem ser úteis na hora de tomar decisões com relação à introdução das TIC no ensino, seja onde for.

SETE AXIOMAS PARA CONVERTER AS TIC EM MOTOR DE INOVAÇÃO PEDAGÓGICA

Como demonstram projetos do tipo School+, a cada dia parece mais claro que a estrutura pedagógica e organizativa da escola atual não é a mais adequada para a incorporação das TIC. Sobretudo, espera-se que sua utilização signifique uma transformação positiva, como aconteceu no mundo produtivo, econômico e cultural.

Para enfrentar esta questão, Robert McClintock, professor da Universidade de Columbia e diretor do Institute of Learning Technologies (http://www.ilt.columbia.edu) estipulou o que denomina sete axiomas para a prática, com relação à utilização educativa das tecnologias de informação e comunicação (McClintock, 2000).

Sua própria experiência, depois de participar durante mais de 10 anos de projetos educativos milionários (em dólares) para fomentar o uso destas tecnologias e melhorar os processos e resultados da aprendizagem o levou à conclusão de que, em todos os projetos, apenas era cumprido o primeiro axioma, relativo à necessidade de contar com uma infra-estrutura informática que realmente possibilitasse a utilização educativa do computador. Ou seja, é mais fácil conseguir fundos para comprar equipamento do que para transformar as concepções e práticas educativas.

Neste trecho, revisaremos os axiomas propostos por McClintock, introduzindo em cada um deles algumas questões que ajudem leitores a situar suas próprias convicções e a analisar as transformações que seu sistema educacional, sua escola e eles mesmos teriam que abordar para que o uso das TIC significasse uma melhora da educação. Explorar essas e outras questões decorrentes do processo, de forma individual ou coletiva, pode levar os professores, o pessoal de administração, os especialistas em educação e até mesmo os pais a situarem e entenderem as problemáticas educacionais da escola e ser a base para a tomada de decisões quanto às necessidades de formação, condições de trabalho e recursos necessários para uma integração educativa das TIC.

Infra-estrutura tecnológica adequada

É essencial que todas as aulas tenham uma conexão de alta velocidade *com a rede de banda larga (WAN) por meio da rede local (LAN)*. Isto significa importante investimento econômico, especialmente difícil para países em desenvolvimento que têm muitas outras necessidades. Esta constatação levou a gerar profundas discussões sobre o sentido de destinar um volume considerável de recursos para a compra de uma tecnologia que precisa de manutenção constante e fica desatualizada em pouco tempo, quando há tantas escolas cujo pessoal carece de formação, muitas vezes é mal remunerado e não tem o mínimo necessário (livros de qualidade, material escolar básico, etc.); quando muitas crianças vivem em situação de extrema pobreza e, mesmo que possam ir à escola, não possuem as condições que lhes permitam aprender mais do que o estritamente necessário para a sobrevivência.

Por isso, a importância de o pessoal da administração educativa, as equipes diretivas, os professores e associações de pais se fazerem perguntas como:

- Nossa escola conta com as condições mínimas necessárias para poder proporcionar um ambiente educativo que fomente os processos de aprendizagem de todos os alunos?
- Como podem contribuir as TIC para melhorar a prática de nossa escola?

- De que condições nossa escola necessita para contar com uma infra-estrutura que lhe permita converter as TIC em uma potente ferramenta educativa?
- De que equipamento informático nossa escola necessita para garantir um uso não-esporádico das TIC?
- Quem vai procurar os programas informáticos necessários para garantir a utilização dos computadores e realizar a manutenção e a atualização dos equipamentos?
- Que garantia existe de que futuramente será possível atualizar os equipamentos?

Utilização dos novos meios nos processos de ensino e aprendizagem

As escolas devem integrar os novos meios para todos os alunos em todos *os aspectos do currículo*. Até o momento, o cenário típico de incorporação das TIC no ensino foram as atividades extracurriculares, a criação de uma nova disciplina (programação, páginas da web, etc.) ou o uso eventual em uma determinada disciplina de determinadas aplicações didáticas. Mais difícil é encontrar escolas em que o computador seja considerado um recurso de uso cotidiano de busca, criação e pesquisa.

Se a idéia é considerar as TIC meios privilegiados de ensino, é preciso revisar as visões sobre o currículo, assim como nossas convicções sobre como propiciar os melhores processos de ensino e aprendizagem. Estas e outras perguntas similares podem ajudar a transitar por este caminho.

- Até que ponto e em que sentido o currículo vigente favorece a utilização das TIC?
- Que aspectos de conteúdo e prática do ensino teriam que mudar para poder garantir uma utilização generalizada e gradativamente valiosa das TIC na escola?
- Até que ponto e em que sentido as propostas de uso das TIC derivadas da administração educativa fomentam sua aplicação nos diferentes aspectos do currículo?
- Que tipo de formação necessitam os professores para garantir uma utilização das TIC orientada para a melhoria do ensino?
- Quais os principais prós e contras da generalização das TIC nos processos de ensino e aprendizagem na atual estrutura do sistema educacional e da escola?
- Que papel podem ter os professores, a direção da escola e a administração na diminuição dos aspectos mais negativos do uso das TIC?

Enfoque construtivista da gestão

A utilização de novos meios na escola deve ser resultado não de uma *imposição administrativa, mas de um sistema de ajudas que responda às iniciativas dos professores, segundo o enfoque construtivista da gestão*. Mais de 30 anos de estudos sobre inovação e mudança educativa permitem afirmar que os docentes costumam implementar com dificuldade as idéias alheias, a não ser que as façam suas. Deste modo, no caso da utilização das TIC, como em qualquer inovação que queira ultrapassar a superfície das práticas pedagógicas, parece mais efetivo fomentar e apoiar as iniciativas dos professores do que impor as visões da direção ou da administração. Nos casos em que os professores careçam da formação e das condições que lhes permitam gerar iniciativas, os projetos em que se consideram as perspectivas dos docentes, seus conhecimentos pedagógicos, suas contribuições e também medos e resistências, têm maior probabilidade de êxito do que aqueles que concebem os professores como meros executores das prescrições elaboradas por outros. Por isso, a importância de se perguntar:

- Qual a história da escola com relação à introdução das TIC?
- Quem foram os protagonistas, quem aumentou seu poder e autoridade na escola e quem se sentiu excluído ou marginalizado?
- Que tipo de apoio os professores recebem ao tentar promover o uso das TIC em sua sala de aula ou escola?
- Até que ponto as condições de trabalho dos docentes lhes garantem o tempo e a energia necessária para adquirir formação que lhes permita vislumbrar as possibilidades educativas das TIC, criar e executar projetos educacionais inovadores?

Além disso, uma perspectiva de gestão construtivista integral da escola teria que responder a perguntas fundamentais como:

- Nossa escola conta com um projeto educacional global que responda às necessidades formativas dos alunos, que reflita uma posição explícita sobre o currículo, o sistema de ensino, o uso dos meios analógicos e digitais, o papel da avaliação e a relação com as famílias?
- Consideramos o projeto educativo uma ferramenta valiosa para guiar nossa tomada de decisões ou um mero requisito burocrático? Quais as conseqüências de situar-se em uma ou outra posição educativa?
- Que papel têm os professores, os alunos e as famílias na criação e execução do projeto docente?
- Consideram-se as decisões sobre as TIC parte substancial deste projeto?
- Como se utilizam as TIC para fomentar a perspectiva de gestão construtivista da escola?

Como mostra a Figura 1.1, planejar e gerir a escola na era da informação exige considerar o contexto social do ensino para poder tomar decisões sobre a própria estrutura da escola, a concepção do currículo, a própria forma de tomar decisões, o papel dos diferentes membros da comunidade escolar, os sistemas de comunicação externa e interna, as características dos recursos necessários e como consegui-los e o desenvolvimento pessoal e profissional dos professores. Este conjunto de decisões que reflete e garante a cultura da escola em um sentido ou outro é a base da gestão integral da escola e possibilita a criação e implantação de um projeto educacional compartilhado.

Neste processo, as próprias TIC podem converter-se em recurso de grande valor para a gestão. As aplicações que facilitam o tratamento, o armazenamento, a transmissão e a recuperação da informação simplificam o trabalho de atualização de documentos, de elaboração e utilização de bases de dados, que fomentam a troca de informação relevante entre os diferentes membros da comunidade educativa.

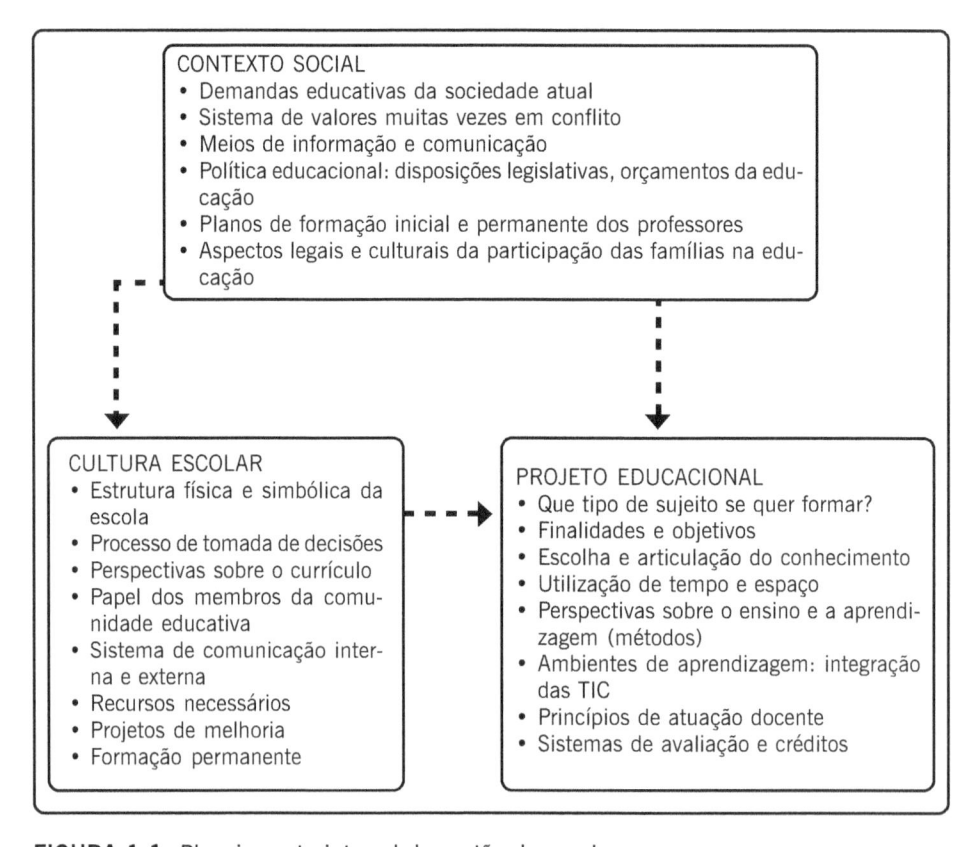

CONTEXTO SOCIAL
- Demandas educativas da sociedade atual
- Sistema de valores muitas vezes em conflito
- Meios de informação e comunicação
- Política educacional: disposições legislativas, orçamentos da educação
- Planos de formação inicial e permanente dos professores
- Aspectos legais e culturais da participação das famílias na educação

CULTURA ESCOLAR
- Estrutura física e simbólica da escola
- Processo de tomada de decisões
- Perspectivas sobre o currículo
- Papel dos membros da comunidade educativa
- Sistema de comunicação interna e externa
- Recursos necessários
- Projetos de melhoria
- Formação permanente

PROJETO EDUCACIONAL
- Que tipo de sujeito se quer formar?
- Finalidades e objetivos
- Escolha e articulação do conhecimento
- Utilização de tempo e espaço
- Perspectivas sobre o ensino e a aprendizagem (métodos)
- Ambientes de aprendizagem: integração das TIC
- Princípios de atuação docente
- Sistemas de avaliação e créditos

FIGURA 1.1. Planejamento integral da gestão da escola

O estabelecimento de um sistema efetivo de tratamento e acesso à informação e à comunicação entre a direção, os professores, os alunos e as famílias se configura como um passo fundamental para que a comunidade educativa como um todo se beneficie das TIC e as utilize paulatinamente nos processos de ensino e aprendizagem.

Investimento na capacidade do aluno de adquirir sua própria educação

As escolas planejarão a utilização dos recursos tecnológicos como um investimento na capacidade dos alunos de adquirir sua própria educação. Muitas vezes, o êxito da educação se concentra no resultado dos exames, mais do que na qualidade das aprendizagens feitas pelos alunos. As reformas do final dos anos de 1990 nos Estados Unidos, no Canadá, na Grã-Bretanha tendem a reduzir o êxito da educação à comparação dos resultados obtidos pelos alunos em suas provas padronizadas e equiparam a melhoria à implementação de um ensino baseado em níveis de sucesso. Esta tendência aumentou a pressão para que professores e alunos se concentrem em *passar nas provas*.

Esta perspectiva ligada às visões mais tradicionais do ensino vai contra a idéia das tecnologias digitais como investimento na autonomia dos estudantes para gerenciar sua educação, para que possam aprender perguntando e respondendo os desafios educativos e formativos da sociedade atual. Por isso, deve-se perguntar:

- Qual a função mais genuína e fundamental do ensino obrigatório?
- Como influem nossas convicções sobre essa função fundamental na hora de planejar e colocar em prática o ensino, com o que implica a escolha de conteúdos, meios e métodos?
- Qual é para nós o papel e a responsabilidade dos alunos em seu próprio processo de aprendizagem?
- Como nossa escola está contribuindo para o desenvolvimento da autonomia pessoal, emocional e intelectual dos alunos?
- Que características pedagógicas teria uma utilização das TIC que destacasse a capacidade do aluno de adquirir sua própria educação?
- Até que ponto e em que sentido a legislação vigente permite colocar em prática processos de ensino e aprendizagem baseados nas TIC que fomentem a autonomia do aluno?

Impossibilidade de prever os resultados da aprendizagem

Os educadores devem abandonar a premissa de que podem prever o que terá aprendido um bom estudante como resultado de uma experiência educativa. A tendência de estabelecer as metas de ensino como objetivos de conduta e não como finalidades de processo,[12] unida aos sistemas de avaliação baseados em provas de papel e caneta em que se pede ao aluno que repita dados, conceitos e definições previamente memorizados ou compreendidos, criou entre os professores e a comunidade educativa a ilusão de que é possível prever o *que deve ter aprendido um bom estudante como resultado de uma experiência educativa.*

Esta situação sequer ocorre nos processos de aprendizagem marcados por esta convicção (todos sabemos a diferença entre o que os alunos sabem e o que são capazes de responder ou copiar em uma prova) e deixa de ter sentido quando a experiência pedagógica dos alunos não mais se baseia na repetição das explicações do docente ou do livro para se fixar em processos de pesquisa com a ajuda de diferentes fontes e meios de informação e comunicação. As seguintes questões ajudarão a tornar explícitas e a problematizar estas convicções e talvez a tomar decisões alternativas.

- Analisemos as questões dos livros-texto ou das provas e nos perguntemos: estas perguntas podem ter respostas diferentes ou as respostas já estão dadas no texto ou na explicação do professor?
- Como reagimos se um aluno responde de um jeito que não havíamos previsto?
- Consideramos o que o aluno sabe e como sabe, na hora de planejar o ensino?
- Na hora de abordar um tema, somos conscientes de que estamos tratando de uma versão simplificada dele? Como fazemos para que os alunos percebam?
- Na avaliação, nos propomos a constatar o que se imagina que os alunos *tinham* de aprender ou exploramos o que aprendeu, situamos seu valor educativo e avaliamos como isto favorece seu próprio processo de aprendizagem?

Ampliação do conceito de interação docente

As salas de aula devem tornar-se lugares em que estudantes e professores *se comunicam de forma interativa entre si, e com especialistas e companheiros na localidade, na cultura e no globo.* O ambiente de ensino que a maioria das pessoas experimentou na educação formal reflete uma situação comunicativa em que o professor (junto com o livro) tem uma informação que comunica de maneira unidirecional aos alunos. Se houver interação, estará centrada nas perguntas dos professores para se assegurar de que os estudantes podem responder o que eles esperam; ou nas questões dos alunos para entender melhor algo explicado pelo docente ou pelo livro. Deste modo, toda pergunta formulada pelos alunos que o professor considere pouco relacionada com o tema costuma merecer algo como "isso não tem nada a ver com o que estamos falando" ou "isso veremos depois", em lugar de se abrir como um possível foco de interesse e curiosidade.

Este contexto comunicativo pressupõe que há apenas uma forma de representar o saber: a do professor ou do livro-texto. Que há somente uma forma de aprender: reproduzir as definições e os conceitos e aplicar as fórmulas aprendidas em aula para resolver os problemas. Que os estudantes não precisam conversar para aprofundar sua aprendizagem e compreensão. Que tudo o que os alunos necessitam aprender é o que o professor sabe e o que está no livro. Assim, cabe formular uma série de perguntas:

- Que papel costumamos reservar aos alunos no processo de aprendizagem?
- As tarefas propostas aos alunos costumam ser pensadas para que eles as realizem de forma individual ou coletiva?
- Se consideramos uma turma típica de nossa escola, quanto tempo se dedica à explicação do professor, quanto à interação entre alunos e professor e quanto à interação entre os alunos?
- Em função da resposta, o modelo pedagógico predominante é baseado no professor, no aluno, na colaboração? Quais as conseqüências deste modelo para a aprendizagem dos alunos?
- Costumamos convidar outros colegas, pais de alunos, membros da comunidade educativa ou pessoas especializadas para participar de nossas aulas ou atuar como consultores? Por quê (sim ou não)? Como avaliamos sua participação?
- Utilizamos as próprias TIC para solicitar a participação de pessoas externas às atividades de ensino? Por quê (sim ou não)? Como avaliamos sua resposta?

Ampliar a dimensão e o significado da interação docente implica repensar os sistemas organizativos e simbólicos do ensino e criar e colocar em prática ambientes diversificados de aprendizagem. A Figura 1.2 representa o que poderia ser uma aula aberta aos meios atuais, ao resto da escola, à comunidade e à sociedade. Um ambiente centrado nos alunos e sua capacidade de aprender, que valoriza a informação disponível no processo de construção do conhecimento por parte dos alunos e do professor, que entende a avaliação como expressão do aprendido e que é capaz de apreciar a troca com a comunidade.

Questionar o senso pedagógico comum

É imprescindível uma profunda revisão e o questionamento das convicções pedagógicas relativas ao que é e não é "uma idade apropriada" para aprender, quem pode realizar escolhas pedagógicas válidas e como deve funcionar o controle do processo educacional.

As convicções pedagógicas sobre estes temas são profundamente influenciadas por:

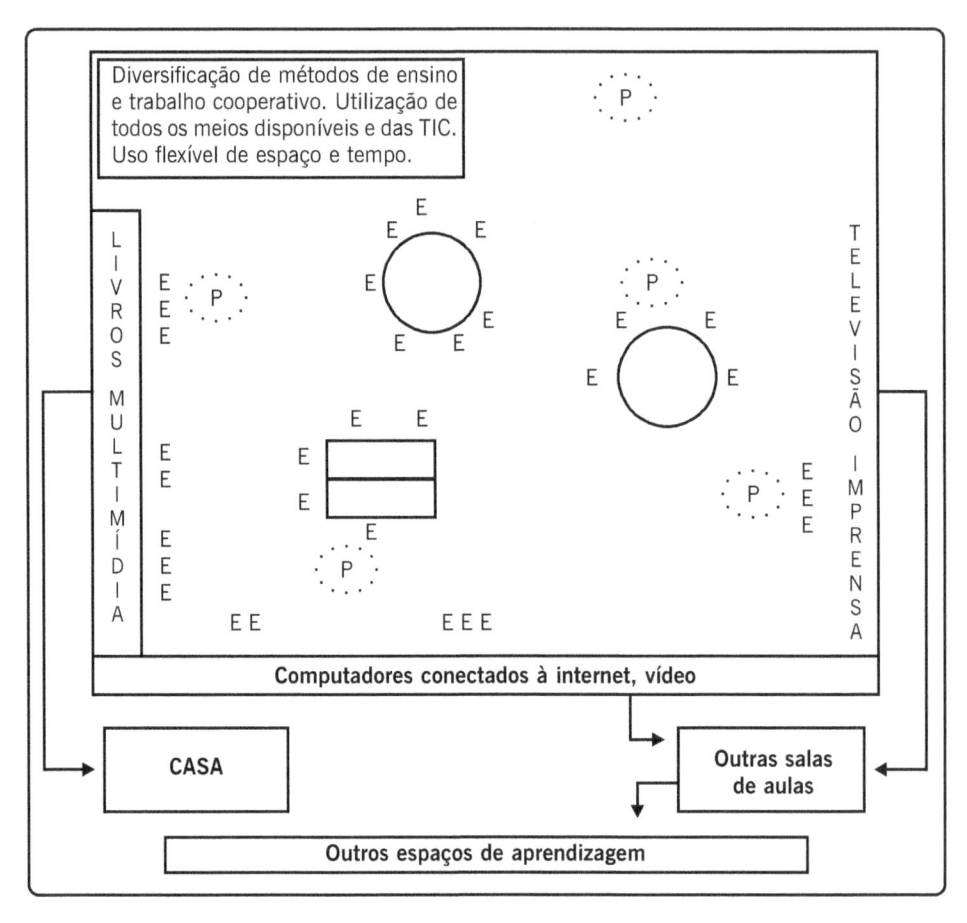

FIGURA 1.2. Representação de uma proposta de ambientes de aprendizagem diversificados.

1. As visões de Piaget sobre o que considerou, no começo do século XX, os estágios do desenvolvimento do pensamento lógico-científico. Sua proposta de explicação do fenômeno da compreensão de certas operações lógicas foi traduzida, no terreno da educação, quase como um *slogan*: *há conceitos e situações que os indivíduos somente podem aprender quando tiverem "chegado" ao estágio de desenvolvimento correspondente.* Esta convicção, que tem importantes conseqüências na prática docente por levar a elaborar propostas didáticas com um baixo nível de desafio intelectual, emocional e social para os alunos, não costuma

considerar as revisões feitas a partir das novas contribuições dos seguidores de Piaget e, sobretudo, as de Vygotsky, com conceitos tão significativos, pedagógica e socialmente falando, como a zona de desenvolvimento proximal.

Vygotsky concede grande importância à interação social no processo de ensino e aprendizagem. Estabelece uma relação entre aprendizagem e desenvolvimento, mostrando a impossibilidade de concebê-los e estudá-los de forma separada. Seu conceito de *zona de desenvolvimento próximal*, entendida como "a distância entre o nível real de desenvolvimento, determinado pela capacidade de resolver independentemente um problema, e o nível de desenvolvimento potencial, determinado pela resolução de um problema sob a orientação de um adulto ou em colaboração com um colega mais capaz" (Vygotski, 1979, p. 133), é uma ferramenta intelectual e pedagógica de potencial incalculável na hora de planejar os cenários de ensino e aprendizagem.

2. Uma visão estereotipada sobre os alunos e a aprendizagem com base em:
   - uma visão dos alunos como carentes: *as crianças são deficientes e a escola deve consertá-los;*
   - uma idéia padronizada do desenvolvimento: *todo mundo aprende ou deveria aprender do mesmo jeito;*
   - uma percepção escolarizada da aprendizagem: *a aprendizagem acontece na escola, não no mundo.*

   Estas concepções são de quem acredita que os únicos que *podem realizar escolhas pedagógicas válidas* são os que planejam o currículo no gabinete de um ministro ou, pelo menos, os professores. Esta perspectiva não considera o processo de construção da identidade infantil e adolescente, em um mundo mediado pela tecnologia e pelo acesso massivo à informação, como demonstraram autores como Postman (1994), Buckingham (2000) e Steinberg e Kincheloe (2000), entre outros.

3. Uma concepção do conhecimento escolar como um conjunto de saberes estáveis, perfeitamente divisíveis em disciplinas e seqüenciáveis de forma linear do mais simples ao mais complexo. A visão mais generalizada sobre o conhecimento escolar costuma representá-lo como um conjunto de estruturas (fatos, conceitos, procedimentos...) que podem ser transmitidas por um meio como informação e codificadas e decodificadas pelos indivíduos de maneira isolada do contexto social e da ação prática.

As argumentações anteriores exigem a reconsideração de uma série de convicções profundamente arraigadas. Por isso, cabem as seguintes perguntas:

- Qual é nossa visão sobre a infância e a adolescência?
- Como acreditamos que crianças e adolescentes aprendem?
- Que papel acreditamos que crianças e adolescentes podem ter na hora de dirigir sua própria aprendizagem?
- No caso dos alunos da nossa escola, onde acontecem suas experiências mais duradouras de aprendizagem? Que papel têm as TIC nesse processo?
- Como se tomam as decisões em nossa escola sobre o que se espera que crianças e adolescentes aprendam?
- Que conseqüências têm estas decisões na aprendizagem dos alunos?

PARA CONCLUIR

Ao longo deste capítulo, tentaram-se problematizar as concepções sobre ensino e aprendizagem vigentes e profundamente arraigadas nas escolas, tendo como referência as TIC. Esta forma de abordar a temática da transformação das TIC em recursos educativos se fundamenta na evidência contrastada de que não são os instrumentos que mudam as práticas docentes profundamente enraizadas e, sim, estas práticas acabam domesticando as novas ferramentas.

Argumentou-se que as TIC alteram a estrutura de nossos interesses, mudam o caráter dos símbolos e modificam a natureza da comunidade. Esta constatação levou-nos a dotar estas tecnologias de um poder quase mágico para resolver os problemas do ensino. Contudo, a realidade das escolas serve de antídoto contra o ilusionismo desmedido. Os recursos sempre são insuficientes, as mentalidades da administração, os diretores, os professores, os alunos e as famílias não mudam da noite para o dia. Deste modo, uma instituição com um sistema organizativo e simbólico bem enraizado, relativamente econômico e bastante efetivo em termos de controle social, não parece que a curto e médio prazos esteja preparada para introduzir as TIC junto com novas perspectivas educativas que signifiquem uma mudança substancial. Apesar de, segundo vozes e opiniões muito distintas, necessitar-se dessa mudança.

Para que o uso das TIC signifique uma transformação educativa que se transforme em melhora, como se argumentou ao longo do capítulo, muitas coisas terão de mudar. Muitas estão nas mãos dos próprios professores, que terão que redesenhar seu papel e sua responsabilidade na escola atual. Mas outras tantas escapam de seu controle e se inscrevem na esfera da direção da escola, da administração e da própria sociedade.

NOTAS

1. Em Bertran e colaboradores (1985) e Sancho e Butzbach (1985), pode-se encontrar informações sobre este projeto.
2. Tratava-se de um projeto desenvolvido por Chris Web, em Londres, desde o final dos anos 1970. Um estudo sobre as necessidades de um bairro em decadência, realizado por um grupo de jovens que abandonara a escola, por intermédio de um projeto de educação ambiental, revelou que havia uma carência de pessoal formado em informática. Isto levou à criação de um currículo aberto para jovens *fracassados* do sistema que recuperavam seu desejo de aprender ao poder basear sua experiência de aprendizagem em seus próprios interesses, que o professor ia aprofundando e orientando. Neste processo, os sistemas informáticos – ainda bastante rudimentares – representavam um papel fundamental. Durante o governo de Margaret Thatcher, criou-se uma rede desse tipo em toda a Grã-Bretanha conectada a uma rede telemática.
3. Para vislumbrar o papel que a tecnologia teve na civilização moderna, ver Mumford (1934).
4. Chen (1992) faz uma distinção entre o conhecimento *ontogenético* (ontogenic) e o *exógeno* (exogenic). Considera ontogenético o conhecimento que cresce no sujeito como resultado dos processos complexos que relacionam o conhecimento inato que emana da expressão do desenvolvimento da carga genética e o conhecimento adquirido mediante a aprendizagem no ambiente. O desenvolvimento da escala temporal do conhecimento ontogenético equivale ao espaço vital de um indivíduo. Por seu turno, o conhecimento exógeno serve para definir o conhecimento externo ao corpo. Refere-se ao conhecimento público acumulado pela humanidade de diferentes formas e por complexos processos sociais. As instituições sociais e as tecnologias da informação e comunicação são os melhores portadores deste conhecimento. A unidade de análise para examinar o conhecimento exógeno é, então, o sistema social como um todo, incluindo o mundo científico, o sistema educacional, os meios de comunicação, as instituições ideológicas diversas (religiosas, políticas, etc.). O conhecimento exógeno é o que mais se misturou com a tecnologia, passando por três etapas: *os sistemas de escrita e numeração* (em torno de 3000 a.C.), a *imprensa* (século XVI), *as tecnologias eletrônicas e digitais de informação e comunicação* (século XX).

5. É importante destacar que países importantes na defesa do *livre mercado*, como Estados Unidos e Grã-Bretanha, são, por seu lado, os mais protecionistas com seus próprios produtos e mercados.
6. Francis Bacon, arcebispo inglês que viveu entre os séculos XVI e XVII, escreveu uma utopia social, a Nova Atlântida, em que o bem-estar e a harmonia social eram proporcionados pela pesquisa científica (as máquinas que voavam, navegavam debaixo da água, mantinham o tempo perpétuo e transmitiam música) e não pela filosofia ou a religião.
7. Falar como se faz neste momento de "bombas inteligentes" é mais uma evidência de que a inteligência e a bondade nem sempre andam juntas. De fato, como mostra a história e, em especial, o momento atual, seguidamente se utiliza o conhecimento não para melhorar o mundo como um todo, mas para beneficiar alguns.
8. Segundo estatísticas recentes, neste momento estão conectados à internet aproximadamente 600 milhões de computadores, mas, se considerarmos que o planeta tem mais de 6 bilhões de habitantes, isto quer dizer que 5,4 bilhões de pessoas não estão conectadas. Mesmo que a taxa de conexão à internet aumente diariamente, e que muitas pessoas tenham acesso no trabalho, na escola, na biblioteca, etc., a distância entre os *inforicos* e os *infopobres* continuará abismal.
9. Convém recordar que um número importante de horas da vida escolar de crianças são dedicadas a que aprendam a ler e escrever. Assim, diferentes autores argumentam em favor da necessidade de que a escola comece a considerar outras linguagens, como a audiovisual e a informática.
10. Para Alvarez e colaboradores (1993), o desejo das pessoas de construir máquinas e conquistar a natureza levou a elaborar a tese de que a fabricação e utilização de ferramentas foi o fator determinante e essencial da evolução da espécie humana. O que deixa totalmente de lado as técnicas simbólicas, organizativas e a biotecnologia.
11. O consórcio do projeto era constituído pela Universidade de Barcelona e o IES Bernat Metge da Espanha; Extreme Solutions e Ellinogermaniki Agogi S.ª da Grécia; The Samuel Neaman Institute e Alliance High School, Haifa de Israel; University of Uoulu e Oulunsalo Secondary School da Finlândia; Univerzita Karlova y Gymnazium F.X. Saldy da República Tcheca. Durante o terceiro ano do projeto, criou-se a Rede School+ com a participação de 20 escolas européias. Para mais informações, consultar http://www.school-plus.org.
12. Para Stenhouse (1984), o *modelo de processo* do currículo se fundamenta na tese de que as estruturas do saber a que se deve induzir os estudantes são intrinsecamente problemáticas e discutíveis e, em con-

seqüência, são objeto de especulação. Isto supõe que os docentes se constituam em *aprendizes*, junto com seus alunos, e que a compreensão dos fenômenos não seja definitiva e total, mas que adquira mais matizes, profundidade e complexidade à medida em que o estudante avança. Em conseqüência, os professores não podem estabelecer desde o princípio o que os alunos têm que aprender, mas resguardar o processo e estabelecer ao final seu valor educativo e formativo para cada indivíduo e para o grupo.

REFERÊNCIAS

ÀLVAREZ et al. *Tecnología en acción*. Barcelona: Rap, 1993.
BECKER, H. *How Are Teachers Using Computers in Instruction?* Paper presented at the 2001 Meetings of the American Educational Research Association, 2001.
BERTRAN, J. et al. La informatització de l'ensenyament professional a Catalunya: un model integrat. *Novática*, v.10, n.61, p.4-32, 1985.
BROSNAN, M.J. The impact of computer anxiety and self-efficacy upon performance. *Journal of Computer Assisted Learning*, v.14, n.3, p.223-234, 1998.
BUCKINGHAM, D. *After the Dead or Childhood. Growing up in the age of electronic media*. Oxford: Polity Press, 2000.
CASTELLS, M. *La era de la Información. Economía, sociedad y Cultura. Vol. 1 La Sociedad Red*. Madrid: Alianza, 1998a.
_____. *La era de la Información. Economía, sociedad y Cultura. Vol. 2 El poder de la identidad*. Madrid: Alianza, 1998b.
_____. *La era de la Información. Economía, sociedad y Cultura. Vol. 3 El fin de Milenio*. Madrid: Alianza, 1998c.
CHEN, D. An Epistemic Analysis of the Interaction between Knowledge, Education, and Technology. In: BARRETT, E. (Ed.) *Sociomedia. Multimedia, Hypermedia and the Social Construction of Knowledge*. Cambridge, Ma.: MIT Press, 1992.
CONLON, T.; SIMPSON, M. Silicon Valley verses Silicon Glen: the impact of computers upon teaching and learning: a comparative study. *British Journal of Educational Technology*, v.34(2), 137-150.
CUBAN L. *How teachers taught : constancy and change in American classrooms, 1890-1990*. Nueva York : Teachers College Press, 1993.
_____. *Oversold and underused: computers in the classroom*. Cambridge, Mass.: Harvard University Press, 2001.
CUBAN, L.; KIRKPATRICK, H.; PECK, C. High access and low use of technologies in high school classrooms: Explaining an apparent paradox. *American Educational Research Journal*, v.38, n.4, p.813-834, 2001.

FULLAN, M. *Change forces: the sequel*. Philadelphia: Falmer Press, 1999.
HARGREAVES, A. *Enseñar en la sociedad del conocimiento. La educación en la era de la inventiva*. Barcelona: Octaedro, 2003.
HEALY, J.M. *Failure to connect. How computers affect our children's minds - and what we can do about it*. Nueva Youk: Simon and Schuster, 1998.
KOZMAN, R.B. *Technology, innovation, and educational change – A global perspective*. Washington, DC: ISTE, 2003.
McCLINTOCK, R. Prácticas pedagógicas emergentes. *Cuadernos de Pedagogía*, v.290, p.74-76, 2000.
MERCER, N.; FISHER, E. How do teachers help children to learn? An analysis of teachers' interventions in computer-based activities. *Learning and Instruction*, n.2, p.339-355, 1992.
MORIN, E. *La mente bien ordenada*. Barcelona: Seix Barral, 2000.
MUMFORD, L. (1934) *Técnica y civilización*. Madrid: Alianza, 1982.
OECD. *Education at a Glance 2004*. París: OECD, 2004.
PELGRUMN, W.J. Obstacles to the integration of ICT in education: results from a worldwide educational assessment. *Computers & Education*, v.37, p.163-187, 2001.
POSTMAN, N. *La desaparición de la niñez*. Barcelona: Círculo de Lectores, 1988.
RINGSTAFF, C.; KELLEY, L. The learning return on our educational technology investment. A review of findings from research. Wested improving education through research, development and learning, 2002.
ROUSSEL, P. A. et al. *Tercera generación de I+D. Su integración en la esfera del negocio*. McGraw-Hill/HBS, 1991.
SANCHO, J.M. Software educativo. Los límites duros de una tecnología blanda. *IV Jornadas de Software educativo*. Granada: Centro de Profesores de Granada, 1996a. p.53-70.
_____. Educación en la era de la información. *Cuadernos de Pedagogía*, v.253, p.42-49, 1996b.
_____. Enfoques y funciones de las nuevas tecnologías para la información y la educación: lo que es no es lo que parece. In: PABLOS, J. de; JIMÉNEZ, J. (Coord.). *Nuevas tecnologías. Comunicación audiovisual y educación..* Barcelona: Cedecs, 1998. p.71-102.
SANCHO, J.M.; BUTZBACH. Informática educativa y formación permanente del profesorado: Un proyecto en desarrollo en Cataluña. In: PEIFFER, A.; GALVÁN, J. (Eds.). *Informática y escuela*. Madrid: Fundesco, 1985. p.249-254.
SANCHO, J.M. et al. *Final Report. School + More than a platform to build the school of tomorrow*. Luxembourg: European Commission, 2004.
SCHOFIELD, J.W. *Computers and classroom culture*. New York: Cambridge University Press, 1995.

SCHOFIELD, J.W.; DAVIDSON, A.L. *Bringing the Internet to school: Lessons from an urban district*. San Francisco, CA: Jossey-Bass, 2002.
STEINBERG, S.R.; KINCHELOE, J.L. *Cultura infantil y multinacionales*. Madrid: Morata, 2000.
STENHOUSE, L. *Investigación y desarrollo del curriculum*. Madrid: Morata, 1984.
TEDESCO, J.C. *El nuevo pacto educativo*. Madrid: Anaya, 1995.
TYACK, D.; TOBIN, W. The "Grammar" of schooling: Why Has it Been so Hard to Change? *American Educational Research Journal*, v.31/3, p.453-480, 1994.
VYGOTSKI. *El desarrollo de los procesos psicológicos superiores*. Barcelona: Crítica, 1979.
WILSON, J.D.; NOTAR, CH.C.; YUNKER, B. Elementary in-service teacher's use of computers in the elementary classroom. *Journal of Instructional Psychology,* Dec. 01, 2003. http://www.findarticles.com/p/articles/mi_m0FCG/is_4_30/ai_112686159

2

Por que Dizemos que Somos a Favor da Educação se Optamos por Um Caminho que Deseduca e Exclui?

Fernando Hernández

Há alguns dias, uma aluna se queixava: *"Como quer que a gente aprenda? Somente (aprenderemos) se nos explicar coisas que nos interessem. Surge na aula uma pessoa que nos fala da arte do século XVIII e outra que fala de sintagma nominal".*
Outro aluno disse: *"Como nos dizem que integremos coisas? Não posso integrar verduras com guindastes e copos. Portanto, o que temos que aprender é a conhecer a mania de cada um de vocês"* (Hernández e Sancho, 2004).

O PONTO DE PARTIDA

Neste capítulo, como em outros trabalhos escritos sobre o tema (Hernández, 1997, 2001-02a, 2001-02b, 2002, 2003, 2004, 2004-05), faço uma defesa apaixonada e um convite a quem queira me ouvir e/ou ler sobre as potencialidades de uma visão integrada[1] da educação escolar. E o faço não somente por convicção moral, já que acredito que uma função essencial da escola é favorecer a eqüidade, possibilitando que todos, sem exclusões, encontrem seu lugar para aprender – e a perspectiva integrada o favorece – mas também a partir de minha experiência como educador e pesquisador. O que dá no mesmo, dos efeitos positivos sobre o trabalho dos educadores – que, paradoxalmente, são os principais detratores das propostas integradas – de uma visão que coloca a criatividade e a inventividade, a integração social e pessoal dos jovens e a ação social como eixos de uma proposta educativa em permanente transformação.

Por isso, não falo de ouvir falar ou inspirado em um ilusionismo messiânico. Tenho uma experiência de mais de 20 anos com professores do ensino médio e como formador e professor na universidade.

A primeira finalidade de uma visão integrada da educação (logo veremos a que definição me refiro) é a que favorece a criação de experiências de aprendizagem *com sentido* e, ao tê-la, o estudante, os professores e os membros da comunidade se envolvem apaixonadamente no processo de aprender. Frente à *atual pe-*

dagogia entediante (Corea e Lewkowicz, 2004) entendi que esta mudança é possível e que tem efeitos positivos na disposição das pessoas para aprender (professores e famílias incluídos). Observei crianças do ensino fundamental e compartilhei com elas e com estudantes do ensino médio em cujo futuro ninguém apostava e vejo isso quase diariamente na universidade, em jovens de 19 e 20 anos.

De imediato, quero destacar que assumir esta posição significa se afastar de estratégias reformistas, que convidam a manter o discurso modernista do progresso como meta ou que reforçam as atuais formas de dominação nas sociedades globalizadas, baseadas no imperativo da bondade do mercado, que contribuem para manter a *matriz colonialista do poder* (Mingolo, 2003). O que defendo é uma posição que vai em direção muito diferente dos que transitam com agendas de priorização centradas em que atribuições (conquistas estáveis) devem ser aprendidas, a reivindicação do número de horas de sua disciplina ou a acomodação da educação às necessidades do mercado e não à necessidade das pessoas de dar sentido ao mundo em que vivem e às suas próprias experiências. Convido a romper a lógica hegemônica do pensar sobre a educação e quebrar, como diz Mingolo, a *epistemologia do ponto zero* que estabelece que a realidade – no nosso caso, a educação escolar – não pode ser pensada além (de forma contrária) do pensamento único dominante. Um ponto zero que estabelece que é possível apenas fazer reformas de fachada e realizar inovações parciais para que tudo continue igual. Um ponto zero que reforça e valoriza o processo de submissão do aluno a formas de aprendizagem e avaliação baseadas na repetição, na negação do sentido de ser e de seu desejo de aprender.

Duas histórias para começar

Recentemente, em uma conversa com adolescentes do 3º ano do ensino médio de uma escola pública de Barcelona, participantes de um projeto educacional para favorecer formas críticas de compreensão,[2] perguntamos sobre a experiência de aprender que tiveram a partir do desenvolvimento de um projeto integrado. Em um momento da entrevista, perguntou-se a eles que temas tinham sido mais importantes e sobre o que lhes interessara aprender. Expressaram o seguinte:

- Entender o mundo contemporâneo.
- A diversidade como fundo de desigualdade social.
- Por que ainda existem guerras?
- Por que há gangues urbanas?

Asseguro ao leitor que não estou inventando nada, nem recuperando deliberadamente a proposta desenvolvida por Lawrence Stenhouse (1970) no *Humanities curriculum project*. Foram manifestações de adolescentes que revelavam suas preocupações e expressavam seu desejo de aprender. Adolescentes de um bairro operário de Barcelona, em uma escola convencional.

- Pode-se imaginar um grupo de professores que levasse a sério o que os estudantes estão dizendo, se atrevesse a romper barreiras e limites disciplinares e de horários e colaborasse com outras instituições na exploração de temas-chave, mediante a pesquisa, o confronto de fontes e considerando tudo o que sabemos hoje que faz com que os estudantes aprendam melhor (Stoll e Fink, 2004)?
- Pode-se imaginar o que isto significaria para o envolvimento dos estudantes, sua descoberta da paixão por aprender junto com os professores, famílias e outros membros e entidades da comunidade?
- Pode-se imaginar como a escola se converteria em um fórum de debate e pesquisa permanente, de busca ativa, uma instituição que transforma seu saber em ação visível na comunidade?
- Pode-se imaginar o que aprenderiam sobre esses conteúdos e aptidões considerados *básicos*, além de aprender sobre si mesmos, sobre seu lugar no mundo, sobre sua possibilidade de se organizar e seu senso ativo de cidadania?
- Pode-se imaginar? Eu posso e por isso lhes conto e escrevo este capítulo, convencido de que este é o caminho para a educação escolar, se deseja mudar sua missão classificadora e erradicar sua função reprodutora.

Esta é a primeira das histórias que queria lhes contar. A segunda me toca mais de perto e tem a ver com algo que vivi quando escrevia este capítulo. Há 15 anos, coordeno um curso de formação inicial de professores de ensino médio, em que procuro promover uma formação que *eduque* os futuros docentes em uma visão de sua missão não como uma atividade burocrática e transmissora, mas como uma profissão moral.[3]

Este ano, enviamos um grupo de quatro estudantes a uma instituição de atenção especial em Barcelona. Desculpo-me por não me lembrar das siglas, mas são tantas e, além disso, mudam a cada administração. Mas sei que me entendem. Uma escola em que se considera uma vitória quando os estudantes compareçem, a cada dia. Os grupos são de 15 alunos, mas em aula normalmente há apenas meia dúzia. A preocupação principal dos professores é que se cumpram as normas e os alunos se comportem.

Quando chegaram nossos quatro estagiários com sua mochila repleta de possibilidades, se reuniram com os quatro alunos que naquele dia foram à aula de Artes Plásticas. Primeiro, olharam-se a distância, com desconfiança. Os estudantes disseram: "Pensamos em fazer isso ou aquilo...". Reação de desconfiança por parte dos alunos: "Não sabemos, é difícil...". Nossos futuros professores não desanimaram e mostraram exemplos de como podiam fazer. Apareceu outra vez a possibilidade do fracasso: "Nunca poderemos fazer isso, é muito difícil, quase impossível...". Então, nossos estudantes pronunciaram as palavras mágicas: *"vocês não vão fazer sozinhos, nós vamos fazer juntos"*.

A notícia se espalhou e, no dia seguinte, vieram sete. E começaram a percorrer juntos um caminho pouco transitado, como diria o poeta Robert Frost. Iam com medo, sim, mas com a certeza de que não estavam sozinhos na travessia diferente. No dia seguinte, vieram dez. Logo, o grupo inteiro. Mantiveram-se juntos, descobrindo encantados que podiam fazer aquilo para o qual se haviam proposto. O orientador se uniu ao grupo para também aprender a fazer junto o caminho e romper a distância entre eles e nós. Enquanto isso, os jovens descobriam que ir à escola não tinha porque ser uma obrigação, mas podia ser uma necessidade para não levá-los a um futuro incerto e muitas vezes trágico e, sim, para se reconhecerem em seu presente vivo e cheio de alternativas.

Quando os futuros docentes foram embora, o grupo se manteve unido, indo à escola. Perguntei ao orientador se os outros professores haviam refletido sobre o que ocorrera, se haviam aprendido a experiência. Respondeu-me: "Claro que sim. Quando se dão conta que não os abandonamos, os apoiamos vamos juntos respondem maravilhosamente. Eu mudei para melhor e assim como eu, infelizmente, apenas uns 20% dos professores. O resto não percebeu e continua pensando que o importante é que conheçam claramente as normas e aprendam os conteúdos curriculares".

- Pode-se imaginar o que resultaria desse anseio de um grupo de professores que decidisse romper com as amarras do tempo, espaço e currículo?
- Pode-se imaginar o interesse que produziria cada ida diária desses garotos à escola sabendo que o que acontece ali tem a ver com eles e com suas vidas e preocupações?
- Pode-se imaginar o que significaria transformar uma aprendizagem rotineira em uma autêntica experiência de vida?
- Pode-se imaginar como os reflexos dessa atividade podem ajudar a projeção social e pessoal de cada um dos garotos, uma vez que poderiam começar a escrever sua própria história e a mudar a que, por sua origem social, já está escrita?[4]

VISÕES REFORMISTAS DA INTEGRAÇÃO

É hora de tomar partido. Até agora, falou-se de maneiras de fazer que parecem exemplos ocasionais e isolados, mas que poderiam ser contínuos e assim dar espaço a uma escola baseada em outra narrativa, em outra lógica que não responda à uma expectativa do *dia de amanhã* ou se adaptar de maneira subordinada à triunfante economia de mercado. Para nos posicionarmos ante o sentido integrado da educação, um livro recente de Beane (2005)[5] pode nos servir de guia. Beane escreve que, quando se fala de integração (ele fala sobretudo no currículo, mas eu já disse que essa visão me parece reducionista e que caricaturiza o sentido do que é na verdade a escola),[6] não se deve pensar, como é habitual, apenas em conteúdos disciplinares. Para mudar a maneira com que nos referimos à visão de integração, temos que considerar *a integração da experiência, a integração social, a integração dos conhecimentos e a integração como projeto curricular*.

Esta visão da integração é mais complexa e vai além de como ensinar na escola de forma relacional, globalizada ou combinando conceitos e procedimentos por meio de temas que terminam ajustando-se às narrativas hegemônicas das matérias curriculares. Esta perspectiva quebra uma visão sobre a integração que faz parte da história da educação e que pode ser encontrada na *educação progressiva* nos Estados Unidos ou na *escola nova* na Europa. Refiro-me às propostas a favor da organização do currículo por temas ou problemas, considerando os interesses dos alunos e procurando seu envolvimento ativo. Propostas que podemos localizar na *pedagogia de projetos* de Kilpatrik (1918), a globalização nos *centros de interesse* de Decroly (1987) e o *currículo da experiência* de Hopkins (1941). Também nos *temas-chave* de Stenhouse (1970), o ensino por *temas* de Tann (1988) e Henry (1994), os *temas interdisciplinares* (Schudi e Lafer, 1996; Wood, 1996) vigentes nos Estados Unidos antes que fosse imposto o pensamento quase hegemônico da padronização, ou em nossas primeiras experiências com os projetos de trabalho (Hernández e Ventura, 1992). Como nos lembra Beane (2005, p. 23), os defensores dessas perspectivas "diziam que esses sistemas ajudavam a integração porque se centravam na maneira de o aluno organizar suas idéias e experiências".

O sentido comum que se pode encontrar em todas as alternativas de sucesso, mesmo as que não se generalizaram, porque quebram a narrativa dominante da educação e sua *gramática* (Tyack e Tobin, 1994), enquanto questionam seus dispositivos de controle, é que ensinam os alunos a questionar a partir de problemas relacionados com situações da vida real. O sentido da *vida real* não faz referência apenas ao próximo, mas também ao modo como as disciplinas – não as matérias curriculares, que são destilados alquímicos desproblematizados – pesquisam em suas respectivas especialidades e como estas aproximações chegam à escola. Tudo isso como forma de enfrentar o dilema da escolha de determinados conteúdos frente à multiplicidade de possíveis matérias e temas de estudo que oferecem as diferentes disciplinas e realidades sociais. É também estratégia para que os alunos aprendam os procedimentos que lhes permitam seguir aprendendo durante a vida, para que o conhecimento escolar seja atualizado e responda à necessidade de que a escola ofereça um *suporte* básico para explorar as diferentes parcelas da realidade e da experiência dos próprios alunos (como parte de uma coletividade que se divide entre o particular e o global). O meio para favorecer este tipo de conhecimento seria ensinar a relacionar, a estabelecer sentidos, ou seja, a compreender.

Julguei válida esta narrativa, que considero louvável e necessária, e que ainda figura como uma linha no horizonte que pode ser empregada por muitos docentes de *alternativa radical*. Sobretudo se é observada a maioria das propostas de ensino de nossas escolas de ensino fundamental – centrada na tarefa de padronização dos alunos pela rotina diária de preencher fichas de livros-texto – e nas escolas de ensino médio, onde vigora a obsessão pelo controle do aluno a partir de uma repetida estratégia de *submissão* baseada nos três *e*: explicação-exercícios-exames.

Julgo necessário determo-nos nas reações que essa perspectiva provoca, para compreender as posições que surgem quando se defende um enfoque integrado da educação. Quando me convidam a discutir a perspectiva educativa dos projetos de trabalho, defronto-me com perguntas que indicam a dificuldade da mudança. Estas perguntas vão de: *aprende-se todos os conteúdos* (em lugar de se há sentido no que se aprende); *dá muito trabalho* (afirmação que, devo reconhecer, sempre me escandaliza por partir de pessoas que supostamente escolheram dar o melhor de si para ajudar os outros a aprender); *os pais são contra* (algo que nunca entendi, porque a maioria das famílias valoriza o envolvimento e o interesse de seus filhos nos projetos de trabalho); *por que os alunos devem participar das escolhas dos temas de estudo* (quando boa parte da bibliografia recente sobre a aprendizagem destaca a importância de os estudantes participarem das decisões curriculares, não apenas como forma de envolvimento, mas também como caminho para fazer uma aprendizagem mais autônoma). Perguntas que se movem na superfície e autodefesa e que não enfrentam a fundo – na raiz – a questão central a que se dirigem os projetos de trabalho: como organizar outra narrativa para a escola centrada na aprendizagem de forma integrada e, portanto, não baseada somente nos conteúdos disciplinares do currículo e no controle dos adultos sobre o que se aprende e de que forma.

ENFRENTAR UMA PERSPECTIVA RADICAL DA INTEGRAÇÃO

Chegando a este ponto, retomamos o fio da argumentação sobre a visão integrada da educação escolar. A questão essencial por que considero que é preciso situar-se de forma crítica diante destes exemplos positivos de integração é que as variantes deste *giro* a respeito de aprendizagem e função da educação – com os destaques necessários em cada caso – mantêm uma visão escolarizada do aprender. Ou, se me é permitido inventar um termo, defendem uma visão *escolacêntrica*. O que significa que não questiona a estrutura básica da escola. Mesmo que alguns destes exemplos a defendam e proponham uma alternativa que poderíamos chamar de reformista – ao dar maior destaque ao aluno e ampliar o que se pode *estudar* na escola – mas sem questionar nem desmontar os dispositivos discursivos que mantêm as relações de poder na escola (ou em torno dela) há mais de 150 anos.

Isto significa que encarar uma visão integrada da educação escolar não pode ser considerado uma moda a seguir ou uma alternativa superficial de mudança, que deixa como está a estrutura atual da escola e a organização do currículo. Talvez uma das explicações para as resistências enfrentadas por esta concepção educativa que, como destaca Yus (2001-2002), choca-se frontalmente com a lógica atual da educação e dos valores sociais, seja sua viabilidade. Minha posição, neste capítulo, é entrar integralmente nas mudanças mais profundas, de narrativa alternativa ao existente – dominado cada vez mais pelo pensamento único da sociedade do conhecimento restrita à aceitação sem questionamento do futuro salvador da economia de mercado – o que pode supor uma visão integrada, ampliada, da educação na escola.

APRENDER A PARTIR DE ORGANIZAÇÕES QUE FACILITAM O QUESTIONAMENTO

Minha posição é que, se desejamos construir uma nova narrativa para que a educação escolar tenha sentido hoje, a aprendizagem na escola não deve se organizar por disciplinas ou matérias com a finalidade de adquirir, mediante o exercício e a repetição, uma interminável lista de capacidades, como se fosse uma ida ao supermercado. Que a finalidade desta narrativa não seja preparar para o futuro – baseando-se no equívoco de hipotecar o prazer do descobrimento em troca da aprovação – mas sim dar sentido a cada presente vivenciado pelas pessoas. Não na desvirtuação que significa limitar a tarefa diária dos estudantes com exames e provas que têm a função de controlá-los e submetê-los, e não de fazê-los aprender com sentido.

Por isso, considero que a atual organização da escola, aceita como a única sobre a qual é possível pensar, se fundamenta em uma narrativa sobre o sujeito que conceitualiza e racionaliza a dominação sobre um *Outro* – aluno, professor – que é considerado carente de sentido e de saber. Um *Outro* que é colocado na busca da racionalidade científica – como guia e meta – que serviu para garantir "um governo racional e democrático (que) deveria produzir um indivíduo racional e autônomo pela, precisamente, criação de práticas psicopedagógicas planejadas para produzir um cidadão que raciocine e seja razoável" (Walkerdine, 2000, p. 89).

Neste âmbito, constrói-se uma narrativa avaliada não apenas pela psicologia com a idéia do *desenvolvimento* regulamentado e pautado da criança – que deve ultrapassar e superar etapas que lhe classificam –, mas mediante uma série de estratégias pedagógicas, como a divisão por grupos de idade, a vinculação de uma turma a um professor, a redução da atividade escolar a tempos predeterminados, a adaptação da criança ao currículo – e não o contrário – e, sobretudo, a fragmentação do que se deve aprender por matérias que excluem as experiências das pessoas, pensadas sem sentido nem conexões entre elas, sob o pretexto de que são *os conhecimentos necessários* ou o que a *sociedade decide que se deve saber*. Tudo isso sob a lógica de perseguir a meta de que todos os indivíduos tenham os mesmos direitos e obrigações e o mesmo volume de aprendizagem. Narrativa que se desdobra em uma camuflagem de homogeneidade, por uma série de dispositivos de separação das classes sociais, a utilização de códigos elaborados (voltar a Bernstein)[7] somente para os que podem acessar – porque lhes pertencem – os que compartilham um determinado sistema de referência e valores.[8] E, o que é mais importante, estes dispositivos negam o desejo de saber da criança, recolocando-o em sua adaptação ao currículo, introduzindo a aprendizagem da negação de si mesmo e sua acomodação a uma instituição – a qual, confessa, vai mesmo é para encontrar os amigos – com a qual se mantém uma relação baseada no *deve ser* e não no *pode ser*.

Frente a esta visão, há outras narrativas a serem pensadas, como a que defende o próprio Beane ou a que Morin (2001) desenvolveu em seu relatório para a Unesco sobre os saberes necessários para a educação do futuro. Estas visões se centram, como os adolescentes da primeira história anteriormente contada, em problemas ou questões importantes que ligam o currículo com o mundo exterior de forma ampla. Não apenas com o imediato e o próximo, contra a tendência localista que tanto nos invade ultimamente, enquanto o local cada vez mais se relaciona com o global, como destacou há alguns anos o relatório de Delors e colaboradores (1996) para a Unesco.

Mas, diferentemente do que destaca Beane (2005, p. 22), a finalidade destes organizadores (que ele denomina *centros organizadores*) não seria a idéia pretensiosa de algumas visões modernistas de *unificar o conhecimento*, mas de descentralizá-lo e problematizá-lo, mostrando o alcance insuficiente de suas relações e colocando-o, conforme o convite de Morin (1998), a pôr *o saber em ciclo*. Sua função não seria, portanto, *estudar* os temas para considerar os êxitos obtidos nas provas e, sim, pensá-los de forma concreta a partir de experiências com sentido. Isto significa admitir, inclusive com as crianças pequenas, que os problemas a serem abordados sejam explorados não a partir de processos de recopilação e afirmação, mas de:

a) Desconstrução do conhecimento dado não como um fim em si mesmo, mas como um processo que, constantemente, nos convida a refazermos, reprojetarmos e atuarmos.
b) Revisão das narrativas e visões dominantes e seus efeitos sobre a forma de ver o mundo.
c) Vinculação com as posições das pessoas e os discursos que fixam a hora de nos vermos e também vermos os outros.
d) Projeção do trajeto percorrido em propostas *reais* que signifiquem assumir formas ativas de ação social fora da escola.

e) Seguimento e estimulação do processo de cada estudante, a partir da construção de experiências significativas que favoreçam a expansão do seu desejo de aprender e de ser.

A pergunta que me ocorre neste momento, sobre o que poderia ser uma aposta em uma visão integrada da educação, é se os professores, educados na escola *modernista* das certezas e das estabilidades, que freqüentaram escolas e universidades que organizam o conhecimento de maneira fechada e compartimentada, que aprenderam a separar o sujeito do aprendiz, que têm como horizonte o *dia de amanhã* de uma família estável e de um trabalho com a marca das sociedades industriais, podem facilitar a aprendizagem de pessoas que se constroem a partir de posições nômades, em trânsito e para um marco de relações trabalhistas pós-fordistas em uma sociedade com valores do livre mercado como meta suprema.

O currículo, do ponto de vista que tento apresentar, não seria o que está em um documento oficial nem o que contém um livro-texto ou o que o professor decide que vai ensinar a cada dia. O currículo, deste ponto de vista, se amplia e passa a ser o que vivemos, as relações que mantemos ou desejamos, os saberes que construímos ao nos apropriarmos da informação transformando-a em conhecimento quando a transferimos a situações novas ou o papel que desempenhamos em nosso ambiente social – como trama de relações e representações, não como espaço físico.

AMPLIAR A COMPREENSÃO DE SI MESMO: REVISAR A NOÇÃO DE SUJEITO

Se o dito até agora tem a ver com o conhecimento pelo qual se pode transitar na escola, o que segue faz referência à necessidade de elaborar um novo olhar sobre as pessoas, o sentido de formação da subjetividade que se pretende promover na escola.

A construção da subjetividade se produz, destaca Corea (2004, p. 48), "na série de operações realizadas para habitar um dispositivo, uma situação, um mundo. A idéia de que a subjetividade é uma configuração prática supõe que ela seja o conjunto das operações realizadas, repetidas, inventadas. Em tempos institucionais, os dispositivos obrigam as pessoas a executarem operações para permanecer com eles". O que significa que, nos diferentes discursos das práticas culturais – a escola seria um deles – as pessoas aprendem a nomear a si mesmas pela inserção e participação em processos de identificação ou não-identificação com algo ou alguém e por sua relação com as práticas culturais dominantes.

A perspectiva educativa integrada consideraria que a escola é um cenário em que as pessoas, a partir de diferentes práticas culturais, aprendem *formas de ser* no mundo. O sujeito, deste ponto de vista, significa como a escola o representou – com a legitimação dos saberes de psicologia e pedagogia – como alguém que pensa, fala e produz e passa a ser, na perspectiva integrada, alguém que está falando, pensando e produzindo. Frente à posição da esquerda política que "tendeu a favorecer um modelo de subjetividade em que a única coisa que interessa é a possibilidade de transformação por meio da consciência transformada", o que pretende a perspectiva integrada, como destaca Walkerdine (2000, p. 84) é "examinar como se vive a vida: a relação entre a subjetividade, a condição de ser sujeito e a subjetividade, a forma de viver a subjetividade".

Esta posição está de acordo com a dos psicólogos construcionistas sociais (Gergen, Burr, Walkerdine), que consideram que as teorias convencionais em psicologia escapam da complexidade da subjetividade humana postulando um *si mesmo* essencial que emerge de processos intrapsíquicos ou, no melhor dos casos, de uma subjetividade conformada em contextos limitados como o aluno ou o famíliar. Frente à visão dualista de mente e corpo que rege na escola, a perspectiva integrada promove uma visão dialógica da construção da subjetividade em que se valorizam as experiências corporificadas (e suas potencialidades), como experiências vividas, encarnadas, no tempo e na vida. O que leva a deslocar a pergunta do que se fazia para como se vivia, que experiência tinham...

Uma visão mais complexa da subjetividade exige uma conceitualização da subjetividade humana como contextualmente situada e em constante processo de chegar a ser. Isso pressupõe aceitar que não somos pessoas que *chegamos a ser*, mas que estamos sendo influenciados (mediados) pelas ideologias dominantes (significados e discursos) e pelas práticas culturais (representações) e que, portanto, mudamos, pois "a subjetividade se institui reproduzindo-se, ao mesmo tempo em que se reproduz o dispositivo que institui a subjetividade em questão" (Corea, 2004, p. 48). Desta maneira, o conjunto destas operações, que o sujeito realiza por intermédio de inúmeras práticas e rotinas, institui a subjetividade. Redefini-la no âmbito de uma nova narrativa é uma das finalidades da visão integrada da educação.

AMPLIAR A COMPREENSÃO DO MUNDO E DOS OUTROS

A visão predominante em nossas escolas é a que procede da narrativa civilizatória gerada com a expansão colonizadora européia desde o século XVI e, de maneira especial, desde o XVII com os impérios britânico e francês. Um dos resultados desta narrativa é a construção de uma visão de *nós* e dos *outros* determinada pela hegemonia do homem branco, cristão e ocidental (europeu). Esta narrativa se projeta na escolha de conhecimentos escolares em que o *outro* (o que não faz parte do *nós* hegemônico) é apresentado em uma posição de subordinação – por isso, deve ser civilizado e, justificadamente, explorado e despojado de seus saberes. Vem daí, em boa medida, a visão da escola sobre o conhecimento e os saberes, mediada pela idéia da dominação cultural que faz ver-tratar o Outro como subalterno. Este Outro seria, no âmbito da proposta deste capítulo, a criança e até mesmo os professores.

Para construir esta representação, tornou-se necessário elaborar uma idéia do *nós* como pessoas autônomas – não esqueçamos que a palavra autonomia é uma das referências do discurso da modernidade, em que se acolhe o projeto *nacional* da escola – e que se transmite às pessoas, fazendo com que sejam (paradoxo que é quase um oxímoro) autônomas em uma instituição que tem como uma de suas missões principais *submetê-las* em sua maneira de pensar, atuar e ser. A idéia de que é possível educar um indivíduo autônomo, como parte do que seria um núcleo essencial e autêntico, converte-se assim na missão da escola e no projeto de uma classe social, de um grupo social, que é o que pode *aproveitar* esta suposta autonomia. Projeto que se estende como reflexo a outros grupos e que se oferece como *paraíso* impossível para os subordinados, que somente terão acesso quando se colocarem na posição de aceitação da submissão e integração oferecidas – para melhor explorá-los.

Esta narrativa é acompanhada e reforçada pela posição das disciplinas e rotinas escolares como regimes de verdade, como garantias de progresso, controle e domínio da natureza e dos outros. A subversão desta posição é considerar que não somos nem estamos em uma cultura, mas que a cultura institui e constitui nossa experiência. É algo mais que uma marca para situar e classificar o outro com rótulos como multi, inter ou transculturalismo.

ENFRENTAR O DESAFIO DA MUDANÇA

Defender esta maneira de pensar a experiência escolar é um desafio que exige questionar muitas inércias e deixar de aceitar como única via possível de organização do currículo as matérias de base disciplinar sob a responsabilidade de um único professor, distribuídas em espaços limitados e em um tempo pré-fixado e imutável. Nossa proposta partiria de uma geração de temas, que não seriam fixos e sim negociados com os alunos para considerar sua proximidade com o ambiente e com eles mesmos e para desenvolvê-los – quebrando a fragmentação dos tempos – de forma individual ou grupal. Temas como vida, morte, família, trabalho, espiritualidade, corpo, ciência e técnica, consumo, cosmos ou questões cotidianas, próximas às metas que os alunos aprendem a se fixar. Propostas que seriam abordadas a partir de um diálogo que favorecesse o questionamento, o contraste de pontos de vista e de fontes e sua reconstrução pelos diferentes meios de representação. Além de ter uma projeção pública, em que os estudantes vejam seu percurso refletido nos olhares dos outros, ao mesmo tempo conferem sentido ao que fazer, ao ser reconhecidos.

Seguindo este fio condutor, como eu mesmo destaco, (Hernández, 2000) desafiar o sentido dos projetos de trabalho (uma maneira de abordar o currículo integrado), como proposta de transgressão para construir experiências que favoreçam a integração, exige:

a) Assumir que o conhecimento necessário para dar sentido ao mundo em que se vive não é organizado por fatos, conceitos, procedimentos e valores fixos e dados, mas por um processo mutante e em construção. Que o conhecimento não é uma linha reta, mas sim um caminho cheio de histórias e visões sobre os fenômenos, reflete interesses que reafirmam e que excluem... Isto faz com que um dos desafios atuais da escola seja convidar os alunos a se aproximarem de como o conhecimento se constrói, social e academicamente (a partir de quando, com quem, com que finalidades...) e não considerar que o conhecimento é algo preexistente.
b) Aproximar-se de um tema ou problema para desvendar seus enigmas, suas questões e contradições. Muitos projetos assim se apresentam, é preciso avaliar se permitem aos aprendizes desvendar algum enigma que dê sentido à sua relação com o mundo e com eles mesmos.
c) Começar a experimentar o exercício do pensamento, questionando os textos, as fontes e as evidências, na apaixonante aventura que acontece dentro e fora da escola, mas que jamais termina. Neste sentido, convido a refletir sobre se muitos dos projetos apresentados como tal reservam a professores e alunos um exercício apaixonante de seu pensamento.
d) Que professores e estudantes pesquisem conjuntamente (e com outros) sobre *algo* que pode lhes apaixonar. Isto nos levaria a perguntarmos se nossos alunos poderiam dizer de nós que somos apaixonados pelo que fazemos e compartilhamos com eles. Apaixonado quer dizer ser consciente do prazer de aprender, não como acúmulo, mas como uma exploração permanente que questiona a *realidade* além das aparências e busca o sentido para interpretar o mundo e a própria atuação.
e) Não esquecer que, atualmente, a educação não é apenas obrigação da escola. Com a cultura popular e as multinacionais do entretenimento, crianças e adolescentes também estão sendo educados. E com mais força e persuasão do que na própria escola.
f) Perseguir (como uma linha no horizonte, pois muitas vezes não se consegue) uma idéia de aprendizagem *profunda* que não é somente cognitiva, mas que "muda a própria identidade", já que "compromete nosso desejo (nosso investimento afetivo no que nos cerca), capta nossa imaginação e constrói nossa consciência (Steinberg e Kincheloe, 2000, p. 15).

Como já assinalei (Hernández, 1997), enfrentar uma visão integrada da educação não é mera estratégia organizativa, pois implica:

a) Questionar toda forma de pensamento único, o que significa introduzir a dúvida e questionar a realidade baseada em verdades estáveis e objetivas.
b) Reconhecer diante de qualquer fenômeno que se estude as concepções que o regem, a realidade que representa e as representações que influem nela.
c) Incorporar uma visão crítica que leve a se perguntar a quem beneficia essa visão dos fatos e a quem prejudica...
d) Introduzir, diante do estudo de qualquer fenômeno diferentes opiniões, de maneira que o aluno comprove que a realidade é construída a partir de diferentes pontos de vista e que uns se impõem a outros nem sempre pela força dos argumentos, mas também pelo poder de quem os estabelece.
e) Envolver-se em experiências com sentido, que sejam reflexo da busca que cada um faz, sozinho ou em companhia de outros.

Tudo isso contemplado não pela certeza, mas pelo desafio que significa a possibilidade de construir projetos de emancipação em um mundo repleto de contradições. Um mundo em que a desordem pode ser vista como um sintoma de mudança e a dúvida como uma estratégia de reflexão para seguir aprendendo.

POR QUE MUDAR?

Chegando a este ponto, gostaria de voltar às perguntas a que me referia antes e que os professores me fazem quando começamos a explorar a perspectiva educativa dos projetos de trabalho. Há uma questão, talvez a mais importante, muito arraigada não somente entre os professores, mas também nas famílias, nos meios de comunicação, nas autoridades educativas e na maioria dos intelectuais que opinam sobre o dever da educação escolar, a respeito da qual vale a pena nos determos. Uma dúvida que denota um posicionamento ancorado na narrativa modernista da certeza: *Por que tenho de mudar se eu sigo o currículo oficial, utilizo os livros-texto e sigo as diretrizes oficiais sobre a organização temporal das disciplinas?*

Sobre esta questão, sem querer ser exaustivo, porque há colegas que têm respostas mais completas para essa pergunta (Hargreaves et al., 1998, 2001; Stoll e Fink, 2004), permito-me destacar algumas das mudanças na sociedade e na escola que destacamos em Hernández e Sancho (2002) e que exigem transformações profundas na relação da sociedade com a escola e especialmente na maneira de conceber a tarefa dos professores:

- A diversificação da população que tem acesso à educação escolar e questiona as formas mediadoras da escola de aprender a(s) língua(s) até prestar atenção às diferentes maneiras de interpretar o mundo, o conhecimento e as relações.

- Os modos e conteúdos na forma de produzir, armazenar e transmitir informação e de transformá-la em conhecimentos derivados da generalização e do uso das tecnologias digitais da comunicação.
- As representações sobre a infância e a adolescência e as práticas sociais e familiares vinculadas à criança ou ao adolescente.
- A conformação das famílias e sua disponibilidade de tempo para a educação devido à submissão às condições impostas pelo trabalho e consumo.
- A forma de entender como as pessoas aprendem, fruto do conhecimento elaborado pela pesquisa sobre a aprendizagem.
- O saber desenvolvido sobre diferentes maneiras de ensinar não centradas nos professores e livros, mas nos alunos, no conhecimento, na avaliação e na comunidade.
- As novas finalidades da educação: como preparar os indivíduos para um futuro incerto, um trabalho em mudança e uma constante complexidade nas relações sociais e nos conhecimentos, enquanto vivem intensamente o tempo que lhes cabe viver.

Estas mudanças implicam, como destacaram Ball e Coher (1998), um reposicionamento da profissão docente e um convite a refletir sobre o papel dos educadores em um contexto marcado pelas mudanças aceleradas. O que significa que os professores devem *compreender o que ensinam*, de maneira bem diferente de como aprenderam quando eram estudantes. Posição que, na prática, significa que necessitam:

- Conhecer os significados e as conexões entre as diferentes fontes de informação, e não abordá-las de forma isolada e fora de contexto.
- Compreender que abordar determinados campos significa pensar sobre que hábitos mentais estão associados ao raciocínio científico, à interpretação literária ou à apreciação artística.
- Prestar atenção a como as idéias estão ligadas tanto entre os diferentes campos de conhecimento como no cotidiano. Desta maneira, podem escolher e utilizar de maneira adequada contextos, problemas e usos.
- Conhecer como determinadas idéias evoluem na história de um campo de conhecimento, mostrando aos estudantes formas paralelas de evolução.
- Compreender as controvérsias vigentes em certos campos serve para saber onde o conhecimento está mudando ou está sendo questionado, em lugar de tratar apenas daquilo em que há consenso.

O segundo aspecto que consideram Ball e Coher se refere ao que os professores devem conhecer *sobre os alunos*, como são, o que julgam interessante e que problemas têm em determinados campos. Isto indica que os professores necessitam:

- Ser capazes de ouvir e interpretar as idéias dos alunos sobre as questões relacionadas com suas experiências de vida (sonhos, metas, desejos, temores) e vinculá-las a diferentes campos de conhecimento além das matérias curriculares.
- Expandir os âmbitos de interpretação feitos a partir de suas observações sobre os estudantes de maneira que possam ver mais possibilidades que limitações sobre o que eles podem fazer.
- Começar a ver os alunos mais como seres capazes de sentir, pensar e raciocinar do que como receptáculos vazios de conhecimentos e experiências.
- Considerar a implicação das diferenças culturais como potencialidade e não como limitação, e as possibilidades de compartilhar e aprender derivadas das histórias de alunos com diferenças de língua, classe social, religião, visões familiares e sentido de comunidade.
- Compreender os aprendizes como pessoas, procurando aspectos comuns a compartilhar, e guiando-se pela esperança de que todos os alunos possam aprender, e não estabelecendo expectativas diferentes sobre os estudantes.
- Desenvolver e ampliar suas idéias sobre o aprender, incluindo o que significa aprender, o que ajuda crianças e adolescentes a aprender e como *ler* o conhecimento dos alunos sobre o que estão pensando e aprendendo.
- Ir além dos conhecimentos de psicologia, pedagogia ou de um determinado campo disciplinar, para conectar os estudantes de maneira eficaz.
- Aprender a discernir os aspectos constitutivos da cultura da classe e ter critérios sobre o tipo de cultura que apóia os objetivos de aprendizagem e estar dispostos a aprender como construir essa cultura.

Tudo isso forma uma base fundamental para encarar os sentidos de integração anteriormente citados. De maneira especial, para se afastar das visões enciclopédicas que conformam a escola, que se baseiam em uma consideração estática e patrimonial das matérias e que fixam uma narrativa sobre a escola baseada em apreender conteúdos, e não em promover experiências. Esta narrativa pode ser substituída por uma visão compreensiva da escola, aberta aos saberes e ocorrências, que considere o desejo de aprender, a dificuldade para encontrá-lo, a importância do acompanhamento e a formação na responsabilidade sobre os próprios êxitos e a projeção social do que se aprende.

PARA COLOCAR UM PONTO FINAL

Gostaria de terminar este trabalho com o que disse, em entrevista recente ao jornal espanhol El País,[9] a Prêmio Nobel de medicina Rita Levi-Montacini sobre sua visão de educação:

Veja, a conclusão que se poderia extrair do século XX é que devemos mudar os mecanismos do ensino e a relação errônea entre adultos e crianças. Até agora, ficamos entre o autoritarismo do tipo vitoriano, faça isso porque você é pequeno e eu sou mais velho, e a permissividade, ou seja, faça o que quiser. Em meu livro *Tiempo de acción*, falo da educação cognitiva, que torna a criança um "produtor ativo" e não um "consumidor passivo" da informação. Aprendemos não porque a informação nos é transmitida, mas porque construímos nossa versão pessoal da informação. Se mudamos a forma de educar as crianças, ou seja, de prepará-las para enfrentar a vida, talvez mudemos o mundo. Os métodos educativos tradicionais são absurdos. Nossa única esperança consiste em atuar desde o princípio, porque a criança percebe tudo já no primeiro ano de vida. Devemos dar asas ao gênio que cada *homo sapiens* leva dentro de si. Se não nos damos conta de que esse recém-nascido percebe todas as mensagens, boas ou más, estamos acabados. Quando essa criança tiver 20 anos, pode pensar que é uma boa idéia matar quem considere um ser inferior. Por exemplo, a mim, que sou judia.

Tenho a impressão de que esta reflexão sintetiza boa parte das preocupações expressas neste capítulo e projeta a necessidade de instaurar uma nova narrativa para a educação escolar. Narrativa que adquire papel relevante, na visão integrada da educação.

NOTAS

1. Destaco inicialmente que me refiro à educação e não ao currículo. Com isso, escapo definitivamente do seqüestro que os defensores do currículo fizeram da educação, mediante uma estratégia de superposição. Na escola, muito mais é feito além de ensinar fatos, conceitos, procedimentos e valores. Há relações, fixam-se discursos, desenvolvem-se políticas, desdobram-se dispositivos de subjetivação...
2. 2004-2005: "*Aprenentatge per a la comprensió en entorns virtuals als centres de secundària: la xarxa School+*". (Aprendizagem para a compreensão em ambientes virtuais em escolas de ensino médio: a rede School+). Departament d'Universitats i Societat de la Informació. Generalitat de Catalunha. O conteúdo final pode ser encontrado em http://www.cecace.org
3. Em um livro recentemente concluído (Hernández, 2006), abordamos experiências e reflexões de quem participou do que consideramos uma aventura a favor de uma perspectiva de formação que seja socialmente comprometida.
4. Não sei se o leitor foi fisgado pela curiosidade e se perguntou o que propuseram os professores em práticas. Foi algo aparentemente muito simples, fazer juntos um videoclipe, um grafite *bem-feito* e um auto-retrato. Algo que se pode encontrar em muitas outras escolas. Mas o importante foi como se planejou, como fizeram "juntos".

5. Este livro defende novas contribuições, de maneira especial no que se refere ao processo de reconstrução histórica das diferentes versões sobre a integração. Esta reconstrução é importante, porque entre nós, quando se propuseram enfoques integradores, como o vinculado ao planejamento globalizador do currículo da reforma espanhola de 1990 ou anteriormente, em escolas, unidades didáticas e créditos, isso foi feito de maneira "ahistórica" e considerando que "a integração curricular não é mais que uma questão de reorganizar as programações de classe quando se identificam pontos comuns entre as diferentes disciplinas" (Beane, 2005, p. 24).
6. Contreras (2002) explica detalhadamente este processo de suplantação da educação pelo currículo na reforma educativa de 1990 na Espanha.
7. Neste contexto, é fundamental a releitura das noções de código restringido e elaborado de Berstein (1988).
8. Alguns historiadores do currículo, como Goodson (2000), mostraram como os dispositivos disciplinares das matérias curriculares atuaram contra os setores sociais menos desfavorecidos e, quando esta tendência foi corrigida, os sistemas de exclusão voltaram ao ponto diferenciador de origem.
9. *El País*, domingo, 15 de maio de 2005.

REFERÊNCIAS

BALL, D.L.; COHER, D.K. Developing Practice Developing Practitioners. Toward a Practice-Based Theory of Professional education. In: DARLING-HAMMOND, L.; SKYES, G. (Eds.). *Teaching as the learning profession. Handbook of policy and practice*. San Francisco: Jossey-Bass Publishers, 1998.
BEANE, J.A. *La integración del currículum*. Madrid: Morata (1997), 2005.
BERNSTEIN, B. *Clases, códigos y control*. Madrid: Akal, 1988.
CONTRERAS, J. Política del curriculum y deliberación pedagógica: la redefinición de la escuela democrática. In: WESTBURY, I. (Comp.). *¿Hacia dónde va el curriculum? La contribución de la teoría deliberadora*. Massanet de la Selva. Girona: Ediciones Pomares, 2002. p.75-109.
CORAZA, S.; Da SILVA, T.T. *Composições*. Belo Horizonte: Auténtica, 2003.
COREA, C. Pedagogía y comunicación en la era del aburrimiento. In COREA, C.; LEWKOWICZ, I. *Pedagogía del aburrido. Escuelas destituidas, familias perplejas*. Buenos Aires: Paidós, 2004.
COREA, C.; LEWKOWICZ, I. *Pedagogía del aburrido. Escuelas destituidas, familias perplejas*. Buenos Aires: Paidós, 2004.
DECROLY, O. *La funció de la globalització i altres escrits*. Vic: Eumo (1925), 1987.
DELORS, J. et al. *La educación encierra un tesoro*. Madrid: Santillana, 1996.
GOODSON, I. *El cambio en el currículum*. Barcelona: Octaedro, 2000.

HARGREVAES, A.; EARL, L.; RYAN, J. *Repensar la educación para los adolescentes*. Barcelona: Octaedro, 1998.
HARGREVAES, A.; EARL, L.; MOORE, S.; MANNING, S. *Aprender a cambiar. La enseñanza más allá de las materias y los niveles*. Barcelona: Octaedro, 2001.
HENRY, J. *Teaching through projects*. Londres: Kogan Page, 1994.
HERNÁNDEZ, F. De Ícaro a Dédalo: la transdisciplinariedad en la educación escolar. *Investigación en la Escuela*, v.32, p.33-42, 1997.
_____. Os projetos de Trabalho: um mapa para navegantes em mares de incertezas. *Projeto, Revista de Educação*, v.4, p.2-7, 2000.
_____. El currículo integrado: una propuesta para la trasgresión. *Cooperación Educativa*, v.59-60, p.43-44, 2000-2001a.
_____. El currículo integrado: de la ilusión del orden a la realidad del caos. *Cooperación Educativa*, v.59-60, p.79-85, 2000-2001b.
_____. Los proyectos de trabajo: un mapa para navegantes en mares de incertidumbre. *Cuadernos de Pedagogía*, v.310, p.78-82, 2002.
_____. O projeto político-pedagógico vinculado à melhoria das escolas. *Pátio, Revista Pedagógica*, v.25, n.8-11, 2003.
_____. Pasión en el proceso de aprender. *Cuadernos de Pedagogía*, v.332, p.46-51, 2004.
_____. La integración de los saberes en el marco de una educación para una cultura crítica. *Cooperación Educativa*, v.75-76, n.29-35, 2004-2005.
_____. (Coord). *Aprender a ser docente Historias en torno a una experiencia de formación inicial del profesorado de secundaria* Barcelona: Horsori, 2006.
HERNÁNDEZ, F.; SANCHO, J.Mª. El desafío del cambio en la educación. *Cuadernos de Pedagogía*, v.319, p.9-11, 2002.
_____. *El clima escolar en los centros de secundaria*. Madrid: CIDE-MEC, 2004.
HERNÁNDEZ, F.; VENTURA, M. *La organización del curriculum por proyectos*. Barcelona: Graó, 1992.
HOPKINS, T. *Interaction: The democratic process*. Nueva York: Helth, 1941.
KILPATRICK, W.H. The project method. *Teacher's College Record*, v.19, p.319-335, 1918.
MINGOLO, W. *Historias locales. Diseños globales*. Madrid: Akal, 2003.
MORIN, E. *El método. La naturaleza de la naturaleza*. Madrid: Cátedra, 1981.
_____. *Los siete saberes necesarios para la educación del futuro*. Buenos Aires: Nueva Visión, 2001.
SANCHO, J. M.; HERNÁNDEZ, F. Perspectivas de cambio sobre la enseñanza y el aprendizaje. *Simposio sobre Itinerarios de Cambio en la Educación*. 2001. http://xiram.doe.d5.ub.es/canvi
SCHUDI, S.; LAFER, S. *The interdisciplinary Teacher's Handbook*. Integrated Teaching Across the Curriculum. Portsmouth: Boynton/Cook, 1996.

STEINBERG, S.R.; KINCHELOE, J.L. Basta de secretos. Cultura infantil, saturación de información e infancia postmoderna. In: STEINBERG, S.R.; KINCHELOE, J.L. (Comps.). *Cultura infantil y multinacionales*. Madrid: Morata, 2000.
STENHOUSE, L. *The Humanities Project: an Introduction*. Heinemann, 1970.
STOLL, L.; FINK, D. *Sobre el aprender y el tiempo que requiere*. Impliaciones para la educación. Barcelona: Octaedro, 2004.
TANN, S. (Ed.). *Developing Topic Work in the Primary School*. Londres: Falmer Press, 1988.
TYACK, D.; TOBIN, W. The "Grammar" of schooling: Why Has it Been so Hard to Change? *American Educational Research Journal*, v.31/3, p.453-480, 1994.
WALKERDINE, V. La infancia en el mundo postmoderno: La psicología del desarrollo y la preparación de los futuros ciudadanos. In: SILVA, T. T. da (Coord.). *Las pedagogías psicológicas y el gobierno del yo en tiempos neoliberales*. Morón, Sevilla: Cooperación Educativa. Pp.83-108, 2000.
WOOD, K. *Interdisciplinary Instruction*. Columbus: Merril-Prentice Hall, 1996.
YUS, R. El marco cultural para un curriculum integrado. *Cooperación Educativa*, v.59/60, p.6-78, 2001-2002.

3

A Visão Disciplinar no Espaço das Tecnologias da Informação e Comunicação

Juan de Pablos

AS DISCIPLINAS NO ÂMBITO DA CIÊNCIA SOCIAL

As ciências sociais são constituídas por um conjunto de disciplinas identificáveis como agrupações coerentes de conhecimento, centradas em diferentes objetos ou programas de estudo. Como destaca Wallerstein (1990, p. 400), pelo menos desde 1945 se questionam "as barreiras desnecessárias entre disciplinas, celebrando os méritos da pesquisa e/ou o ensino interdisciplinar". Para defender essa perspectiva, citam-se basicamente duas razões. Uma é considerar que a análise de algumas *áreas problemáticas* pode beneficiar-se de um enfoque que combine as perspectivas de várias disciplinas, de tal maneira que, ao abordar um fenômeno como a globalização, pode ser útil combinar conhecimentos da economia, sociologia, ciência política ou geografia. Assim, parece coerente configurar equipes multidisciplinares que compartilhem ferramentas, linguagens e informações comuns. A segunda razão para apoiar a pesquisa interdisciplinar é facilitar a abordagem de objetos de estudo que se encontram no *espaço comum* entre duas ou mais disciplinas. É o caso da linguagem. Como salienta Wallerstein, a lógica deste enfoque pode levar, em muitos casos, ao desenvolvimento de uma nova disciplina.

Entre as décadas de 1970 e 1980, produziu-se uma mudança fundamental quanto à inviolabilidade do empirismo lógico, como perspectiva da credibilidde do conhecimento científico. Autores como Kuhn, Toulmin ou Lakatos revisaram o sistema de leis baseados no modelo experimental-dedutivo como *única forma* de pesquisa científica, especialmente em ciências sociais. A construção de teorias de corte hipotético-dedutivo, fundamentada na observação empírica, foi considerada pouco apropriada para abordar determinados problemas de estudo próprios ou específicos desse campo. Como destacam Giddens e Turner (1990), outras tradições de pensamento, anteriormente ignoradas ou mal-conhecidas, passaram a ser consideradas. Assim, a fenomenologia (preferencialmente os textos de Schutz); a hermenêutica (Gadamer e Ricoeur) e a teoria crítica (Habermas) abriram a perspectiva da ciência entendida como um processo interpretativo. O significado, a comunicação e a interpretação dos problemas pesquisados passaram a ter grande relevância. Outros enfoques teóricos como o interacionismo simbólico nos Estados Unidos ou o estruturalismo, a etnometodologia ou a teoria da práxis, vinculada às contribuições de Bordieu, na França, alavancaram enfoques e perspectivas variadas, que produziram grande abertura no mundo científico.

É oportuno definir conceitualmente a idéia de disciplina. O dicionário da Real Academia Espanhola da Língua estabelece para este termo diferentes acepções, entre elas: 1. Instrução de uma pessoa, especialmente no moral. 2. Arte, faculdade ou ciência. No *Oxford English Dictionary*, o vocábulo *disciplina*, no que se refere ao discípulo ou estudante, é a antítese de *doutrina*, assinalando a qualidade do professor; por conseguinte, etimologicamente *doutrina* costuma ser mais associada à teoria abstrata e *disciplina*, à práxis ou ao exercício. Outras acepções que propõe esta fonte de consulta identificam a disciplina como *um ramo do ensino ou educação; um departamento de ensino ou conhecimento; uma ciência ou arte em seu aspecto educativo*. Conseqüentemente, o conceito de disciplina está vinculado ao processo de produção do conhecimento, mas também e especialmente ao de sua difusão ou reprodução.

A perspectiva interdisciplinar não deve ser enfocada como uma crítica da especialização científica. O interesse por compartilhar conhecimentos, metodologias de pesquisa ou categorias de análises entre disciplinas não significa um processo de eliminação para estas. Na verdade, as estruturas acadêmicas que sustentam as disciplinas, como os departamentos universitários, as áreas de conhecimento ou as associações científicas, não diminuem por efeitos da fusão interdisciplinar, mas, ao contrário, seu número aumenta constantemente. A especialização em áreas de pesquisa é necessária. As diferenças entre métodos, teorias ou programas de pesquisa são muito mais evidentes do que as diferenças entre as disciplinas como tais. De fato, avança-se nas iniciativas interdisciplinares, o que não significa que os pesquisadores façam o mesmo tipo de trabalho.

A CONSTRUÇÃO DO CONHECIMENTO ESCOLAR

O mundo da educação, em função das mudanças sociais, econômicas e políticas que, aceleradamente, se produzem, especialmente desde a etapa final do século XX, vive transformações significativas. No âmbito do ensino, as propostas curriculares se sucedem nestes anos em busca de soluções válidas que permitam o alcance das metas educativas, as quais, por sua vez, evoluem com as próprias mudanças socioeconômicas. Um dos indicadores desta evolução é a incorporação de novos vocábulos ao ambiente escolar. Como afirma Ramírez (1995), na comunidade científica e educativa há consenso sobre a necessidade de revisar periodicamente a terminologia em diferentes campos científicos buscando maior precisão ou utilidade semântica que identifique os novos enfoques e explique melhor suas características.

No período anteriormente citado, se nos restringimos às reformas educativas aplicadas, tanto nos países desenvolvidos como nos menos favorecidos economicamente, podemos rastrear expressões como *centros de interesse, globalização do ensino, interdisciplinaridade, trabalho baseado em projetos*, etc. que foram aparecendo mesmo em diferentes leis educativas. No caso espanhol, este tipo de propostas, sempre vinculadas a iniciativas inovadoras, também foram aplicadas e podem amparar-se genericamente na expressão *currículo integrado* (Torres, 1994) como superação de uma visão disciplinar rígida, muitas vezes considerada formalista, fechada e, portanto, de difícil transposição para o ensino.

Na prática, o trabalho escolar se cria a partir de um projeto educacional que deve permitir uma aproximação confiável entre diferentes dimensões da sociedade e da cultura em que esse projeto se realiza. O próprio conceito de cultura foi mudando em função da evolução das realidades sociais. Cada uma das sociedades é a resultante de um complexo processo da atividade humana, baseado na elaboração de um conjunto de normas, símbolos, leis e valores, aceitos por seus membros. Em seu desenvolvimento, as sociedades geraram diferentes campos de ação e o peso deles determina os traços diferenciais entre umas e outras. Os mais significativos são: a cultura (o campo dos significados religiosos e filosóficos); a economia (produção e distribuição de bens e serviços); a política (leis e instituições representativas). A preponderância de algum destes campos em relação ao resto acentuou, historicamente, a influência de determinados modelos de conceber e entender o conhecimento e o acontecer coletivo e individual. Atualmente, o campo da economia tem papel dominante na medida em que conseguiu um grau significativo de autonomia com relação ao poder político, apoiando-se no fenômeno da globalização.

Hoje está instaurada a idéia de globalização cultural como ampliação de um fenômeno inicialmente econômico, consistente na abertura ou liberalização do sistema econômico e financeiro em escala mundial. Falamos agora com um sentido unitário da sociedade do conhecimento. Esta expressão foi criada pelo sociólogo norte-americano Daniel Bell, em 1976,[1] para analisar uma série de mudanças que marcavam o início de um novo ciclo econômico, em que a importância na geração de serviços, idéias e o papel a desempenhar pelo mundo das comunicações passavam a ter grande relevância. Este novo campo socioeconômico trouxe, sem dúvida, novos desafios às instituições educativas. As novas realidades exigem outro tipo de preparação cognitiva, social e afetiva. Identificam-se novas capacitações e habilidades, cada vez mais vinculadas à capacidade para se adaptar a situações de mudança pessoais e profissionais.

Em função de tudo isso, a tarefa de ensinar na sociedade do conhecimento significa trabalhar promovendo novas capacidades como aprender a resolver problemas de forma autônoma, aplicar a criatividade e a iniciativa, saber trabalhar em equipe e em redes, aprender permanentemente ao longo da vida ou desenvolver habilidades para enfrentar as mudanças (Hargreaves, 2003, 12). É evidente que os formadores devem estar preparados para ensinar esses tipos de conhecimentos e habilidades.

As tecnologias do conhecimento, os instrumentos e os mecanismos que permitem transformar os aspectos da realidade em objetos de estudo, constituem um componente-chave nesta nova situação. Sem estas tecnologias, não seria possível o conhecimento ou o seu desenvolvimento seria muito mais lento. Como assinala Gallo (1998), estas tecnologias são produzidas historicamente, de acordo com as possibilidades e os problemas de cada momento. Por outro lado, a utilização de tais tecnologias influiu sobre o próprio saber produzido, definindo-o em um terreno próprio, o que nos permite seu controle e uso.

AS FERRAMENTAS DO CONHECIMENTO

Diferentes autores como Jack Goody, Pierre Lévy ou Eric A. Havelock identificaram a oralidade e a escrita como sistemas ou ferramentas culturais fundamentais na evolução do conhecimento humano. A possibilidade de compartilhar o conhecimento por meio da palavra indica um avanço fundamental para o gênero humano. A escrita tornou possível a criação do conhecimento científico. Hoje, podemos identificar um terceiro avanço que propicia assombrosas possibilidades para o desenvolvimento e a difusão global do conhecimento: as novas tecnologias de informação e comunicação. Cada um desses três itens apresenta características próprias, assim como diferentes impactos sobre o conhecimento, as tecnologias que utiliza e os saberes que pode produzir. A oralidade propicia uma comunicação de tipo narrativo, baseada na tradição; a escrita, um saber teórico, que se apóia na descrição e na interpretação; as tecnologias da informação possibilitam um saber operacional baseado na velocidade de processamento da informação e simulação (por intermédio de modelos ou previsões).

A exemplo de Goody (1985), nos situamos em uma perspectiva que nos permite a análise dos efeitos que a oralidade e a escrita, como manifestações da linguagem, projetam sobre os modos de pensamento. Muitos autores viram no desenvolvimento e no uso das linguagens um pré-requisito do próprio pensamento. Vygotsky classifica o pensamento como um *diálogo interior*.

Segundo Walter Ong (1982, p. 8), a escrita, como sistema cultural secundário, precisa de um sistema primário sobre o qual se sustentar. Esse sistema é, evidentemente, a linguagem falada. "A expressão oral pode existir sem escrita, mas a escrita nunca pode acontecer sem oralidade." Contudo, uma vez que se produz uma apropriação de uma língua mediante um sistema secundário, a oralidade é radicalmente transformada. Ong distingue entre uma oralidade primária, que precede a escrita, e uma oralidade secundária, conseqüência da interação entre o sistema primário e os códigos escritos. A conseqüência mais transcendente desse *jogo de sistemas* é que se altera completamente o funcionamento intelectual do ponto de vista da oralidade primária à secundária. Nesse processo, a influência cultural é determinante.

O domínio da escrita, e por extensão de qualquer linguagem ou código, tem conseqüências na capacidade de abstração, o que resulta em um processo de descontextualização do conhecimento. Por sua vez, este processo facilita o caminho para um tipo de pensamento progressivamente mais complexo. De uma perspectiva historicista, o objeto central deste programa de pesquisa tem origem na crise produzida na história da comunicação humana quando a oralidade grega se transformou na civilização da escrita grega (Havelock, 1996). A própria noção que temos do conhecimento hoje e de sua forma de construção é marcada pela tecnologia da escrita e suas conseqüências.

A história da cultura é descontínua e se organiza em torno do que Foucault denomina *epistemes*. Cada episteme configura os mais diversos terrenos do saber de uma época. Quando Foucault fala de episteme, entende todas as relações existentes em determinada época entre os diversos terrenos da ciência. Todos estes fenômenos de relações entre as ciências ou entre os diversos discursos nos diferentes setores científicos são os que constituem a *episteme* de uma época. *A arqueologia do saber* trata do estudo das *epistemes*. Ela capta a sucessão de *epistemes* sem que isso signifique progresso nem qualquer sentido.

Em *As palavras e as coisas* (2002), Foucault descreve três *epistemes* acontecidas na história ocidental. Na primeira, que se manteve até o Renascimento, *as palavras tinham a mesma realidade que aquilo que significavam*. Assim, por exemplo, na economia o meio de troca devia ter um valor equivalente ao das mercadorias (ouro, prata, etc.). Na segunda, durante os séculos XVIII e XIX, o discurso rompeu seus vínculos com as coisas. O valor intrínseco da moeda, seguindo o exemplo das transações econômicas, passou a ser de caráter representativo. No plano econômico, não era mais o dinheiro que media o valor de um bem, mas o trabalho necessário para produzi-lo. Os indivíduos pensam, conhecem e avaliam dentro dos esquemas da episteme vigente no tempo em que vivem. Suas práticas discursivas podem parecer livres, mas são fortemente condicionadas pelas estruturas epistêmicas.

Na atividade para interpretar a realidade, o ser humano construiu uma estrutura baseada no conhecimento científico, inicialmente circunscrita à filosofia. Por seu próprio crescimento e desenvolvimento, produziu-se um processo de ramificação, dando origem a novos terrenos e áreas de conhecimento. Essa especialização ganhou a forma de um terreno disciplinar, ou seja, uma delimitação de terrenos específicos para cada maneira de abordar cientificamente um determinado aspecto da realidade, de maneira que cada um alavancou uma disciplina específica e independente. Contudo, o termo disciplina apresenta um duplo sentido: identifica e delimita um terreno próprio, mas também estabelece uma hierarquização.

O processo de disciplinaridade do saber foi amplamente analisado por Foucault, tanto em seu aspecto de produção/organização como no de hierarquização política. Em ambos os casos, fica explícita a relação do saber organizado em disciplinas, baseado em uma racionalidade operativa-analítica, que opera pela divisão do terreno em subterrenos menores, que podem ser mais facilmente contemplados, representados, etc. Agora, a constituição da ciência moderna ocorre no contexto desta racionalidade operativa e, portanto, a disciplinaridade se deve a ela.

Segundo Gallo (1998), a metáfora tradicional da estrutura do conhecimento é arbórea: parte-se de uma árvore geral do conhecimento (a filosofia), cujas extensas raízes devem estar arraigadas em solo firme (as premissas verdadeiras), com um tronco sólido que se desenvolve de maneira ramificada, estendendo-se assim pelos mais diversos aspectos da realidade. O paradigma arborescente representa uma concepção racionalista baseada na fragmentação cartesiana do saber, como forma de sistematizar e ajustar o fluxo de informações pelos caminhos internos da árvore do conhecimento.

A noção de interdisciplinaridade surgiu para proporcionar o trânsito entre os diferentes compartimentos do saber contemporâneo, possibilitando um conhecimento mais abrangente, por ser mais interativo. Muito se pensou e escreveu sobre as possibilidades do trabalho interdisciplinar, falando-se inclusive de muitas perspectivas como: multidisciplinaridade, transdisciplinaridade, interdisciplinaridade linear, cruzada, unificadora, estrutural, etc.

É possível rastrear muitas modalidades de interdisciplinaridade. No seminário organizado pela OCDE em 1979 sobre o tema, divulgou-se uma classificação muito conhecida, proposta por Erich Jantsch:[2]

– Multidisciplinaridade
– Pluridisciplinaridade
– Disciplinaridade cruzada
– Interdisciplinaridade
– Transdisciplinaridade

Jean Piaget (1979), de um ponto de vista estruturalista, fez uma proposta, distinguindo entre: multidisciplinaridade, interdisciplinaridade e transdisciplinaridade. A primeira perspectiva pressupõe o nível mais básico de integração disciplinar. Compartilha-se um problema de pesquisa sem que haja mudanças internas nas disciplinas envolvidas. Na segunda opção, produzem-se processos de reciprocidade, havendo interações e enriquecimentos científicos entre as disciplinas. Finalmente, no terceiro caso, criam-se estruturas operativas e sistemas que permitem uma autêntica transformação disciplinar. Este último enfoque exige a existência de significados profundos, compartilhados por um conjunto de disciplinas, que podem circular de umas a outras, formando um sistema onicompreensivo (López Rupérez, 1995). Esta perspectiva implica, de um ponto de vista didático, a formação de um conjunto de habilidades que se sistematizam e consolidam em diferentes disciplinas, que devem estar presentes como objetivos-chave para ser avaliados de modo preciso, mesmo quando possam parecem estar isolados da lógica das mesmas.

A interdisciplinaridade pedagógica implica a implantação dos *itinerários de descobrimento* nas instituições educativas e pretende lutar contra a compartimentação das disciplinas e a especialização crescente dos conhecimentos, destacando sua interdependência. Assim, a interdisciplinaridade entre a matemática e as ciências experimentais (física, química e biologia) permite trabalhar com ferramentas comuns como o cálculo ou o método experimental, assim como romper com o enfoque abstrato das matemáticas, ao mostrar sua utilidade prática.

O fato é que a interdisciplinaridade não acaba de ser descoberta. Os trabalhos de Stichweh (1991) demonstram que a interdisciplinaridade estava presente nas origens da formação do sistema das disciplinas científicas nos séculos XVIII e XIX. Para uma série de autores (Newell, 1990; Petrie, 1992; Fourez, 1994), a reflexão sobre a interdisciplinaridade somente tem sentido em um contexto disciplinar, pois "a interdisciplinaridade pressupõe, pelo menos, a existência de duas disciplinas de referência e a presença de uma ação recíproca" (Germain, 1991, 143). Esta especificação resulta relevante, pois há concepções chamadas "interdisciplinares" e muitas vezes "transdisciplinares", baseadas em uma recusa de toda referência disciplinar (Lenoir e Sauvé, 1998b). O conceito de interdisciplinaridade está ligado, historica e epistemologicamente, ao de disciplinaridade. Contudo, no terreno da educação, a perspectiva de uma disciplinaridade escolar desenvolveu significados e uma base epistemológica cujos elementos constitutivos diferem da disciplinaridade científica (Develay, 1992; Messer-Davidow, Shumway e Sylvan, 1993; Sachot, 1993).

DIFERENTES PERSPECTIVAS SOBRE A INTERDISCIPLINARIDADE EM EDUCAÇÃO

Para Lenoir e Hasni (2004), pode-se falar de diferentes lógicas que animam o recurso à interdisciplinaridade em educação e, particularmente, no ensino e na formação docente. Estas diferentes leituras do conceito provêm fundamentalmente do fato de que os atores sociais, os pesquisadores, os formadores universitários e os professores estão envolvidos em culturas que são a origem destas diferenciações conceituais e usuais. Em cada cultura, existe um elo com seu mundo específico, que estabelece um vínculo com o próprio saber dela. Essas duas relações se encontram em estreita interação e influem nos modos de pensamento e da ação difusora do conhecimento de uma sociedade.

Entre as diferentes concepções que podemos destacar, duas se impõem por sua capacidade de influência e peso científico: a perspectiva francesa e a anglo-saxã. Devemos estabelecer a distinção entre o tema da interdisciplinaridade e a questão da unidade do saber, para esclarecer a confusão conceitual e a interpretação errônea de significados. A diferença de perspectivas com que se aborda o conceito de interdisciplinaridade se deve ao fato de sua conceitualização se fundamentar em finalidades diferentes, identificar distintos objetos de estudo e recorrer a um sistema referencial e a modalidades de aplicação também diferentes (Lenoir e Sauvé, 1998a).

Lenoir e Hasni (2004) falam de concepções diferenciadas em torno da interdisciplinaridade na educação, no ensino e na formação docente. Na Europa francófona, a visão interdisciplinar se apóia na tradição elaborada a partir do Renascimento. O desenvolvimento do pensamento racional cartesiano e o trabalho dos enciclopedistas no século XVIII levaram parte da população culta – que constituiu o apoio determinante para a Revolução Francesa de 1789 – a se colocar contra o obscurantismo, a ignorância e a opressão social, propiciados pela Igreja Católica e a monarquia absolutista. Para o pensamento republicano, a emancipação dos seres humanos devia passar pelo ensino. Ensinar é, disse Condorcet em 1791, "formar primeiro a razão, educar para que somente ela seja escutada e evitar o entusiasmo que poderia extraviá-la ou obscurecê-la [...] este é o caminho que prescreve o interesse da humanidade e o princípio sob o qual o ensino público deve-se combinar" (Condorcet, 1989, p. 185).[3] Ou seja, o ensino é liberador e não pode ser concebido sem se apelar à racionalidade.

Em poucas palavras, segundo esta perspectiva, a relação com o saber, com a disciplina científica, é primordial. Importa, então, discutir o saber disciplinar, questionar seu significado antes de atuar e discutir os conteúdos cognitivos para as aprendizagens dos futuros cidadãos. As perspectivas epistemológicas e didáticas servem para assegurar estas funções de análise do significado, da qualidade dos objetos de ensino propostos no sistema escolar, assim como de sua adaptação e adequação às capacidades dos alunos. Prioriza-se a transmissão do conhecimento apoiado nas disciplinas escolares a partir de uma construção social.

Conseqüentemente, a interdisciplinaridade do tipo acadêmico tem um caráter reflexivo e crítico, orientado para um trabalho de unificação do saber científico (no sentido de uma estruturação hierárquica das disciplinas ou metateoria), dirigido a um trabalho de reflexão epistemológica sobre os saberes que interatuam. No plano escolar, o debate é prioritariamente sobre a pertinência das conexões entre os saberes de disciplinas que são o objeto do ensino. O fato é que a interdisciplinaridade é abordada em função das interações internas entre disciplinas.

A segunda perspectiva identifica-se com uma visão interdisciplinar anglo-saxã, desenvolvida fortemente nos Estados Unidos, baseada na funcionalidade ou na lógica instrumental (Lenoir, 2002). Nesta concepção, o que leva o ser humano à liberdade não está diretamente relacionado com os conhecimentos, mas com a capacidade de atuar sobre o mundo, ou seja, educar equivale a instrumentalizar o conhecimento em um duplo sentido: o da prática e o das relações humanas e sociais. Seu desenvolvimento se produz a partir da segunda metade do século XIX, conciliando a ética protestante com a nova ordem industrial. Os trabalhos de Kliebard (1986, 1992a, 1992b) e de D. Tanner e T. Tanner (1990) mostram que esta concepção é resultante de um interesse específico pela integração do ser humano em uma sociedade multiétnica, constituída por diversas culturas e convicções religiosas. O que realmente importa é garantir a formação dos indivíduos, para que eles sejam capazes de participar das atividades sociais, políticas e econômicas baseadas na diversidade.

Kliebard (1992a) explica de que forma o princípio do humanismo, que passa de uma concepção mentalista e culturalista própria da visão vitoriana (britânica) da educação à racionalidade instrumental, foi substituído pelo do profissionalismo na política curricular dos Estados Unidos. Esta teoria está diretamente relacionada com o paradigma taylorista – a eficácia social (*social efficiency*) – e com sua aplicação no campo da educação pela *Tyler Rationale*, principal guia das políticas e práticas curriculares adotadas nos Estados Unidos. Percebe-se um forte elo no plano das finalidades do sistema escolar, entre uma visão pragmática, instrumental (o "saber fazer") e uma preocupação pela inserção social, pela adesão a normas e valores que caracterizam o povo norte-americano (o "saber ser").

Neste contexto, a interdisciplinaridade está apoiada sobretudo em interações sociais externas, pois é pensada em termos de busca de respostas operacionais a perguntas feitas pela sociedade. Centrada na resolução de problemas sociais, pode-se falar então de uma interdisciplinaridade de projetos em que é útil o saber requerido. No plano escolar, trata-se de modalidades de ajuste de situações de aprendizagem a partir de modelos organizacionais muito numerosos (Lenoir e Suave, 1998b) para favorecer o prosseguimento de ações de integração social, assim como da parte instrumental da realidade.

Seguindo a lógica anglo-saxã, surge com nitidez a idéia de que a interdisciplinaridade não é a finalidade do processo de ensino-aprendizagem, mas apenas um meio considerado eficaz. A integração tem essa finalidade, que deve ser compreendida sob uma dupla perspectiva, pois favorece uma relação educativa integrada, uma *integrative education* (Klein, 1990). Do ponto de vista da docência, requer do formador um enfoque integrador (*integrative approach*), que serve como base e sustenta a interdisciplinaridade com recursos. Do ponto de vista das aprendizagens, a integração é um processo global (a integração dos processos de aprendizagem). Mas a integração é também, ainda do ponto de vista das aprendizagens, o produto desses processos. Essas duas dimensões do processo de aprendizagem – os processos mediadores integradores que incluem o uso de gestões de aprendizagem e o produto destes processos, ou seja, o saber adquirido – são indissociáveis.

É a razão pela qual, seguindo a lógica dos Estados Unidos, onde a relação com o sujeito é primordial, é importante indagar-se sobre as perspectivas pedagógicas e organizacionais – o *como fazer* – para permitir aos estudantes alcançarem essas finalidades, facilitando-lhes por um lado a integração, por meio de suas aprendizagens, normas e valores sociais contidos no currículo e, por outro, o desenvolvimento das habilidades instrumentais necessárias para atuar. Nesse sentido, sob esta perspectiva, a interdisciplinaridade seria a resposta à problemática do "saber fazer" e à integração do "saber ser".

O DESAFIO FORMATIVO DA INTERDISCIPLINARIDADE

A grande maioria dos sistemas educacionais nacionais define e desenvolve suas propostas curriculares aplicando modelos disciplinares. Contudo, existe uma linha crítica que questiona esta opção, baseada em uma argumentação pedagógica (Torres, 1994; Sancho, no prelo). As propostas alternativas tomam a forma do que identificamos como currículo integrado. Esta opção se constitui em um desafio para as instituições educativas. Como afirma Sancho, o currículo integrado é proposto como um formato a partir do qual se indica aos estudantes pesquisar problemas relacionados com as situações da vida real. Nesse âmbito formativo, as tecnologias da informação e comunicação transformam-se em ferramenta de grandes possibilidades, devido a suas características.

Parece adequado, sem dúvida, de um ponto de vista inovador do ensino, reagir contra uma visão *fechada* das diferentes disciplinas. Por isso, deve-se rechaçar a concepção de que a interdisciplinaridade é oposta ao saber disciplinar: não há verdadeira interdisciplinaridade sem disciplina. Contudo, isso não quer dizer que, para realizar projetos interdisciplinares, seja suficiente *interligar* os discursos de diferentes disciplinas. Trata-se de abordar a explicação da realidade (visão convencional) e, além disso, dispor de recursos para poder interpretá-la. É este enfoque holístico que pretende integrar o conhecimento em um *sistema geral*, que, segundo Piaget (1979, p. 171)[4] deve propiciar "uma teoria geral de sistemas ou estruturas que inclua estruturas operativas, regulatórias (...) que unam as diversas possibilidades por meio de transformações ajustadas e definidas".

A interdisciplinaridade ganha importância em contextos *prático-operativos*, a partir da existência de um *problema complexo* que exige a utilização de muitas *informações* oferecidas necessariamente por *fontes especializadas*. Torna-se então evidente que a interdisciplinaridade não pode ser pesada como contraposição à especialização, mas sim como uma harmonização de várias especializações em vista da compreensão e solução de um problema. A interdisciplinaridade oferece um caminho para superar uma fragmentação do saber que a especialização parece tornar inevitável, permitindo-nos realizar uma integração, como tomada de consciência da *complexidade* das realidades que nos cercam.

Cada disciplina científica (seja uma ciência natural ou social) se caracteriza por considerar o mundo das *coisas* de um determinado *ponto de vista*, concentrando seu enfoque sobre os *atributos* das coisas e deixando de fora o seu campo de pesquisa e todos os demais atributos (propriedades e relações). Cada disciplina se caracteriza por uma especificidade de conceitos, linguagens, métodos e lógicas. O verdadeiro *desafio* de um estudo interdisciplinar consiste em, por um lado, tomar como *ponto de partida* as diferentes disciplinas, respeitando sua especificidade de conceitos, seus métodos e suas lógicas e, por outro, trabalhar para que tudo isso não resulte em uma *barreira* para a *comunicação* e assumir diferentes tipos de racionalidade.

AS PERSPECTIVAS DISCIPLINARES E AS TECNOLOGIAS DA INFORMAÇÃO E COMUNICAÇÃO (TIC)

As novas tecnologias digitais aplicadas à comunicação podem desempenhar um papel fundamental na inovação das funções docentes (e também na criação das novas formas de pesquisa). As tecnologias podem facilitar a "personalização" dos processos de acesso ao conhecimento. Alternativas como o ensino bimodal, também chamado de *blended-learning*, que consiste em combinar o trabalho presencial em aula ou laboratório com o ensino a distância, permitem minimizar as limitações de tempo e espaço que exige o ensino convencional. Trata-se de flexibilizar os processos de aprendizagem aproveitando ao máximo os recursos das tecnologias digitais como a internet. Hoje é possível relativizar os condicionantes de tempo e espaço. Trata-se de acumular experiência e se arriscar a mudar modelos, rotinas e formas de trabalho baseados em conceitos e procedimentos em alguns casos seculares e, portanto, vinculados a modelos talvez atualmente defasados.

As potencialidades educativas das redes informáticas obrigam a repensar muito seriamente a dimensão individual e coletiva dos processos de ensino-aprendizagem, os ritmos ou tempos de aprendizagem, as novas formas de estruturar a informação para a construção de conhecimento, as tarefas e as capacidades de professores e alunos, etc. As possibilidades de apoiar nesses recursos as práticas educativas integradoras, de uma perspectiva disciplinar, são evidentes. Mas não podemos esquecer que a tecnologia, em si mesma, não significa uma oferta pedagógica como tal. O que acontece é que sua validez educativa se sustenta no uso que os agentes educativos fazem dela. Assim, a formação pedagógica dos professores em TIC se converte em um dos fatores-chave para seu uso. Isso implica a construção de uma nova pedagogia baseada nesses novos recursos, que possibilite ou integre o local com o global; que contemple as diferentes opções muldisciplinares, interdisciplinares e transdisciplinares, mesmo que em diferentes graus de integração, conforme foi explicado neste capítulo. Esse potencial deve ser canalizado com a criação de novos modelos e de formas de gestão pedagógica que permitam a exploração das possibilidades interativas do espaço virtual.

O chamado modelo virtual pode constituir-se, e neste sentido se insistiu de maneira interessada, em fórmula útil para reduzir custos e chegar a um número maior de pessoas. Mas, na verdade, trata-se de otimizar novas possibilidades comunicativas e formativas. A atenção mais personalizada ao estudante, implementando tutorias, reduzindo o tamanho dos grupos de aula, incorporando outros procedimentos de acesso à informação são alternativas viáveis. Quanto aos custos, a questão não é tanto baratear os processos de formação, mas melhorar significativamente os processos de aprendizagem.

As características das TIC e os processos para integrá-las no ensino foram relacionados com a idéia de que sua presença deve ser interpretada como sinônimo de qualidade educativa. Esta vinculação se apóia na capacidade potencial destas tecnologias para gerar novos ambientes de aprendizagem, adaptados às características e aos níveis das pessoas em formação. É evidente que a presença e o uso educativo destas tecnologias não significam, por si mesmos, uma garantia de qualidade.

A contribuição mais significativa das tecnologias da informação e comunicação, com um caráter geral, é a capacidade para intervir como mediadoras nos processos de aprendizagem e, inclusive, modificar a interatividade gerada, de tal maneira que, no campo educativo, a qualidade vinculada ao uso das tecnologias, na realidade, une-se à qualidade da interatividade, como a fator-chave nos processos de ensino-aprendizagem. Esta interatividade só pode ser avaliada pelos ambientes e *espaços de trabalho* que as tecnologias propõem. E esses ambientes são conseqüência dos modelos de aprendizagem em que se sustentam (condutistas, cognitivos, construtivistas, holísticos, etc.).

Os sistemas hipermídia e multimídia, como ambientes de aprendizagem, se constituem hoje em uma opção formativa que se apóia nas tecnologias digitais. A utilização de redes como a internet propiciou uma profunda reformulação dos modelos de formação a distância. É o caso da modalidade conhecida como *e-Learning*, definida por Rosenberg como o uso de tecnologias baseadas na internet para proporcionar um amplo leque de soluções que incluam aquisição de conhecimentos e habilidades ou capacidades. Este autor estabelece que existem três critérios para aplicar corretamente esse conceito: a) que a formação se realize em rede, o que permite uma atualização imediata, armazenamento e recuperação da informação, assim como sua distribuição; b) que se faça chegar ao usuário final por intermédio de um computador utilizando recursos da internet e c) que esteja centrado na mais ampla visão de soluções para a aprendizagem além dos paradigmas tradicionais da formação (Rosenberg, 2001, p. 28-29).

Outro desenvolvimento interessante neste campo se baseia no conceito de objetos de aprendizagem (*learning objects*). São produtos ou materiais digitais ou não-digitais que podem ser combinados entre si e ser utilizados em diferentes contextos de aprendizagem (Conceição e Lehman, 2002). Vinculam-se ao desenvolvimento de modelos baseados no *e-learning*, com tarefas relativas à criação instrutiva de materiais formativos.

A integração das TIC em processos formativos pode permitir uma maior flexibilização, mediante o desenvolvimento de opções como: oferecer aos estudantes o controle de seu próprio processo de aprendizagem; favorecer o domínio de capacidades no uso das TIC, especialmente quando esse domínio faz parte dos objetivos da própria atividade formativa; estimular a interação entre os professores e os estudantes, ao dispor de mais canais para sua comunicação; e, em especial, favorecer uma melhor adaptação dos estudantes ao plano de trabalho formativo.

Sobre uma concepção do desenvolvimento e uma teoria da educação

Do ponto de vista convencional, as matérias curriculares são conjuntos formalizados de conhecimentos que participam de uma dupla simetria, a do currículo geral e a do currículo da disciplina específica. Do ponto de vista inovador, o campo disciplinar de uma matéria atua como referente, como o que contém, mas também como uma estrutura geradora de conhecimento, mediante o acréscimo de recursos conceituais, estratégias e metodologias que lhe são próprias. Os estudantes se formam quando se apropriam de uma dupla dimensão das disciplinas curriculares: os conteúdos que aglutinam e os instrumentos que oferecem para a construção ou reconstrução de conhecimentos que lhe são próprios.

Para favorecer a construção de conhecimento, de uma perspectiva formativa inovadora, é necessário fomentar, em muitos casos por meio da utilização de tecnologias, tipos de situações como as seguintes:

– Contextos ricos em fontes e materiais de aprendizagem.
– Cenários que favoreçam a interação social.
– Propostas que favoreçam a transferência de aprendizagem em novos contextos.
– Fórmulas que permitam reconceitualizar a avaliação educativa.
– Problemas a resolver que exijam estudantes mais ativos e responsáveis.

Para dar forma a estas propostas de maneira coerente, deve-se buscar apoio em concepções teóricas que dêem sustentação científica às formas alternativas de pensar a formação. A teoria social que se desenvolveu a partir das contribuições de Vygotsky se constitui em uma via de grande interesse para compreender e desenvolver uma perspectiva da educação, entendida como um processo de transformação social, baseado em uma concepção cultural da psicologia.

Luis Moll recupera, em seu interessante texto recopilatório *Vygotsky e a educação* (1993), a reflexão de Jerome Bruner – autêntico introdutor da obra de

Vygotsky no ocidente – formulada por escrito em 1987[5] a propósito da transcendência da obra do autor bielo-russo:

> Quando destaquei há 25 anos[6] que a visão de Vygotsky sobre o desenvolvimento era também uma teoria da educação, não compreendia a metade dessa afirmação. Na verdade, sua teoria educacional é uma teoria de transmissão cultural como também de desenvolvimento. Já que *educação* não significa para Vygotsky apenas o desenvolvimento potencial do indivíduo, mas também a expressão e o crescimento históricos da cultura humana de que surge o Homem. (Moll, 1993, p. 13)

O contexto teórico imprescindível para uma psicologia cultural foi proporcionado pelo psicólogo bielo-russo Lev Vygotsky, ao incorporar a cultura como um elemento fundamental na formação da mente. Essa perspectiva iniciada nos anos de 1920 recebe o nome de enfoque histórico-cultural ou sociocultural. Um dos conceitos fundamentais desta teoria é o de *mediação cognitiva*. O signo (lingüístico ou não-lingüístico), como elemento possuidor de significado, é o eixo sobre o qual circulam os processos de mediação. Por isso, o componente semiótico é transcendental. O reconhecimento de que a natureza da consciência é semiótica implica o reconhecimento de que o pensamento humano se forma pela aquisição, uso e domínio de instrumentos mediadores de origem cultural, dos quais o principal é a linguagem, o que levou a aprofundar a análise que permite conhecer o processo de construção da consciência individual e, portanto, da própria identidade e o papel que desempenham os instrumentos culturais (as tecnologias) nesse processo.

As linhas gerais deste enfoque se apóiam na tese de que o desenvolvimento dos processos psicológicos humanos surge da atividade prática, mediada culturalmente e guiada pelo desenvolvimento histórico da espécie. Isto significa que não apenas se deve pesquisar a mudança evolutiva individual (ontogenética), mas também a mudança histórica coletiva (filogenética), já que estes domínios costumam estar relacionados (Wertsch, 1995).

O estudo da natureza da linguagem e sua forma dinâmica de produção abriram caminho para os pesquisadores socioculturais, não apenas para propor unidades de análise que permitam estudar o processo de desenvolvimento das funções psicológicas superiores das pessoas, mas também para gerar uma reelaboração de conceitos-chave da teoria sociocultural que explicam a passagem de um plano social (externo) a um individual (interno) das idéias, conceitos e sistemas de relações (Vygotsky, 1995).

O domínio da escrita, e por extensão de qualquer linguagem ou código, tem conseqüências na capacidade de abstração mental, o que tem como resultado um processo de descontextualização do conhecimento. Por sua vez, este processo facilita o caminho para um tipo de pensamento progressivamente mais complexo. Outro dos conceitos-chave da teoria sociocultural é o da internalização, que significa a incorporação ao plano individual (intrapsicológico) do que previamente pertenceu ao terrreno de nossas interações com os demais (interpsicológico). Leontiev, na elaboração da teoria da atividade, refere-se a esse conceito nos seguintes termos: o processo de internalização não é a transferência de uma atividade externa ao plano preexistente e interno da consciência; é o processo pelo qual este plano é formado (Leontiev, 1981, 57).

A internalização exige do indivíduo o *domínio* cognitivo do instrumento cultural. Este domínio é gerado pela tensão entre cenários socioculturais e vozes individuais, originadas no desenvolvimento de atividades socialmente significativas. Outro conceito teórico, que complementa o anterior, é o de *apropriação*. Este faz referência à capacidade de se fazer com algo, no sentido de tomar algo que pertence a outros (do ponto de vista sociocultural). Deste ponto de vista, é possível definir a natureza do processo de internalização como uma troca entre: 1) o domínio que as pessoas devem exercer sobre os instrumentos mediadores, como conseqüência de sua adaptação aos contextos que propõem essas ferramentas e 2) a apropriação relativa ao processo pelo qual o indivíduo toma algo que pertence a outros e o torna próprio (De Pablos, 2001).

Por outro lado, a apropriação das ferramentas propostas pelos diferentes ambientes se refere à passagem do controle do uso destes instrumentos dos cenários para o indivíduo. Isto implica uma tomada de consciência da existência desses mediadores e o seu papel nos contextos concretos, para orientar sua ação até eles. O contexto real passa a um segundo plano, ganhando relevância a representação particular desse contexto para o indivíduo. Neste caso, os indivíduos tomam a iniciativa, propondo o uso de instrumentos em contextos diferentes dos que foram gerados, criando as condições para iniciar o novo processo de domínio. Esta ação empreendida pelas pessoas individuais possibilita a reconstrução do instrumento, dando-lhe novas dimensões e descobrindo novos usos. A responsabilidade é individual e compete aos agentes, que põem à prova o conhecimento dos instrumentos e contextos, criando possibilidades para ampliar o plano da consciência, tanto individual como coletiva. Deste ponto de vista, a bagagem cultural dos indivíduos funciona como contexto virtual latente e necessita da matéria-prima para a criação de novas funções e desenvolvimentos culturais.

Apoiado pelos pressupostos teóricos do enfoque histórico-cultural russo, Michael Cole revisa e atualiza o conceito de mediação propiciado por ferramentas cognitivas. Utilizando também idéias de John Dewey, Hegel e Marx, ele formula o conceito de artefato que pode ser definido como "um aspecto do mundo material modificado durante a história de sua incorporação à ação humana dirigida à meta" (Cole, 1999, p. 114). Em função dessas modificações, os artefatos são simultaneamente conceituais e materiais e a dupla aceitação do conceito representa uma capacidade *transformadora*, tanto do ponto de vista mental como físico, por parte do usuário de artefatos. No primeiro caso, estaríamos diante de uma atividade intelectual e no segundo, material. O artefato, seja conceitual ou material, ao ser criado com uma finalidade e posto em uso, adquire um significado, persegue uma mediação válida tanto do ponto de vista material como pessoal. A diferença entre ambos é dada pelo tipo de interações e de respostas geradas entre realidade e sujeito.

Para operativizar o conceito de artefato, Cole se baseia em autores como Wartofsky (1973, p. 204), que o define como a "objetivação das necessidades e intenções humanas já investidas com conteúdo cognitivo e afetivo". Este autor propõe uma estrutura em três níveis, diferenciando entre artefatos primários, secundários e terciários. Os primários têm uma utilização diretamente voltada à produção, como machados, agulhas, etc. Cole (1999, p. 117) cita como exemplos para este nível "palavras, instrumentos de escrita, redes de telecomunicações ou personagens míticos. Os secundários são representações e modos de ação dos instrumentos primários. Sua função cultural fundamental é preservar e transmitir convicções e modos de ação gerados socialmente. Exemplos: tradições orais, normas sociais, constituições, etc. Valoriza-se o caráter prático dos artefatos. Os terciários contribuem com ferramentas para mudar uma situação, permitir dinâmicas de extrapolação de experiências ou descontextualizar significados. Trata-se de um nível com menor grau de dependência dos anteriores; mais autônomo. Wartofsky usa como exemplos as obras de arte e os processos de percepção humana. Cole acrescenta as noções de contexto, mediação e atividade propostas pela psicologia cognitiva ou a antropologia moderna e também as noções de esquema (cognitivo) e roteiro (representação de um acontecimento).

Como indica Daniels (2003), o termo práxis faz referência à noção de atividade social prática. A teoria da atividade propõe a análise do desenvolvimento da consciência neste âmbito de atividade social prática. Com este ponto de partida, existem diferentes tradições no desenvolvimento da teoria da atividade, como a alemã, escandinava, norte-americana e russa. Engeström e colaboradores (1999) encontraram princípios comuns entre as diferentes perspectivas.

Engeström (1987), apoiando-se em diferentes conceitos da teoria da atividade, propõe um triângulo mediacional expandido, que inclui a noção inicial de mediação como ação individual proveniente dos primeiros psicólogos histórico-culturais, mas também contempla outras vertentes. Na parte superior da Figura 3.1, é representado o nível de ação mediada individual (sujeito-mediador-objeto). Mas essa ação é influenciada por outras pessoas (comunidade), regras sociais e a divisão do trabalho entre o sujeito e os outros. Mais especificamente, a comunidade faz referência aos que compartilham o mesmo objeto; as regras se referem a normas e convenções que regem as ações dentro do sistema de atividade em que nos encontramos; a divisão do trabalho se refere à diferenciação das ações orientadas para os objetos entre os membros da comunidade.

Todos esses componentes fazem parte do sistema de atividade e não atuam isolados ou desconectados, pelo contrário: trata-se de uma situação dinâmica sujeita a fluxos que constantemente geram mudanças e transformações.

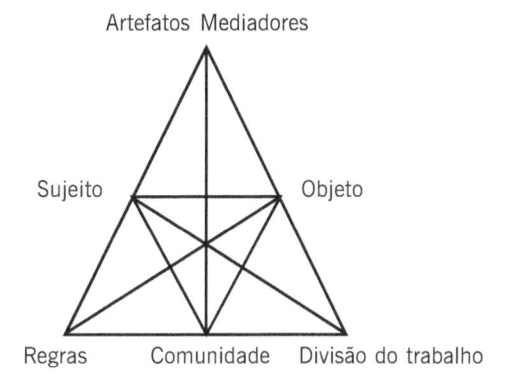

FIGURA 3.1 Triângulo mediacional expandido (Engeström 1987).

Desse ponto de vista, os artefatos são os elementos constituintes da cultura. Partindo de sua dualidade conceitual e material, os artefatos facilitam a relação do indivíduo com os grupos sociais e com o mundo, combinando as propriedades das ferramentas e dos símbolos. Não faz sentido analisá-los como elementos isolados. A maneira de conceber e utilizar os artefatos sustenta a criação de diferentes modelos culturais. A atividade mediada tem conseqüências multidirecionais, como a modificação das relações entre pessoas ou entre o meio e o sujeito.

UMA REFLEXÃO FINAL

Como afirma Manuel Castells (2001), os sistemas tecnológicos são uma produção social determinada pela cultura. De fato, a cultura da internet (sua lógica, suas regras e seus procedimentos) é a cultura dos criadores da internet. Sua incorporação para usos formativos pressupõe, entre outras coisas, integrar diferentes culturas. Por outro lado, se falamos das diferentes culturas ou visões que convivem na realidade educativa, podemos identificar modelos formativos claramente diferenciados. De tal maneira que, na educação tradicional, os modelos formativos foram muito estáveis (estabilidade reforçada pelo uso de tecnologias ou instrumentos muito caracterizados, como o livro-texto). Significativamente, nas propostas formativas vinculadas a processos baseados na inovação, não há modelos estáveis, ou seja, há um grande número deles.

A incorporação de uma visão cultural da educação e os usos de uma teoria psicológica, baseados em perspectivas socioculturais, permitem planejar a formação sob novos ângulos e com novos enfoques (De Pablos, 2003). A teoria sociocultural que se desenvolveu a partir das contribuições de Vygotsky constitui um marco referencial muito rico para interpretar e desenvolver os processos de transformação social, como a educação. Uma forma de compreender em profundidade as contribuições de Vygotsky é vê-lo como um psicólogo cultural. Michael Cole (1999), ao repensar o papel da psicologia, propõe empreender a marcha pelo caminho não percorrido: o que situa a cultura no mesmo nível da biologia e da sociedade como fatores decisivos no desenvolvimento da natureza humana individual. Com este referente, é possível sublinhar aspectos que contribuem com novas vertentes como o papel das *ações mediadas* em contextos educativos concretos; o papel dos agentes de aprendizagem como pessoas ativas de seu próprio desenvolvimento, mesmo em ambientes não totalmente controlados; a natureza emergente da mente ou as características da metodologia genética, que permite integrar estes conceitos em pesquisas de campo.

A partir da utilização de conceitos como mediação ou construção social e ativa do conhecimento, a análise das propostas interdisciplinares e o papel a desempenhar pelas tecnologias e seu uso nos contextos educativos ganham novas perspectivas. As TIC permitem novas possibilidades e formatos educativos, pois rompem as barreiras limitadoras das disciplinas curriculares ao permitir aprender de forma interdisciplinar e aberta. Também possibilitam *aprender na multiculturalidade* e ampliam e multiplicam os referentes formativos. Estes novos contextos formativos exigem mudanças nas capacidades e papéis do professor (De Pablos, 2001). O professor não é mais a única fonte do saber, pois compartilha estas capacidades com hipertextos, equipes de especialistas, que inclusive podem ser consultados à distância, bases documentais etc.

Os professores devem sensibilizar-se a respeito das mudanças de papéis vinculados à presença das tecnologias de informação e comunicação no marco docente, avaliando que podem liberá-los, em certa medida, da tarefa de transmitir informação e conhecimentos, para torná-los dinamizadores e referentes do processo de aprendizagem. Conforme o professor Tedesco (2003), no momento em que a tarefa de ensinar não se reduz a uma transmissão de conhecimentos de uma disciplina, a dicotomia entre o ensino e o trabalho científico tende a se reduzir. Isto torna mais complexo o processo de aprendizagem, tanto por parte dos professores como dos alunos; porém, mais frutífero. Esta situação exige uma análise em profundidade sobre como pensar e planejar a formação inicial dos professores, sua preparação psicológica e o modelo de ensino a promover.

A internet e as chamadas novas tecnologias de informação e comunicação propiciam mudanças sobre muitas concepções preexistentes a respeito da maneira de nos comunicarmos e, portanto, de conhecermos e entendermos o mundo. Além disso, estas tecnologias se consolidam como um meio com capacidade de gerar regras próprias, maneiras peculiares de conectar as pessoas e grupos sociais. Isto é apenas uma pequena parte das razões que levam diversas áreas e disciplinas das ciências sociais a tratar deste fenômeno. São processos que avançam muito rapidamente. Esta realidade não pode deixar de ser contemplada pelos responsáveis em educação, fundamentalmente para obter um benefício especificamente educativo em sua incorporação aos âmbitos formativos.

NOTAS

1. *El advenimiento de la sociedad post-industrial.* Madri, Alianza Editorial.
2. E. Jantsch (1979) Hacia la interdisciplinariedad y la transdisciplinandad en la enseñanza y la inhovación. En L. Apastel, G. Berger, A. Brigs y G. Michaud (eds.) *Interdisciplinariedad. Problemas de la Enseñanza y de la Investigación en las Universidades*. Asociación Nacional de Universidades e Institutos de Enseñanza Superior. México, p. 110-144. (Citado por J. Torres, 1994).
3. Citado por Lenoir e Hasni (2004)
4. J. Piaget (1979) La epistemología de las relaciones interdisciplinarias. En L. Apostel, G. Berger, A. Briggs y G. Michaud (eds.). *Interdisciplinariedad. Problemas de la Enseñanza y de la Investigación en las Universidades*. Asociación Nacional de Universidades e Institutos de Enseñanza Superior. México, p. 153-171. (Citado por J. Torres, 1994
5. Jerome Bruner (1987) Prologue to the English edition. In R. Rieber and A. Carton (eds.) *L.S. Vygotsky. Collected Works*. Vol. 1, New York, Plenum, p. 1-16.
6. Faz referência à introdução do psicólogo norte-americano para a primeira edição em inglês de *Pensamiento y Lenguaje* em 1962.

REFERÊNCIAS

BELL, D. *El advenimiento de la sociedad post-industrial.* Madrid, Alianza Editorial, 1976.
CASTELLS, M. *La galaxia internet.* Barcelona, Plaza y Janés (Areté), 2001.
COLE, M. *Psicología cultural.* Madrid: Morata, 1999.
CONCEIÇAO, S.; LEHMAN, R. Creating Learning Objects to Enhance the Educational Experiences of American Sign Language Learners: An Instructional Development Report. *Canadian Journal of Learning and Technology.* v.28, n.3, 2002. Disponible en Internet.
http://www.cjlt.ca/content/vol28.3/c_g.html
DANIELS, H. *Vygotsky y la pedagogía.* Barcelona, Paidós, 2003.
DE PABLOS, J. *Los estudios culturales y la comunicación. Algunas herramientas conceptuales para interpretar la mediación tecnológica.* In AREA, M. (Coord.). *Educar en la sociedad de la información.* Bilbao: Desclée de Brouwer, 2001. p.145-178.
_____. La Tecnología educativa hoy no es como ayer: nuevos enfoques, nuevas miradas. *Tecnología y Comunicación Educativas,* México, Instituto Latinoamericano de la Comunicación Educativa, n.37, p.4-21, 2003.
DEVELAY, M. *De l'apprentissage à l'enseignement.* París : ESF, 1992.
ENGESTRÖM, Y. *Learning by expanding.* Helsinki: Orienta-Konsultit Oy, 1987.

_____. Innovative learning in work teams: analyzing cycles of knowledge creation in practice. In: ENGESTRÖM, Y.; MIETTINEN, R.; PUNAMAKI, R. (Comps.). *Perspectives on activity theory.* Cambridge: Cambridge University Press, 1999.

FOUCAULT, M. *Las palabras y las cosas: una arqueología de las ciencias humanas.* Buenos Aires. Ediciones Deva's, 2002.

FOUREZ, G. *Alphabétisation scientifique et technique. Essai sur les finalités de l'enseignement des sciences.* Bruselas : De Boeck Université, 1994.

GALLO, S. *Conocimiento y transversalidad.* Paper Twentieth World Congress of Philosophy, in Boston, Massachusetts from August 10-15 1998.

GERMAIN, C. Interdisciplinarité et globalité: remarques d'ordre Épistémologique. *Revue des Sciences de l'Éducation*, XVII, n.1, p.142-152, 1991.

GIDDENS, A.; TURNER, J. Introducción. In: GIDDENS, A.; TURNER, J. et al. *La teoría social hoy.* Madrid: Alianza Universidad, 1990. p.9-21.

GOODY, J. *La domesticación del pensamiento salvaje.* Madrid: Akal, 1985.

HARGREAVES, A. *Enseñar en la sociedad del conocimiento.* Barcelona: Octaedro, 2003.

HAVELOCK, E. *La musa aprende a escribir.* Barcelona: Paidós, 1996.

KLEIN, J.T. *Interdisciplinarity: history, theory, and practice.* Detroit, MI: Wayne State University Press, 1990.

KLIEBARD, H. *The struggle for the american curriculum: 1893-1958.* Boston: Routledge y Kegan Paul, 1986.

_____. *Forging the american curriculum. Essays in curriculum history and theory*, New York-London: Routledge, 1992a.

_____. Constructing a history of the american curriculum. In: JACKSON, P.H. (Dir.). *Handbook of research on curriculum. A project of the american educational research association.* New York: Macmillan, 1992b. p.157-184.

LENOIR, Y.; HASNI, A. La interdisciplinaridad: por un matrimonio abierto de la razón, de la mano y del corazón. *Revista Iberoamericana de Educación*, n.35, p.167-185, 2004.

LEONTIEV, A. *Problems of development of mind.* Moscow: Progress Publishas, 1981.

LÓPEZ RUPÉREZ, F. Una nueva fuente de inspiración para la educación científica. *Enseñanza de las Ciencias*, v.13, n.2, p.249-256, 1995.

LENOIR, Y. Les réformes actuelles de la formation à l'enseignement en France et aux États-Unis: éléments de mise en perspective sociohistorique à partir du concept d'éducation. *Revue Suisse des Sciences de l'Éducation*, v.24, n.1, p.91-128, 2002.

LENOIR, Y. ; SAUVÉ, L. De l'interdisciplinarité scolaire à l'interdisciplinarité dans la formation à l'enseignement: un état de la question. 1 – Nécessité de l'interdisciplinarité et rappel historique. *Revue Française de Pédagogie*, n.124, p. 121-153, 1998a.

_____. De l'interdisciplinarité scolaire à l'interdisciplinarité dans la formation à l'enseignement: un état de la question. 2 - Interdisciplinarité scolaire et formation interdisciplinaire à l'enseignement. *Revue Française de Pédagogie*, n.125, p.109-146, 1998b.

MESSER-DAVIDOW, E.; SHUMWAY, D.R. ; SYLVAN, D.J. (Dir.). *Knowledges: historical and critical studies in disciplinarity.* Charlottesville, VA: University Press of Virginia, 1993.

MOLL, L. (Comp.). *Vygotsky y la educación. Connotaciones y aplicaciones de la psicología sociohistórica en la educación.* México: Grupo Editorial Aique, 1993.

NEWELL, W.H. Interdisciplinary curriculum development. *Issues in Integrative Studies,* v.8, p.69-86, 1990.

ONG, W. *Orality and literacy. The technologizing of the word.* London, Routledge, 1982.

PETRIE, H.G. Interdisciplinarity Education: Are we face with Insurmountable Opportunities? *Review of Research in Education*, v.18, p.299-333, 1992.

RAMIREZ, J.D. *Usos de la palabra y sus tecnologías. Una aproximación dialógica al estudio de la alfabetización.* Buenos Aires: Miño y Dávila, 1995.

ROSENBERG, M.J. *E-learning. Strategies for delivering knowledge in the digital age.* New York : McGraw-Hill, 2001.

SACHOT, M. La notion de "discipline scolaire": éléments de constitution. In : CLEMENT, J. P. ; HERR, M. (Dir.). *L'identité de l'éducation physique scolaire au XXe siècle: entre l'école et le sport.* Clermont-Ferrand, Ed. AFRAPS, 1993. p.127-147.

SANCHO, J.Mª. Implicaciones pedagógicas de las tecnologías de la información y la comunicación. In: V.V.A.A. *Didáctica de las nuevas tecnologías de la información y la comunicación.* México D. F. : Ministerio de Educación (en prensa).

STICHWEH, R. *Études sur la genèse du système scientifique moderne.* Lille : Presses Universitaires de Lille, 1991.

TANNER, D. ; TANNER, L. *History of the school curriculum.* Nueva York-Londres : Macmillan/Collier Macmillan, 1990.

TEDESCO, J.C. *Los pilares de la educación del futuro,* 2003. Disponible en Internet. http://www.uoc.edu/dt/20367/index.html

TORRES, J. *Globalización e interdisciplinaridad: el currículum integrado.* Madrid: Morata, 1994.

VYGOTSKY, L. Historia del desarrollo de las funciones psíquicas superiores. In: VYGOTSKY, L.V. *Obras escogidas.* Madrid: Visor, 1995. v.III.

WALLERSTEIN, I. Análisis de los sistemas mundiales. In: GIDDENS, A.; TURNER, J. et al. *La teoría social hoy.* Madrid: Alianza Universidad, 1990. p. 398-417.

WARTOFSKY, M. *Models.* Dordrecht: D. Reidel, 1973.

WERTSCH, J. *Vygotsky y la formación social de la mente.* Barcelona: Paidós, 1995.

Práticas Inovadoras em Escolas Européias[1]

Anne Gilleran

INTRODUÇÃO

Devemos educar nossas crianças não para o nosso passado, mas, sim, para seu futuro.

As idéias expressas neste capítulo se referem, em primeiro lugar, ao fato de que, do ponto de vista da aprendizagem continuada, devemos seguir nos educando durante nossa vida sem pensar em idade e devemos fazê-lo para o futuro e não para o passado. E, em segundo lugar, que as tecnologias da informação e comunicação (TIC) nos oferecem um meio para aprender que nos permite executar, de forma mais simples, atividades construtivas de discussão e troca de idéias, para garantir nossos conhecimentos para o futuro. Um dos efeitos do rápido desenvolvimento da tecnologia de informação e das mudanças que isso traz é nos tornar mais conscientes da incerteza em que, nestes momentos, baseia-se nosso conhecimento; apenas de forma coletiva podemos moldar os elementos para construir o conhecimento do futuro. As escolas desempenham, é claro, um papel fundamental neste processo de aprendizagem e, por isso, analisaremos como as escolas inovadoras utilizam as TIC.

Não se pode negar que, durante as últimas décadas, a revolução tecnológica vem tendo um impacto considerável e está mudando o cotidiano. O desenvolvimento das TIC abriu, em especial, novos horizontes e possibilidades inimagináveis há vinte anos. As tecnologias WAP (*Wireless Application Protocol*), GPRS (*General Packet Radio Service*), as redes sem condutores e as comunicações por satélite estão tornando o mundo menor e mais acessível. O impacto que a revolução tecnológica causa nas visões tradicionais do conhecimento é mais do que significativo. Isto tem levado governos a fazer investimentos sem precedentes em equipamentos e formação para a educação. Porém, também provoca o questionamento profundo das estruturas, dos propósitos e dos modos da educação, a que vamos nos referir daqui a pouco.

Neste processo, podem ser identificados dois elementos emergentes. O primeiro tem a ver com a crença cada vez mais generalizada de que a educação formal não se concentra em um determinado período de nossa vida, mas é um processo contínuo e dinâmico denominado aprendizagem ao longo da vida. O segundo é o fenômeno do aumento do interesse em usar as capacidades comunicativas das TIC para apoiar o desenvolvimento de comunidades, sobretudo de caráter colaborativo, que podem compartilhar, comunicar, trocar idéias e aprender a distância.

Este capítulo explora a forma como a teoria construtivista da aprendizagem compartilhada ou comunitária, como definiram Holmes e colaboradores (2001)[2] pode aplicar-se ao fenômeno do crescente interesse em aumentar o número de comunidades de aprendizagem em linha, no contexto da Rede de Escolas Européias (European Schoolnet[3]), em que os membros procuram soluções colaborativas para enfrentar os desafios e problemas em comum, enquanto conhecem as diferenças destas distintas perspectivas culturais. Neste sentido, argumenta-se que, a partir destas comunidades de aprendizagem ativas, surgirá uma visão comum do futuro ou da prática educativa e que este processo pode ser estudado à luz do construtivismo compartilhado, assim como de outros modelos emergentes, para definir os processos das comunidades de aprendizagem em linha.

Para estabelecer o contexto desta discussão, vou referir-me a dois estudos patrocinados pela Rede de Escolas Européias da Comissão Européia. O primeiro é um trabalho sobre o uso das TIC nas escolas européias chamado eWatch; o segundo, um estudo-piloto sobre o uso de um ambiente virtual de aprendizagem chamado *Future Learning Environment* 3 (FLE3), criado especificamente para ajudar os estudantes a desenvolver sua própria base de conhecimento a partir de princípios construtivistas.

Hoje é possível afirmar que as TIC são amplamente utilizadas em escolas européias, mas é mais difícil assegurar que estejam sendo utilizadas com propósitos inovadores que signifiquem uma melhoria de ensino e aprendizagem. A simples presença de computadores nas salas de aula não significa, por si mesma, uma mudança pedagógica, se, ao mesmo tempo, não são introduzidas idéias e ferramentas pedagógicas adequadas. Os relatórios sobre estes estudos situam o contexto para a discussão sobre se o construtivismo vai liderar o caminho como modelo pedagógico para a era tecnológica.

Por outro lado, devemos ter a consciência de não criar maiores desigualdades em um sistema e, como observa Mark Warschauer (2003), os computadores nas escolas tanto podem exacerbar as desigualdades como contribuir para diminuí-las.

Do mesmo modo, assim como a discussão sobre a abertura digital parece crucial, também o é falar da abertura pedagógica. Hoje, muitos professores dispõem de habilidades suficientes para se sentir cômodos com o uso do computador e da internet como parte de suas aulas, mas muitos ainda têm dúvidas sobre a melhoria pedagógica real que sua utilização pode significar (European Schoolnet, 2002 e Blamire, 2003).

O CONTEXTO: AS TIC, UMA FERRAMENTA PARA A MUDANÇA?

As TIC se apresentaram como uma ferramenta que mudará a face da sociedade, não apenas no aspecto educativo, mas também no social. É evidente que são cada vez mais as pessoas que trabalham no setor da informação e que nossas culturas estão tornando-se mais técnicas. A educação está nesta espiral de mudança, o que gerou inúmeros debates sobre o impacto positivo e negativo das TIC no papel dos professores, no estilo de aprendizagem dos estudantes e na própria escola. A integração das TIC ao ensino e às atividades de aprendizagem foram sendo lentamente formuladas, ao longo do tempo, pelo gravador e laboratórios de ensino de idiomas até o uso da TV e do vídeo em todas as disciplinas. Os últimos 10 anos foram os da invasão da tecnologia digital em todos os aspectos de nossa vida, inclusive na educação. Fez-se muita pesquisa para avaliar o impacto das TIC em todos os níveis da educação, destacando seu papel na aprendizagem a distância (Van den Branden e Lambert, 1999; Mavridis, 2001). Parte das pesquisas foi quantitativa, estudando o número de computadores por escola, estudantes por computador, tempo de acesso à internet (e-Learning 2002, 2001).

Governantes nos Estados Unidos e na Europa abraçaram com entusiasmo a Era Tecnológica. Por exemplo, desde 1997 o governo irlandês, por intermédio do programa IT 2000, realiza grandes investimentos para equipar todas as escolas, dar acesso à internet e formar professores. O Centro Nacional de Tecnologia em Educação foi criado em 1998 para facilitar o investimento de 168 milhões de euros no programa IT 2000 entre 1998 e 2004.

Freeman, Holmes e Tangney (2001), em um estudo sobre o planejamento nacional europeu das TIC no campo da educação, afirmam que a Finlândia, em seu mais recente projeto *Educação, formação e pesquisa na sociedade da informação. Uma estratégia nacional para 2000-2004*, orienta sua estratégia para a *reformulação* do papel do ensino, dentro e fora do sistema escolar.

Uma aproximação similar está ocorrendo na Suécia, onde o Plano Nacional ITiS (2000, p. 2) destaca os aspectos sociais da aprendizagem. Neste sentido, abordou-se o desenvolvimento das habilidades e práticas no uso das TIC mediante a integração das perspectivas socioculturais e construtivistas da aprendizagem no currículo escolar. "Aprender em grupo é importante. O conhecimento adquirido por vários indivíduos se converte em um valor para o trabalho em grupo."

No congresso internacional sobre TIC em educação, em Vasteras (Suécia) em 2001, Mr. Dominick, diretor de Flitcroft (União Européia e Equipe Internacional, Departamento de Educação e Trabalho do Reino Unido) descreveu os três bilhões de euros da Rede Nacional de Aprendizagem como *uma arquitetura e uma marca para destacar as TIC com o fim de melhorar os níveis educativos*. Charles Clarke (2000), em uma conferência em Dublin, afirmou que um dos quatro objetivos mais importantes do governo do Reino Unido na ocasião era:

- Promover formas de ajudar os pais a entender o processo de mudança que está ocorrendo nas escolas e o papel desempenhado pelas TIC – agora – na educação de seus filhos.

Este último ponto conduz à ideologia que sublinha o conceito de aprendizagem ao longo da vida, em que o processo educativo não se concebe como algo que apenas acontece entre as sólidas paredes das instituições de educação formal. Surgem novos modelos de ambientes de aprendizagem: centros de aprendizagem baseados na comunidade; educação em casa por meio de uma tela interativa de televisão digital conectada a um cabo de alta velocidade; telecentros; serviços informativos móveis WAP; ambientes sem fios que permitem o uso de dispositivos portáteis praticamente em qualquer lugar. Acrescente-se o fenômeno crescente da internet e vê-se que as tarefas de ensino e aprendizagem estão ampliando-se de forma impensável há 20, 10 ou 5 anos.

O uso das novas tecnologias é visto agora como um meio para fortalecer um estilo mais pessoal de aprender em que os estudantes estejam ativamente envolvidos na construção do conhecimento e na busca de respostas para seus problemas específicos. Ao mesmo tempo, estão usando sua habilidade para aprender como são utilizados os próprios meios tecnológicos.

Junto ao processo de individualização do ambiente de aprendizagem do aluno, encontra-se a área desigual de desenvolvimento de ambientes colaborativos de aprendizagem. À primeira vista, parece existir uma dicotomia entre os dois ambientes; contudo, não há porque ser assim. Um estudante pode estar envolvido em um projeto de grupo e ter permissão para fazer uma pesquisa individual, que será avaliada, modificada e incorporada pelo grupo.

A senhora Ingegerd Wärnersson, ministra do Sistema Escolar e Educação de Adultos da Suécia, falando na conferência de Vasteras, destacou que as pessoas são o conteúdo do novo modelo de ensino e aprendizagem porque *damos forma ao conhecimento e visões do mundo de maneira compartilhada. Por isso, é essencial fomentar o conteúdo democrático e propor atividades e diálogo entre estudantes, para evitar o perigo de criar uma sociedade de consumidores passivos de conteúdo e serviços eletrônicos.*

Porém, como o uso das TIC começou a se propagar, existe um grupo crescente de pesquisadores e analistas que deseja explorar seu potencial como ferramenta social e cultural e que argumenta, como Holmes e colaboradores (2001), que pode nos oferecer um novo *modus operandi* para pensar e aprender e está procurando a linguagem para descrever um fenômeno que pode mudar nossas visões sobre a aprendizagem e o ensino de forma radical.

De Castell, Bryson e Jenson (2002) defendem a necessidade de formular uma teoria educativa de tecnologia para começar a compreender de forma mais clara qual poderia ser a utilização educativa mais apropriada destas novas ferramentas e, mais importante, poderíamos começar a levar a sério o que pode significar ver e imaginar a melhor maneira como as novas tecnologias já alteraram, e continuarão alterando, o que conhecemos e como conhecemos.

Venesky (2001), como Holmes e colaboradores (2001), vislumbra o potencial da perspectiva de aprendizagem centrada no grupo utilizando as TIC, denominada aprendizagem colaborativa auto-organizada. Este autor afirma que a aprendizagem colaborativa auto-organizada difere de todas as demais formas de aprendizagem em que o próprio grupo adota um plano de estudo, define as metas e os métodos de aprendizagem e muitas vezes necessita da ajuda externa de tutores ou mentores. Além disso, argumenta que a aprendizagem colaborativa auto-organizada poderia promover o conhecimento em escala global.

A SITUAÇÃO. A REDE EUROPÉIA SCHOONET: UMA COMUNIDADE DE APRENDIZAGEM EM DESENVOLVIMENTO

Neste contexto, examinaremos o movimento destinado a organizar as atividades colaborativas comunitárias, que pode ser chamado de aprendizagem, mas que, para mim, anuncia a nova fase ou tendência da evolução das TIC. Podemos explicar este crescimento observável mediante o construtivismo comunitário? Creio que sim. Contudo, uma possível forma de fazê-lo seja expandir o alcance desta teoria além dos limites do puramente pedagógico, somente aplicável a um espaço educativo delimitado, para torná-la uma teoria sobre a interação social que, considero que, apenas pode ter lugar pelas possibilidades comunicativas oferecidas pelas novas tecnologias e que, ao mesmo tempo, é causada por elas. Sem o potencial destas tecnologias, não teríamos questionado nossas formas tradicionais de pensar sobre a aprendizagem e transformá-la, o que é um espaço de aprendizagem, quem ensina e quem aprende. Isto será examinado especificamente em um contexto europeu por meio das estruturas, atividades e comunidades da Rede de Escolas Européias (European Schoolnet-EUN).

A base, a estrutura e os serviços da EUN podem ser vistos na página da web (http://www.eun.org) e foram estudados por diferentes analistas como Wijngaards (1999), Leask e Younie (2001) e Lockefeer (2001), mas parece apropriado referir-se aqui à finalidade da EUN.

A EUN começou as atividades em março de 1997, quando os ministros da Educação da União Européia, juntamente com a Comissão Européia, aceitaram uma proposta do Ministério da Educação sueco para criar uma página web européia a fim de fomentar a realização de atividades colaborativas entre escolas européias utilizando as TIC. A EUN, respaldada por mais de 20 Ministérios da Educação europeus, pela Comissão Européia e por várias empresas, estabeleceu duas tarefas-chave:

– O estabelecimento de uma rede européia para o intercâmbio de informação sobre as TIC na educação.
– A criação de um *campus* europeu multilíngüe virtual para promover a aprendizagem e a colaboração, criado como porta de acesso às redes de escolas e centros de recursos.

Wijngaards (1992, p. 2) propôs um desafio crítico para a visão da EUN ao indagar: Como levar este conceito para as práticas docentes? Como conectamos professores e estudantes de maneira significativa com seus colegas na Europa e no mundo?

A resposta a este desafio foi um trabalho em distintas frentes. Desde o começo, em 1998, a EUN esteve na direção e manutenção de projetos e iniciativas estruturadas sob a idéia de colaboração transeuropéia entre os professores, em que cabe destacar *myEurope*, *VirtualSchool* e, em 2001, "eSchola", que se desenvolveu em uma semana. Esta atividade significou que milhares de escolas da Europa se comprometeram com a colaboração *on-line*, tornando este fato um acontecimento nunca visto na história da internet. A partir de então, estabeleceu-se a Rede Européia de Escolas Inovadoras (ENIS) e, hoje, há milhares de escolas que trabalham com a utilização de redes para trocar idéias e conhecimento sobre práticas e experiências inovadoras.

O que torna especiais as escolas ENIS é que foram selecionadas pelos ministérios da Educação por serem consideradas as mais inovadoras no uso das TIC no ensino e na aprendizagem em seus países. Cada órgão que participa da organização da ENIS tem um coordenador, responsável pela rede. Esta pessoa aplica o critério nacional acertado e os procedimentos em seu próprio ministério e identifica como podem integrar-se nas políticas nacionais.

As escolas ENIS, portanto, são reconhecidas como escolas avançadas, centros de inovação e escolas de qualidade, tanto nacional como internacionalmente. Entre as atividades, destacam-se:

– O intercâmbio de experiências, problemas e soluções com outras escolas ENIS.
– O estabelecimento de projetos de colaboração com escolas européias semelhantes.
– A participação em importantes seminários, congressos e oficinas tecnológicas e educativas.
– A possibilidade de avaliar e validar novos materiais educativos.

É importante destacar que, como as escolas ENIS são selecionadas pelos Ministérios da Educação, devido ao uso inovador das TIC, as condições em que estes projetos foram realizados não existem normalmente em nenhuma escola média européia.

Junto com os projetos de colaboração para professores, existe um serviço de notícias que oferece uma visão atualizada das práticas e tendências inovadoras no uso das TIC e 13 boletins de notícias para 25 mil assinantes. Devem-se acrescentar os projetos voltados para a interoperabilidade e os padrões, como o Buscador Europeu de Recursos (*European Treasury Browser – ETB*), os dirigidos a pesquisadores e formadores de professores, como o Centro de Conhecimento Europeu (*European Knowledge Centre – EKC*), o VALNET e os voltados aos políticos, como SAFE, cuja finalidade é examinar os problemas de segurança na internet no âmbito europeu. Na página da internet da EUN, há uma impressionante quantidade de atividades que usam as TIC de forma inovadora. A partir de todos esses projetos, construiu-se uma grande rede formada por várias comunidades, escolas e professores, estudantes, pesquisadores e políticos que trabalham juntos de forma colaborativa em vários níveis e áreas. No congresso realizado em 2000, o presidente da EUN, Ulf Lundin, descreveu-a como *uma rede ativa integrada por redes nacionais, ministérios, comissões e usuários em 22 países..., da qual podem beneficiar-se 5,5 milhões de professores e 340 mil escolas.*[4]

Em 2001, continua a expansão e o crescimento das comunidades de aprendizagem colaborativa na Europa. A imagem e o sentido da página da web da EUN são redefinidos e ampliados de várias maneiras. Em primeiro lugar, criam-se diversos ambientes *vortal*[5] sob o signo da EUN, entre eles eSchoolnet (http://www.schoolnet.org/), o portal para professores surgido em outubro; School Managers Centre – SMC (http://smc.eun.org/), para diretores de escolas, criado em setembro e Comenius Space (http:/comenius.eun.org/), dirigido a professores que desejam participar de projetos de colaboração européia, entre outros. Relatório da OCDE (OECD, 2001, p. 71) afirma que a "EUN é um superportal, pois está conectado a muitos portais".

Ao mesmo tempo, organizou-se um diálogo contínuo entre os criadores de políticas nacionais, formadores de professores, especialistas e analistas, em congressos e seminários como Eminent I, organizado na Suécia em 2000; Eminent II, em Portugal, 2001, e Ahead, Bruxelas, 2002. Como parte dessas atividades, foram preparados e divulgados informes sobre o impacto das TIC na educação nos países da EUN. Para provocar a discussão, houve dois grandes estudos sobre os futuros cenários para a educação, "Think" (Woods, 2002) e "The Future is Now" (Scrimshaw, 2001).

A própria Rede de Escolas Européias está na vanguarda da pesquisa sobre as práticas escolares relacionadas com as TIC em diferentes projetos, dos quais eWatch é o mais importante.

O projeto eUROPEAN eLETRONIC eDUCATION *WATCH* (e WATCH) – Observação Européia da Educação Eletrônica – implicava o desenvolvimento de um sistema de observação para promover a compreensão da inovação e da mudança da educação na Europa proporcionada pelo amplo uso das TIC e o surgimento da Sociedade da Informática e se desenvolveu entre 2000 e 2002. Parcialmente financiado pela Comissão Européia, por intermédio do programa Sócrates-Minerva, da Direção-Geral de Educação e Cultura, o eWarch foi criado para proporcionar apoio às ações SÓCRATES-MINERVA e a outros grupos interessados na análise das mudanças que afetam a educação, a formação e a aprendizagem durante a vida. O projeto identificou as seguintes áreas de interesse:

- Supervisão de políticas públicas nos diferentes países europeus em nível nacional, regional e local sobre o uso das TIC, incluindo informação sobre os mercados e indicadores escolares.
- Recopilação de informação sobre a inovação na área da aprendizagem baseada nas TIC.
- Catalogação de práticas inovadoras nas escolas e centros de ensino superior.
- Promoção da divulgação e da troca de conhecimento elaborado, incluindo os resultados das políticas e projetos.

A seguir, trataremos do terceiro ponto, a coleta e catalogação de práticas inovadoras nas escolas, acrescentando a *voz* dos estudantes sobre o uso dos computadores tanto dentro como fora da escola. Esta pesquisa revela a mudança gradual na atitude de professores e alunos na direção de maneiras diferentes de aprender, com um lento mas contínuo avanço para uma perspectiva mais colaborativa.

ESTRATÉGIA DE PESQUISA DE CAMPO DE *eWATCH*

O marco da análise de *eWatch*, utilizado como metodologia de pesquisa, que integrava a estratégia da observação com uma aproximação "auto-reflexiva" por parte das escolas, atuava em três níveis: *macro, médio e micro*.

As escolas do projeto *eWatch* estavam amplamente distribuídas por toda a Europa, como se pode ver na Figura 4.1, com uma proporção eqüitativa entre os países nórdicos e os da Europa central. Cinqüenta escolas de 19 países participaram do projeto. O critério para escolha foi desenvolvido pela própria equipe de pesquisa. Muitas escolas pertencem ao grupo das *inovadoras* a partir dos parâmetros definidos pelos Ministérios da Educação de cada país, em particular aquelas que formam a Rede Européia de Escolas Inovadoras (escolas ENIS). A bagagem sociocultural e a localização geográfica das escolas também pesaram no critério de seleção.

No começo do processo, as escolas foram informadas dos detalhes da pesquisa e foram oferecidas:

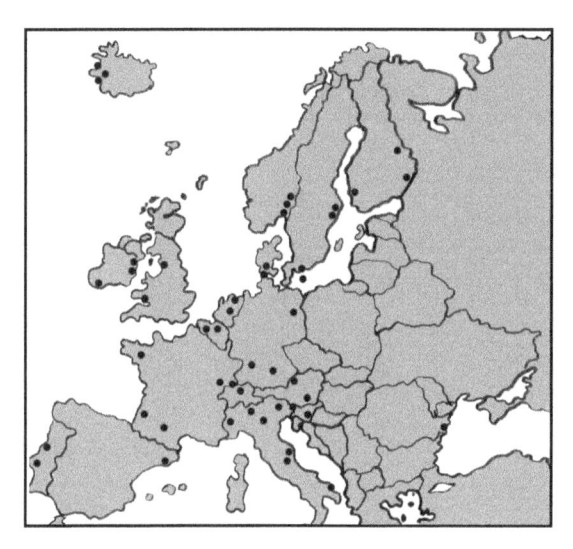

FIGURA 4.1. A distribuição das escolas do projeto eWatch.

- Uma oportunidade para a auto-reflexão.
- A possibilidade de participar de uma atividade cooperativa com escolas similares.
- Uma grande visibilidade para suas atividades educativas por meio da web da EUN.

Em conseqüência, foi possível distinguir duas fases principais no processo. Primeiro, foram enviados questionários aos diretores, professores e responsáveis pelas TIC nas escolas. Posteriormente, mandou-se outro questionário para identificar as mudanças depois de um ano e os alunos também foram ouvidos.

Os questionários eram pessoais, organizados em seções segundo uma planilha de análise, especialmente criada para esta pesquisa, apresentada na Tabela 4.1.[6] Ela foi organizada para dois tipos de ações: a coleta de informação relacionada com cinco áreas e a classificação dos dados segundo cinco dimensões.

Todas as respostas recebidas[7] foram analisadas segundo estas cinco dimensões e existe um "retrato" completo destas escolas à disposição de quem o desejar.

Dimensões pedagógicas

Em estudo dedicado a examinar o impacto das TIC nas escolas, não surpreende que o foco de atenção tenham sido os elementos pedagógicos. Ao analisar a integração das TIC no currículo, notou-se grande diferença entre as escolas de ensino fundamental e médio e, em um segundo momento, entre as esco-

TABELA 4.1 Planilha de análise *eWatch*.

ENTRADA / SAÍDA	Desenvolvimento do conteúdo	Acesso à infra-estrutura	Desenvolvimento da capacidade	Supervisão e avaliação	Associações (e mercado)
Dimensão pedagógica Dimensão organizativa Dimensão econômica Dimensão tecnológica Dimensão sociocultural					

las de ensino médio técnicas e o currículo geral do ensino médio. Nas escolas técnicas, parecia que as TIC estavam integradas em todas as disciplinas técnicas, científicas, empresariais e no ensino da segunda língua, normalmente o inglês. Na área empresarial, estudantes eventualmente usavam as TIC para criar e desenvolver "mini-empresas" para oferecer bens e serviços a um público externo. Poderia concluir-se que a integração das TIC se realiza de maneira uniforme nas escolas técnicas que, por sua própria natureza, baseiam-se em alto conteúdo de TIC como parte do currículo.

Ao contrário, nas escolas de ensino médio, o impacto das TIC era muito mais desigual. Também havia uma grande presença nas áreas de ciências e matemáticas e, naturalmente, nas escolas que ofereciam cursos de TIC como parte do currículo. Contudo, em outras matérias parecia que a integração apenas ocorria em projetos especiais organizados por professores altamente motivados com um alto grau de interesse e compromisso com as TIC. Vale a pena destacar, também, que as escolas participantes eram consideradas pelos respectivos Ministérios da Educação inovadoras não apenas pelo uso avançado das tecnologias, mas por suas práticas de ensino e sua forma de utilização de tempo, currículo e espaço físico. Poderia inferir-se, portanto, que, quando as escolas de ensino médio se liberam das rígidas restrições do currículo e têm papel mais autônomo na hora de determinar as direções pedagógicas, podem tornar-se exemplos do que é possível em termos de uso das TIC.

A imagem era muito diferente nas escolas de ensino fundamental. Nelas, a integração das TIC não estava relacionada com as disciplinas, pois eram utilizadas como:

- *Ferramenta de comunicação.* Muitos professores diziam ver as TIC como um recurso real para a comunicação e ensinavam a seus alunos, desde

pequenos, as habilidades relacionadas com o uso do correio eletrônico e a busca na internet, combinando-os com projetos de trabalho com outras escolas européias.
- *Ferramenta de colaboração*. Alguns professores destacavam o uso das TIC como meio de promover um estilo cooperativo e colaborativo de aprendizagem entre os alunos. Estes professores apontavam o trabalho em grupo como uma qualidade fundamental a adquirir para o futuro e promoviam esta prática em suas atividades de aula.

Analisando as respostas com relação aos motivos para introduzir as TIC na escola, os professores do ensino fundamental afirmavam, geralmente, que as TIC são uma ferramenta educativa entre outras e que devem estar presentes na escola, pois isso ocorre em todas as áreas da sociedade.

Além disso, a maioria dos professores concordava que todos os estudantes se beneficiavam das TIC de um jeito ou de outro. Contudo, os modelos para avaliar a natureza desse benefício eram pouco claros e de complexidade variável. Quase 25% dos consultados não responderam esta questão, o que indica que as escolas lutavam para resolver este tema.

Na área de formação dos professores, a imagem era muito clara. A maioria citou a auto-afirmação como fonte principal de suas habilidades básicas no uso das TIC. O segundo grupo majoritário citava os cursos de formação permanente. Isto não surpreende, porque a política inicial de muitos governos europeus foi a de primeiro dotar as escolas de máquinas e conexões e depois formar os professores. Em *Education at a glance: OECD Indicators* – Um olhar sobre a educação: os indicadores da OCDE (OECD, 2001), pesquisou-se a idade média dos professores. Os resultados mostram que, no futuro, os grandes esforços na formação dos professores serão mais importantes que os novos currículos para a formação inicial.[8] Contudo, o mais relevante eram as observações dos professores sobre o foco desta formação: sobre o *uso* e não sobre a *integração*. Os próprios formadores dos professores estavam apenas começando a desenvolver métodos e práticas nesta área. Também eram interessantes os altos benefícios que os professores encontravam na colaboração com os colegas como meio de aprendizagem, o que tem relevância direta na teoria construtivista colaborativa da aprendizagem.

O trabalho em equipe significa cooperação e, desta maneira, nasce a cultura da colaboração. O papel tradicional de isolamento do professor está começando a ruir quando novas práticas se desenvolvem.

Pesquisadores como Venezky e Davis (2001), Scrimshaw (2002) se referem ao papel em modificação do professor com relação ao uso cada vez maior das TIC, e o estudo eWatch não foi exceção.

O mais interessante foi observar a mudança no papel dos estudantes constatada em algumas escolas. Os alunos do ensino fundamental adotam um papel ativo nas atividades relacionadas com as TIC, desempenhando a função de mentores de colegas, ajudando na manutenção e atualização da web da escola; alunos mais velhos ajudam a aplicar as TIC em outras escolas e na comunidade. Nas escolas mais avançadas, os estudantes se aproximavam do que Wood (2002) descreve como o exercício do papel de *jovens cidadãos*, que têm "tempo, motivação e capacidade para dar contribuições significativas à vida social, cultural, intelectual e econômica de suas comunidades".

A segunda fase do estudo eWatch mostrou que a informação proporcionada pelos estudantes era uma contribuição valiosa com relação a seu conhecimento das TIC, suas atitudes diante delas e como as utilizam dentro e fora da escola, sobretudo em casa. Os relatórios dos estudantes deram indicações valiosas sobre sua motivação, que parece aumentar com o uso do computador, ainda mais porque o trabalho realizado tem uma finalidade pessoal ou pelo fato de poderem fazer suas próprias escolhas. O elemento humano ainda é muito importante para os estudantes. Eles preferem uma interação pessoal com os professores, uma presença humana para apoiar sua aprendizagem. Vêem o computador como auxiliar, e não como substituto do professor. Inclusive, mesmo que gostem de trabalhar de forma autônoma e ter um papel mais independente, ainda confiam no professor como fonte de informação e como uma pessoa com um papel ativo na orientação da suas atividades. No relatório Programme for International Student Assessment (PISA 2000), a maioria dos estudantes afirmou que *a escola é o lugar onde a sensação de pertencer é mais forte e as amizades são feitas com facilidade*. Nestes momentos, já está ocorrendo a aprendizagem colaborativa entre os alunos e os professores, embora a consciência desta mudança só venha a ser mais clara no futuro.

Dimensão tecnológica

Examinando as fotografias enviadas pelas escolas, percebe-se na maioria o uso de PCs conectados de forma tradicional e localizados no que parecem ser laboratórios de informática, com uma pequena mudança na escola de ensino fundamental, em que parece haver mais computadores nas salas de aula. É interessante que, na documentação destes espaços, muitas escolas, sobretudo as mais inovadoras, não se referiam mais a eles como laboratórios de informática *per se*. Estas salas se tornaram *áreas de aprendizagem especializada*, muitas vezes dedicadas a uma disciplina para as quais os computadores são recursos de aprendizagem por eles mesmos. Algumas das escolas mais motivadas tinham várias destas salas.

A maneira de trabalhar com os computadores na escola ainda é muito significativa para o nível de integração das TIC e para o debate sobre o papel do professor, do estudante e para o controle do ambiente de aprendizagem. A disposição física da sala de computadores pode melhorar bastante a aprendizagem colaborativa e interativa, ou piorá-la, dependendo de como se situem os equipamentos. Em algumas escolas, o fato de os computadores estarem em uma sala especial pode impedir sua utilização, já que estes espaços costumam ser controlados por apenas uma pessoa ou permanentemente reservados para as *disciplinas especializadas* e, portanto, não disponíveis para os professores das demais disciplinas.

Os professores dessas escolas reconheceram as TIC como um meio para facilitar a comunicação, o que pode apoiar a cooperação com colegas fora da escola de forma efetiva, pelo desenvolvimento de uma camaradagem virtual e práticas colaborativas. O diretor da escola tem um papel-chave não apenas no desenvolvimento de um clima que promova, no ambiente escolar, a aceitação ou o rechaço das novas tecnologias, mas também no sentido dado a sua utilização.

Conclusões do estudo eWatch

O relatório de eWatch centrou-se no trabalho em equipe e práticas de ensino colaborativo. Esta decisão, junto com a natureza mutante das relações das escolas e seu pessoal, equipe dirigente, alunos, famílias e comunidade, indicava uma aparente mudança rumo a novas perspectivas e atividades. O exame dos documentos das escolas e os questionários poderiam levar a pensar que as instituições estavam trabalhando na articulação de novas visões sobre as funções pedagógicas que desempenham e suas convicções. Em alguns casos, estavam começando a reexaminar suas políticas internas.

Essa transformação ocorria também nas políticas dos Ministérios da Educação europeus? Na verdade, os países europeus tinham adotado estratégias diferentes para incluir as TIC no currículo;[9] apesar das diferenças nacionais nessas políticas, isso se torna, aqui, o fator mais importante.

AMBIENTES DE APRENDIZAGEM DO FUTURO: UM ESTUDO-PILOTO

A partir de agora, quero tratar do crescimento das comunidades de aprendizagem. Em todas as perspectivas anteriormente mencionadas, a noção de comunidade em rede para trabalhar de forma conjunta a construção de uma idéia de colaboração, discussão, aprendizagem e desenvolvimento em diferentes níveis ou planos – sala de aula, sala do diretor, sala dos pesquisadores, dos políticos – aparece como algo essencial. Um dos elementos-chave deste processo foi o desenvolvimento de um sistema comunitário virtual, de livre disposição, amplamente utilizado pelos diferentes atores que participam do processo. O sistema informático comunitário foi lançado, junto com a eSchoolnet, em outubro de 2001 e usado, inicialmente, por quatro comunidades. Hoje, é utilizado por mais de 200 e possui 15 mil membros. O mais interessante é a gama de atividades que estas comunidades realizam, incluindo o envolvimento de sócios, professores e pesquisadores nas redes nacionais.

Um desenvolvimento quase lógico dos sistemas informáticos comunitários foi o crescimento dos ambientes de aprendizagem. Um desses ambientes, com uma perspectiva pedagógica firmemente enraizada nos princípios da teoria de aprendizagem construtivista, é o *Future Learning Environment 3* – Ambiente de Aprendizagem do Futuro 3, o FLE3. Este ambiente foi desenvolvido como parte do projeto europeu ITCOLE,[10] e a Rede de Escolas Européias desenvolveu um estudo-piloto em 2004 como parte de outro projeto europeu denominado OASIS.

O seminário com professores e o estudo-piloto de que vamos tratar tiveram a participação de 26 professores de 10 países europeus do OASIS. A finalidade do seminário e do estudo era introduzir uma nova perspectiva pedagógica entre os professores e ajudar-lhes a desenvolver um projeto pedagógico em que colocassem em prática esta nova perspectiva. Tinham um prazo de cinco meses, a partir de setembro de 2003.

Como o estudo centrava-se mais na perspectiva pedagógica que em uma determinada ferramenta técnica, e os professores escolhidos eram usuários avançados das TIC, não foi necessária nenhuma aplicação informática determinada, mas se ofereceu a eles a oportunidade de usar as ferramentas utilizadas no estudo piloto. Para fazer a formação e documentar as experiências de aprendizagem dos professores, foi proposta a utilização de Ambientes de Aprendizagem do Futuro 3(FLE3), o que determinou que alguns escolhessem este sistema para trabalhar com os estudantes.

O perfil dos professores do projeto OASIS

Para selecionar as escolas deste projeto, foi feita uma ampla divulgação; assim, os professores puderam manifestar interesse e predisposição para aplicar em seu trabalho as perspectivas pedagógicas propostas pelo projeto. Outra característica importante era seu desejo de participar de comunidades de fora da escola para concretizar seus projetos e qualquer participação da administração local ou regional era considerada vantajosa.

Defendeu-se que houvesse pelo menos duas escolas por país. Em busca de equilíbrios, foram considerados fatores como:

- A dimensão nórdica: as escolas da Finlândia e da Suécia eram seis (23%)
- A dimensão do sul: de Portugal, Itália e Espanha (um membro virtual), participavam nove (35%)
- A dimensão central e oriental: de Hungria, Lituânia e Romênia, eram seis (23%).
- A dimensão ocidental: de Grã-Bretanha e Bélgica, eram cinco (19%)

Das 26 pessoas do estudo piloto, 20 eram professores, 3 eram diretores e 8, responsáveis pelas TIC (6 tinham a dupla função de professor e responsável pelas TIC). A maioria dos professores era de ciências, matemática e línguas, além de professores de informática e TIC. Algumas escolas tinham alunos do ensino fundamental e médio, além de educação infantil. Também havia professores com experiência em educação de adultos, educação especial e formação permanente.

O nível de experiência profissional era alto (ver Tabela 4.2), como também o eram o interesse e a motivação pessoal como catalisadores para o uso das TIC no ensino (mais de 90%).

Mais de dois terços das instituições tinham conexão de internet banda larga via ADSL ou cabo: cinco delas tinham uma rede local sem cabos. Um terço das escolas realizava sua conexão por intermédio de modem ou linha ISDN, o que mostra que as diferenças entre as escolas era significativa.

Antes de começar o estudo-piloto, pediu-se aos participantes que preenchessem um questionário para coletar informação sobre as diferentes dimensões educativas descritas no sistema POETC (*Pedagogical, Organisational, Economic, Technical and Cultural/Social Dimensions* – Dimensões pedagógica, organizativa, econômica, técnica e sociocultural), anteriormente citado (ver Tabela 4.1).

A utilização de FLE3 no estudo piloto de OASIS

Os cenários pedagógicos do projeto OASIS foram pensados especificamente para promover aproximações docentes baseadas nas teorias socioconstrutivistas e colaborativas de aprendizagem, utilizando as ferramentas da tecnologia atual. Deste modo, entre as perspectivas que contribuíram significativamente para a criação destes cenários, estão a aprendizagem colaborativa apoiada pelo computador, o modelo de questionamento progressivo para a construção do conhecimento colaborativo, o Jigsaw[11] e a aprendizagem baseada em problemas. Além disso, o trabalho realizado pelo projeto ITCOLE, a partir do qual se originou o ambiente FLE3, foi amplamente utilizado por estes cenários.

Da introdução da perspectiva pedagógica à sua inclusão nos projetos locais

Os cenários pedagógicos do projeto OASIS, baseados sobretudo no modelo de questionamento progressivo, em estreita ligação com a comunidade esco-

TABELA 4.2 Anos de experiência dos professores.

Mais de 20 anos	8
Entre 16-20 anos	6
Entre 11-15 anos	5
Entre 5-10 anos	3
Menos de 5 anos	3

lar, foram apresentados aos professores no primeiro seminário presencial. Neste primeiro encontro, destacou-se a aprendizagem baseada na atividade; deste modo, as sessões do seminário consistiram em como aprender a utilizar cenários de Jigsaw, práticas de uso do ambiente FLE3 e as bases teóricas do construtivismo social e a resolução de problemas.

A finalidade do seminário também era familiarizar os participantes com o projeto OASIS, com os colegas e, sobretudo, ajudar-lhes a desenvolver um projeto pedagógico para colocar em prática com os estudantes durante o estudo-piloto. O tema do projeto foi escolhido de acordo com as atividades que os professores precisavam cumprir em suas programações curriculares. Isto teve como resultado uma grande variedade de modelos e processos de aplicação. É interessante destacar que alguns professores passaram a dar uma dimensão internacional a seus projetos imediatamente, enquanto outros decidiram trabalhar apenas em suas instituições. Os organizadores do seminário destacaram este aspecto, pois estavam interessados em explorar se o fato de contar com um colega ao lado aumentaria a motivação dos professores e seu comprometimento com o estudo-piloto. Também queriam detectar se havia algum efeito multiplicador ao colocar em prática o modelo pedagógico.

Deste modo, a idéia era ajudar os professores a alcançar os objetivos do projeto OASIS, a utilizar o modelo de questionamento progressivo no contexto do tema escolhido, a aplicar as TIC para atingir estes objetivos e diluir os limites entre os integrantes das comunidades educativas. Tratava-se de envolver famílias, especialistas, comerciantes ou empresários da comunidade local no projeto educativo.

Apoio aos projetos mediante o *chat reflexivo*

Previu-se que os professores necessitariam de ajuda para superar as dificuldades que poderia causar a implantação de uma nova forma de ensino. Os organizadores do seminário observaram, durante sua realização, que os professores estavam entusiasmados e motivados para começar o projeto e muitos aspectos pareciam estar claros. Mas esperava-se que necessitassem de alguma assessoria durante o processo. Por isso, criou-se o *chat reflexivo*. A idéia era prever os possíveis temas em evidência e situações difíceis que o professor pudesse encontrar ao colocar os projetos em prática. A cada duas semanas, introduzia-se um contexto em que os professores pudessem apresentar os problemas que iam enfrentando e contar com o apoio de especialistas pedagógicos e de outros participantes do projeto, que poderiam estar enfrentando problemas similares. Desde o começo do processo, tanto no primeiro seminário como nos primeiros momentos da conversação reflexiva, os professores tiveram dificuldades para decidir em que categoria deviam incluir seus pensamentos. *"Nós temos dificuldades para entender o que são 'tipos de conhecimento'. Não entendemos o que significa; assim, não o podemos explicar aos estudantes."* Os novos tipos de conhecimento foram estabelecidos para dar apoio a esse tipo de construção de conhecimento colaborativo e também responder as críticas dos professores durante o primeiro seminário.

A conversação reflexiva ocorreu na área de construção do conhecimento de FLE3, durante uma semana a cada 15 dias, e cada seqüência ficava disponível para seguir trocando e comentando. Os temas escolhidos, a seguir resenhados, procuravam oferecer um fluxo contínuo consistente em: estabelecimento, desenvolvimento e reflexão, ao longo do projeto.

- Como colocar em prática o modelo de questionamento progressivo?
- Como introduzir os alunos no modelo de questionamento progressivo?
- Como obter conexões entre a comunidade escolar?
- Observação dos estudantes.
- Auto-observação.

Existem diferentes teorias para justificar a importância da conversação reflexiva. O construtivismo social desenvolvido por Vygotsky e a teoria de aprendizagem do construtivismo compartilhado ou comunitário, definida por Holmes e colaboradores (2001), apóiam a idéia de que os membros da comunidade procuram encontrar soluções para desafios e problemas comuns em sua experiência de forma colaborativa. Ao mesmo tempo, os participantes têm oportunidade de aprender sobre as diferenças entre as diferentes bases culturais. Por exemplo, a forma com que nossos professores decidem implantar estas perspectivas pedagógicas em seus projetos e como abordarão os possíveis confrontos com os paradigmas de ensino existentes. Neste sentido, comprovou-se que ambos os temas eram interessantes para os organizadores, devido à variedade de nacionalidades envolvidas.

Como era de se esperar, a comunicação melhorou com o primeiro *chat reflexivo, Desafios do ensino*, para explicar um desafio pedagógico enfrentado pelo professor; *Temas emergentes*, sobre o contexto mais amplo em que aparecem os problemas, e *Questões organizativas*, para que os professores expressassem suas idéias sobre formas de organizar seu trabalho. Também acrescentaram-se *comentários*, porque muitos professores reclamaram que não podiam fazê-lo sem ter de acrescentar *minha explicação* ou *notas científicas*.

A classificação preliminar de todos os participantes mostrou que a maioria se situava dentro de novos tipos de conhecimento. A categoria *comentários* tinha 22 entradas; *questões organizativas*, 18; *desafios de ensino e avaliação*, 7 cada um, e *temas emergentes*, 6. Uma análise mais detalhada permitia concluir que as categorias relativas aos tipos de conhecimento não foram utilizadas de forma correta e consistente. Em *comentários*, os professores introduziram um bom número de notas sobre sua dificuldade para aplicar os tipos de conhecimento, tanto nas conversações reflexivas como nas situações de aula com os estudantes. Em segundo lugar, muitos professores utilizavam *comentários*, mesmo que estivessem introduzindo uma avaliação de suas ações ou traçando um plano organizativo. Esta tendência continuou durante todo o período de conversações. Os organizadores se perguntaram se os professores não ficavam à vontade com o uso de outros tipos de entrada, por não estarem acostumados a pensar em *tipos*, ou se queriam apenas se comunicar e não estavam interessados neste tipo de reflexão.

Além disso, quando as contribuições foram classificadas de acordo com o sistema POETC descrito anteriormente, constatou-se que a maioria delas fazia referência a situações pedagógicas e a temas técnicos relacionados, sobretudo, ao funcionamento e a acessibilidade dos sistemas informáticos escolhidos (EUN Community[12] e FLE3), e não aos problemas reais de implementação que os professores podiam encontrar em aula. Algumas mensagens eram sobre as dimensões cultural/social a respeito das quais os professores trocavam opiniões.

Alguns também refletiam sobre a dimensão organizativa, sobretudo com relação às limitações impostas pela rigidez do horário ou currículo escolar. *"Aqui os estudantes têm mais de 10 disciplinas ao mesmo tempo, em geral durante apenas duas horas ou até mesmo uma por semana... É muito difícil para eles se concentrarem nas disciplinas, e os projetos, para eles, têm menor prioridade. Tenho minhas próprias idéias sobre como deveria ser uma escola ideal, mas não posso mudar o sistema, sabendo por experiências anteriores que nem sempre funcionará. O que me leva em frente são os contatos com colegas que também procuram novos caminhos."*

Muitas mensagens expressavam reflexões pessoais sobre a prática e a aprendizagem. *"Creio que meu conhecimento prático, minha habilidade para utilizar e adaptar a teoria construtivista e a aprendizagem baseada no questionamento se desenvolveu muito. Encontro o tempo todo novas formas de colocar em prática o método de questionamento progressivo... ."* Ou *"cada mensagem contém algo que me ajuda a seguir pensando"*.

Outro professor escrevia *"uma nova forma de ensinar é sempre uma nova forma de aprender, não só para meus alunos, mas para mim também. Uma das coisas que aprendi utilizando o método de questionamento progressivo é o quanto ele é motivador. Meus alunos sentem curiosidade sobre a possibilidade de aprender utilizando métodos diferentes dos tradicionais e eu me sinto entusiasmado porque esta forma de trabalhar me faz ficar mais atento a aspectos que não costumava considerar".*

Há muitas outras mensagens que refletem as experiências prazerosas dos professores com os estudantes, ao utilizarem as perspectivas pedagógicas propostas e colaborarem com colegas da escola e outras comunidades escolares: *"Se tivesse que usar apenas uma palavra para descrever a atitude de meus alunos, seria ENTUSIASMO, supremo entusiasmo".*

Outro professor assim descrevia o efeito em seus alunos: *"estão descobrindo a oportunidade de liderar sua própria aprendizagem e isto é muito importante para reforçar sua motivação para estudar... Aprecio muito a possibilidade de ofere-*

cer a meus alunos novas ferramentas para que construam seu conhecimento, mais que transmitir-lhes qualquer conhecimento".

Uma idéia fundamental na aprendizagem colaborativa e, em particular, nos cenários pedagógicos de OASIS, é a importância dada à comunicação e ao envolvimento ativo da comunidade local. Neste sentido, adquirem especial interesse as reflexões de muitos participantes de que, enquanto a comunidade local se mostrava educadamente interessada nos projetos das escolas, era difícil envolver as empresas de forma ativa: *"O desafio para mim é persuadir o pessoal de fora da escola a cooperar. Gostaria de estar em contato com especialistas externos em comunicação, porque este é o tema do meu trabalho, mas é mais difícil do que imaginava. Parecem estar muito ocupados, não têm tempo para falar, nem para atender aos estudantes".* Esta reflexão teve como resposta: *"Temos o mesmo problema com outros adultos, todo mundo com quem falamos do projeto dá força, mas ninguém tem tempo para participar dele".*

Não houve nenhuma mensagem diretamente relacionada com a dimensão econômica de POETC. Por exemplo, sobre o custo para a escola de um projeto deste tipo. Mas houve muitas contribuições indiretas sobre a quantidade de tempo que os participantes gastavam fora de suas horas de aula. A atividade dos participantes foi quase todo o tempo extracurricular, pois adotava os métodos e o uso de FLE3 em algumas turmas. Outros professores propuseram aos estudantes participarem voluntariamente nas pesquisas de campo aos sábados e se surpreenderam com a quantidade de alunos que participaram. Os fatores econômicos são difíceis de quantificar em termos concretos, mas devem contribuir para qualquer análise de custo total feita pela direção das instituições.

A dimensão cultural foi expressa em um bom número de mensagens em que os professores discutiam a cultura educativa de seus respectivos países e escolas. Muitos participantes tiveram experiências altamente positivas nas escolas, conseguindo envolver outros professores não apenas no projeto, mas também no contexto mais amplo do estudo piloto, utilizando as perspectivas de ensino e ambiente FLE3. *"Quando apresentei o projeto OASIS em minha escola, alguns colegas quiseram participar, observavam as reações dos alunos e ficavam impressionados. Inclusive o diretor participou de uma atividade extra-escolar".* Este professor continuava dizendo que membros da administração educativa local foram ver a aplicação de FLE3 na escola.

SÍNTESE E CONCLUSÕES DO ESTUDO-PILOTO

O uso do FLE3 nos proporcionou muitos comentários fascinantes por parte dos professores. Observamos que haviam utilizado o sistema para descrever, compartilhar, orientar, organizar, pensar e refletir sobre suas perspectivas de ensino e seu próprio desenvolvimento como professores.

O sistema FLE3 e suas perspectivas pedagógicas se sustentam, como apontamos anteriormente, em teorias colaborativas e construtivistas de aprendizagem. É interessante ressaltar que uma noção-chave do construtivismo compartilhado ou comunitário se baseia na aceitação da idéia da existência de uma sinergia entre os avanços mais recentes das TIC – que aumentam nossas possibilidades de comunicação – e o fato de que os aprendizes não apenas aprendem com outros (construtivismo social), mas também para outros (Holmes et al., 2001). Se examinarmos o que acontecia nas atividades descritas anteriormente, podemos observar um padrão emergente do grupo que não está simplesmente compartilhando seu conhecimento, nem apenas ensinando ou dizendo uns aos outros como deveriam ser as coisas, mas está ativamente envolvido na criação de novo conhecimento para benefício mútuo. Como destacava um professor, é o contato com os colegas *"que faz do OASIS um projeto importante para mim. Agora, estamos começando na minha escola um grupo de discussão com encontros regulares para falar sobre novas concepções a respeito da aprendizagem"*.

Outra questão básica é se o êxito desta perspectiva de aprendizagem se baseia, de alguma forma, no contexto cultural. Em um trabalho anterior (Gilleran, 2001), discutia-se a necessidade de criar uma cultura de colaboração na escola ou no ambiente de aprendizagem, enquanto Lakkala e colaboradores (2003) a descrevem como uma cultura de colaboração pedagógica. Se levamos em conta os comentários classificados como cultural/social no sistema POETC, e observações sobre como o currículo e o horário escolar podem impor uma barreira real à implementação destas perspectivas pedagógicas e o uso das TIC para favorecer a construção do conhecimento colaborativo na prática diária dos professores, é possível argumentar que a cultura, da escola ou da política educativa nacional, representa um papel significativo.

Alguns países europeus já perceberam esse fenômeno e introduziram essa linha de pensamento em seus planos nacionais estratégicos. O último plano nacional finês *Education, Training and Research in the Information Society. A national Strategy for 2000-2004* (Ministério Finês de Educação, 1999) orienta sua estratégia a reconfigurar a aprendizagem dentro e fora da escola. Uma perspectiva similar foi adotada na Suécia, onde o Plano Nacional destaca os aspectos sociais da aprendizagem. O desenvolvimento das habilidades e a prática com as TIC se realizam pela integração das visões socioculturais e construtivistas da aprendizagem no currículo da escola, dada a importância da aprendizagem em grupo e a consideração de que o conhecimento adquirido pelos diferentes indivíduos torna-se um ativo do grupo de trabalho. Ainda assim, participantes da Europa central e oriental reclamaram da falta de ajuda de seu ambiente educativo mais próximo. *"Como estava obcecado com o método, esperava encontrar outros interessados pelo menos entre meus próprios colegas. A reação deles foi que o método não pode dar conhecimento acadêmico e preferem o método que utilizam"*.[13] Deve-se considerar que o professor em questão é também o diretor da escola e poderia existir uma certa resistência por parte dos professores à imposição de um novo método.

É interessante notar que, entre os participantes, as barreiras técnicas não eram significativas e, sim, os desafios decorrentes de trabalhar com colegas e sistemas não-cooperativos e de lidar com fatores culturais e contextuais. Parece que os participantes admitiam que houve problemas com a metodologia, mas tinham mais dificuldade em admitir a existência de colegas que não queriam colaborar ou de estruturas rígidas de seus sistemas educacionais. Deste modo, deve-se continuar procurando novas formas de transformar as atitudes fechadas de educadores e sistemas educacionais, uma busca que pode ser resumida nas seguintes palavras de Ivan Illich (1970):

> A exploração atual de novas vias educativas tem que se tornar a busca de uma profunda mudança institucional: redes educativas que aumentam a possibilidade de que cada um transforme cada momento de sua vida em um momento de aprendizagem, de compartilhamento e cuidado. Esperamos contribuir com os conceitos de que necessitam os que executam este tipo de pesquisa educativa e também os que buscam alternativas para estabelecer outro tipo de serviço de aprendizagem.

PRÁTICA E TEORIA

Examinamos muitos aspectos da criação e desenvolvimento das comunidades de aprendizagem na ampla e instável fase em que se encontra a Europa. Tentamos dar coerência a um fato novo, o crescente número de professores, pesquisadores, formadores de professores, diretores e políticos que se esforçam para entender os processos de mudança que as novas tecnologias oferecem às perspectivas pedagógicas. Assim, devemos nos perguntar: como isso se relaciona com a teoria do construtivismo comunitário?

O princípio básico do construtivismo comunitário está fundamentado na convicção de que existe uma sinergia entre os mais recentes avanços da tecnologia da informação – que estão incrementando nosso potencial para a comunicação – e a convicção de que os aprendizes não apenas aprendem com outros (construtivismo social) como também para outros (Holmes et al., 2001). Como vimos, as atividades descritas neste capítulo permitem observar um padrão coletivo, já que os professores envolvidos não estão simplesmente compartilhando seu conhecimento, sua aprendizagem ou dizendo uns aos outros como deveriam ser as coisas, mas estão ativamente unidos para tentar criar um novo conhecimento para benefício de todos.

Tudo isto poderia acontecer em um ambiente não-técnico? A resposta é sim, mas de forma limitada. A base do construtivismo é compartilhar o conhecimento e as TIC fomentaram a difusão do conhecimento compartilhado. Isto conduz a dois conceitos difíceis na utilização das TIC na educação. Um é o conceito de inovação e o outro, o de constituição *de melhor prática*.

Se nos perguntamos o que significa o uso inovador das TIC no sentido educativo e pedagógico, no contexto europeu, a resposta é muito desigual, porque muita inovação é contextual, baseando-se na criatividade e imaginação dos professores para tirar o melhor proveito dos recursos disponíveis. Assim, uma escola que execute apenas um simples projeto de correio eletrônico em um país com recursos limitados – em termos de acesso à internet e disponibilidade de computadores – poderia ser tão inovadora como uma bem equipada, com banda larga, que participe de projetos que envolvam o uso de transmissões de vídeo e videoconferências. No mesmo sentido, o conceito de *melhor prática* também depende do contexto. Contudo, se construímos uma comunidade em que os professores compartilhem suas práticas, teremos a base da inovação e do crescimento comunitário.

CONCLUSÕES E REFLEXÕES FINAIS

As TIC são vistas por muitos como uma ferramenta ou sistema de ferramentas que permite a comunicação. Pode-se argumentar que sejam simplesmente uma ferramenta, pois representam uma via de interação e comunicação que não era possível até então. As TIC permitem a interação, a construção do conhecimento, a colaboração e a atividade social de formas inconcebíveis até então. Um dos aspectos mais interessantes das TIC é sua natureza *acultural*, pois não estão enraizadas em nenhuma cultura, mas podem ajudar a transmissão da cultura de maneira significativa (Guilleran, 2001).

Para Venezky e Davis (2001), as TIC atuam mais como *alavanca* do que como *catalisador* da inovação. As evidências apresentadas nos dois estudos considerados neste capítulo parecem reforçar esta conclusão. Em nossas entrevistas, encontramos educadores conscientes de seu papel, ansiosos por atualizarem seus conhecimentos e habilidades. Estes educadores encontram nas TIC uma *grande* ferramenta, mas também estão dispostos a experimentar novas formas de ensino, a discutir e refletir sobre os resultados. Sua utilização das TIC parte mais do entusiasmo do que da convicção dogmática sobre sua eficácia. Como já destacamos, os professores enfatizam a *normalidade* do uso das TIC ou o fato de que os alunos podem utilizá-las *normalmente*, todos os dias e em sua vida futura. Mais do que no currículo, os professores as vão incorporando em suas aulas.

NOTAS

1. Tradução do inglês feita por Juana María Sancho.
2. "Acreditamos que existe a necessidade de uma definição ampliada do construtivismo social que considere a sinergia entre os avanços mais recentes da tecnologia da informação... e os métodos de aprendizagem virtual... Nos inclinamos por um construtivismo comunitário em que estu-

dantes e professores não estejam simplesmente no desenvolvimento de sua própria informação, mas ativamente empenhados na criação de conhecimento que poderá beneficiar outros." (Holmes et al., 2001, p. 1).
3. http://www.eun.org
4. Extraído da abertura do relatório do congresso *Le@rning in the New Millenium*, em La Hulpe, Bruxelas, em março de 2002.
5. O *Vortal* é uma espécie de rede que se dirige a uma audiência específica.
6. O sistema POETC (*Pedagical, Organisational, Economic, Technical e Cultural/Social Dimensions* – Dimensões pedagógicas, organizativas, econômicas, técnicas e socioculturais) foi desenvolvido para utilização no projeto European Schoolnet Validation Network (VALNET) – Rede de Validação da Rede de Escolas Européias – com a finalidade de ser referência para as diferentes atividades de validação e divulgação. VALNET monitora os projetos da "Escola do Amanhã" do Programa das Tecnologias da Sociedade da Informação (IST) do 5º Programa Marco da Comissão Européia.
7. As respostas destes questionários, que podem ser lidos por função, tipo de escola e país, estão em: http://www.eun.org/kms/sites/ewatch/interviews_sectionReport.cfm
8. A maioria dos professores dos países da OCDE tem mais de 40 anos. No Canadá, Alemanha, Itália, Holanda e Suécia, mais de 60% dos professores do ensino fundamental têm mais de 40 anos. Ou seja: trabalharão pelo menos mais 10 anos e saíram das instituições de formação inicial há pelo menos 10 anos, antes da revolução da web. Deste modo, sua formação permanente é uma das maiores preocupações das medidas educativas nacionais.
9. Ver Eurydice *Basic indicators on the incorporation...* Relatório anual.
10. Para maiores informações acesse o site http://www.euro-cscl.org/site/itcole
11. Nome de um tipo de quebra-cabeças. No aspecto educativo, refere-se a um conjunto de atividades em que cada um dos membros se torna especialista em um aspecto do tema estudado; depois, todo o grupo conta a outros grupos o que sabe (N. de T.).
12. EUN Community: http://community.eun.org
13. Isto foi explicado por outro participante da seguinte maneira: *"durante muito tempo, o sistema educacional em R. se baseou em colocar toneladas de informações nas cabeças das crianças. A idéia era que, quanto mais informação possui, mais inteligente você é. Em conseqüência, terá mais chances na vida, um lugar melhor na hierarquia etc. Agora, o velho sistema de derramar informação nas cabeças parece a norma. Qualquer coisa que vá contra esta norma acadêmica de ensinar (o professor é o centro do universo, a lição, o conhecimento, tudo gravita em torno dele) está fora de questão".*

REFERÊNCIAS

BLAMIRE, R. *User Needs Report*. Informe no publicado del proyecto OASIS. WP 1.1, 2003.

DE CASTELL, S.; BRYSON, M.; JENSON, J. Object lessons: towards an educational theory of technology. *First Monday*, v.7, n.1, 2002. http://firstmonday.org/issues/issue7_1/castell/index.html.

CLARKE, C. ICT and Education: Policy Issues in the United Kingdom Context- Dissolving Boundaries – ICT and Learning in the Information Age – Chapter 2 – National Centre for Technology in Education. Dublin: Ireland, 2000.

eLearning2002. *Benchmarking- European Youth in The Digital Age. European Commission Working Document*. European Commission Directorate-General Information Society Directorate-General Education, Culture, Audiovisual. Brussels, 2001.

EUROPEAN SCHOOLNET. *eWatch report*, 2002. http://www.eun.org/goto.cfm?did=17801.

FINNISH MINISTRY OF EDUCATION. *Education, Training and Research in the Information Society: A National Strategy for 2000-2004*. Helsinki: Ministry of Education, 1999. http://www.minedu.fi/julkaisut/information/englishU/welcome.html.

FREEMAN, E.; HOLMES, B.; TANGNEY, B. ICTs for learning: an international perspective on the irish initiative. In: PRICE, J.; WILLIS, D.; DAVIS, N.; WILLIS, J. (Eds.). *Proceedings of SITE 2001 Society for Information Technology and Teacher Education*, Norfolk, VA: Association for the Advancement of Computing in Education, v. 2001, Issue. 1, p. 1269-1274, 2001.

GILLERAN, A.. Virtual bridges, links to the future: An Examination of the Impact of ICT as a Tool for Change. In: *A social and cultural context*. Dublin: Trinity College, 2001. http://agilleran.eun.org/.

HOLMES, B.; TANGNEY, B.; FITZ-GIBBONN, A.; SAVAGE, T.; MEHAN, S.. Communal Constructivism: Students constructing learning for as well as with others. Proceedings of the 12th International Conference of the Society for Information Technology & Teacher Education (SITE 2001). Charlottesville, VA Charlottesville, VA: Association for the Advancement of Computing in Education, 2001.

ILLICH, I. *Deschooling society*. New York, NY: Harper & Row, 1970.

ITIS. Swedish National Action programme for ICT in Schools: 1999-2001. Stockholm: Ministry of Education and Science Delegation for ICT in Schools, 2000. http://www.itis.gov.se/english/ITiSEng.pdf.

LAKKALA, M.; ILOMÄKI, L.; VEERMANS, M.; PAAVOLA, S. *Using LOs in advanced pedagogical practice*. A working paper for the European Commission, CELEBRATE Project, IST-2001-35188, delivered October 2003. Disponible en la red, 2003.

LEASK, M.; YOUNIE, S. Communal Constructivist Theory: information and communications technology pedagogy and internationalisation of the curriculum. *Journal of Information Technology for Teacher Education,* v.10/1&2, p.117-134, 2001.

LOCKEFEER, W. *Online learning – a study.* University of delft – Netherlands, 2001. Tesis doctoral no publicada.

MAVRIDIS, L.N. How are VLE's Being Implemented in Terms of Cross Cultural Issues? Discussion paper published on the IVETTE project website, 2001. Available at < http://xiram.doe.d5.ub.es/ivette/How1.htm.

OECD. *Education at a glance: OECD indicators.* Paris: OECD, 2001.

SCRIMSHAW, P. Communal Constructivist Theory: a response to Leask & Younie. *Journal of Information Technology for Teacher Education.* v.10/1&2, p.135-142, 2001.

_____. *The Now Report Futures in practice,* 2002. http://www.eun.org/eun.org2/eun/en/Insight_Policy/content.cfm?ov=19126&lang=e.

VAN DEN BRANDEN; LAMBERT. Cultural Issues related to transnational Open and Distance Learning: A European Problem? *British Journal of Educational Technology,* v.30/3, p.251-260, 1999.

VENEZKY, R.L. *Assessment of ICT concepts and skills: Summary and recommendations for PISA.* Unpublished report. University of Delaware, 2001

VENEZKY, R.L.; DAVIS, C. Quo vademus?: The transformation of schooling in a networked world, Paris (Versión 8c, 6 de marzo de 2002). In: OECD/CERI *Information and Communication Technology: Case studies,* 2001. http://www.oecd.org/pdf/M00027000/M00027107.pdf.

WARSCHAUER, M. Demystifying the Digital Divide. *Scientific American,* 2003. http://www.sciam.com.

WIJNGAARDS, G. 'Internationalisation of the Curriculum: The Role of the European Schoolnet', *Shifting Perspectives The Changing Role and Position of Open and Distance Learning in School Level Education.* Proceedings of the EDEN Third Open Classroom, 1999.

WOOD, D. *The Think Project.* Informe disponible en European Schoolnet, rue de Treves 61, B-1040 Bélgica, 2002.

A Organização das Escolas e os Reflexos da Rede Digital

Ángel San Martín

A questão, portanto, não é adjacente, mas pertence à essência da técnica e esta não entendemos, se nos contentamos em confirmar que economiza energia e não nos perguntamos em que se emprega este tempo livre (Ortega y Gasset, 1995).

A INVISIBILIDADE DAS TECNOLOGIAS

Há meses, em uma mesa-redonda organizada por um dos *velhos* Centros de Professores, manifestei meu ponto de vista a respeito das transformações que as TIC geravam na organização e funcionamento das escolas. Ao terminar, um colega, em tom irônico e não sem um certo ar de verdade inquestionável, comentou: "Vocês, apocalípticos, vêem sempre o copo meio vazio. Não é tanto assim. Estamos terminando um relatório de uma pesquisa sobre o impacto das TIC na estrutura das escolas de ensino fundamental de nossa comunidade e encontramos mudanças mínimas na organização. É como se as TIC estivessem abandonadas nos depósitos das escolas". Antes que eu pudesse responder, rebateu outra de minhas afirmações: "Antes, Santillana ganhava dinheiro com os livros-texto e agora faz negócio com a formação à distância. Não acredito que haja muita diferença". Esta era a idéia central manifestada por meu interlocutor, mesmo que com outras palavras.

O centro do comentário me parece tão importante que tentaremos abordá-lo ao longo de todo o texto que segue. Deixaremos de lado o recurso fácil em que se transformou a dicotomia assinalada há várias décadas por Umberto Eco, e que nem mesmo ele assinaria agora. Não conheço nem as intenções nem os resultados desta pesquisa a que se refere o professor; tampouco vou deter-me a comentar a solidez dela como aval da rotunda afirmação esgrimida. O que nos interessa discutir é porque não se encontram mudanças nas organizações, apesar da presença de tecnologias diferentes. Estarão falhando os esquemas conceituais com que nos aproximamos dessa realidade? É possível que se tire de foco de tal forma a presença dessas tecnologias a ponto de subestimar a constituição organizativa das escolas?

Como é próprio das últimas grandes ondas de TIC, sua *instalação* em nossas vidas e organizações acontece sob formas ergonômicas e muito amigáveis, mesmo que seu impacto não seja inferior ao das ferrovias, cujos modos de implantação foram pouco amigáveis. A partir deste pressuposto, pensemos que, nas escolas, estão sendo instaladas as TIC, tanto com sua presença material quanto com seu *modus operandi*, de modo apenas perceptível, quase invisível, como ressalta Lama (2000).[1] Neste sentido, as escolas não escapam da tendência de mudança que vivem as demais organizações sociais. Muito se poderia discutir sobre o enorme tempo que levam para se incorporarem às escolas, se comparamos com as instituições financeiras, em que estas mudanças foram rapidíssimas. De qualquer modo, há indícios suficientes para afirmar que a presença da última geração de tecnologias está introduzindo importantes mudanças na organização e no funcionamento cotidiano das escolas, mesmo que as evidências disso não sejam notadas.

Se aceitamos estas afirmações como ponto de partida, então a questão a dirimir é em que dimensões e com que magnitude essas mudanças afetam as organizações escolares e a que modelo de sociedade conduzem. É óbvio que o resultado desta discussão depende em alto grau dos conceitos que se manipulam sobre o ensino e a organização que o oferece, assim como do enfoque metodológico com que nos aproximamos da realidade que os configura. Desvendar estas questões não é tarefa fácil, mas torna-se imprescindível para enfocar adequadamente a análise das implicações que a presença das TIC têm para a organização. Uma idéia do confuso terreno em que nos encontramos pode ser percebida a seguir:

a) Há muitos dados estatísticos, de referência local, nacional e internacional, que reconhecem o bom equipamento tecnológico das escolas escolares das sociedades mais desenvolvidas. Essas mesmas fontes estatísticas manifestam que, paradoxalmente, os professores dessas escolas, salvo exceções, utilizam muito pouco o equipamento, pelo menos nas tarefas especificamente docentes.[2] O esmero técnico com que é realizada a maioria destes trabalhos de campo é incontestável; menos claros são os projetos de economia política em que se inserem e os propósitos a que serve a proliferação de trabalhos desta natureza.

b) Alenta-se, de forma mais ou menos aberta, a desconfiança com o modelo de escola conhecido. Numerosos ensaios e trabalhos estatísticos manifestam a enorme ineficiência das escolas no cumprimento de seu compromisso fundamental: educar e formar cidadãos. Mais concretamente, fracassam no empenho de dar a esses cidadãos a formação que *demanda* a sociedade atual, como se essas demandas fossem unívocas para todos os agentes sociais. A escola mantém estruturas tão rígidas que não apenas assimila as TIC com dificuldade como sequer cumpre a missão de ensinar leitura, escrita ou ciências e muito menos conhecimentos instrumentais como a informática ou a segunda língua (é o que indicam sucessivos relatórios do PISA).

c) Enquanto essas ineficiências são quantificadas e teorizadas, os estrategistas da economia informacional, com a cumplicidade e o apoio das políticas das instituições públicas, propõem meios e recursos para a formação a distância, afastada, portanto, da instituição escolar[3]. Tudo isso embalado em fortes campanhas publicitárias que tornaram *necessidade natural aprender ao longo da vida*. Qual ser humano, tendo a condição, deixou de aprender algo em cada um dos seus dias? Por acaso o ser humano não refrescava a garganta antes da Coca-Cola? Na verdade, o que está em jogo é o modelo de educação, pois todos os indícios apontam para o fato de o oferecido pela escola não responder às necessidades atuais de nossa sociedade.

d) A passagem de uma escola relativamente bem-equipada, mas que não utiliza as TIC, manifestando assim um grau de ineficiência, para um ensino baseado nessas tecnologias é apenas questão de tempo. A oferta de pós-graduações *on-line* cresce vertiginosamente, as recomendações da *Carta de Bolonha* a propósito da criação do Espaço Europeu de Educação Superior exigem que a formação possa ser feita mediante sistemas abertos e a distância, o bacharelado à distância com o apoio das TIC está implantado em muitos países. É muito pouco provável que as etapas de escolarização obrigatória *migrem* para plataformas eletrônicas, simplesmente serão oferecidos *sites de internet* e oficinas de *alfabetização digital*. Mas isto não é relevante nesse momento, a não ser que a médio ou longo prazo a estratégia ativada seja a de instalar as TIC no que poderíamos chamar de *núcleo duro* das organizações escolares.

e) No ideário *neocon*, o planejamento é muito claro, sem eufemismos: "Adaptar-se à nova tecnologia ou desaparecer: isto é o que farão em grande velocidade milhares de empresas nos cinco continentes".[4] A instituição escolar não está fora disso; portanto, deve absorver as tecnologias como ferramentas de trabalho. O problema é que essa operação não é inócua, mas induz a uma mutação na instituição e, com ela, a uma mudança nos objetivos fundacionais da escola, cujo modelo organizativo avança para o que alguns sociólogos chamam de *mcdonalização*. Mudanças que começam a ser detectadas nas condições de trabalho de professores e estudantes, nas assincronias de direções de escolas, na imposição gerencialista para desativar a dimensão política (liberdade, participação, cidadania, eqüidade, etc.) do fato educativo, na disparidade dos referentes culturais com que se identificam os agentes escolares, alguns dos quais mais pertinentes que outros para reforçar o sentimento de inclusão na sociedade do conhecimento.

Estas cinco considerações apontam que a presença das TIC remove a estrutura profunda assim como as hipóteses culturais da organização das escolas por meio de processos muito sutis. Não podemos, portanto, acreditar cegamente nas aparências, como pode ter acontecido com meu interlocutor na mesa-redonda sobre a qual falei; é preciso extraí-las dos discursos e práticas que cercam a relação das tecnologias com as organizações. De qualquer modo, antes de nós, autores como Gros (2000) fizeram alusão ao fenômeno da *invisibilidade* das tecnologias circunstância que se alcançaria quando a cultura escolar se apropriasse do computador. Para Norman (2000), esse seria o estado em que a informática estaria perfeitamente adaptada ao desenvolvimento do ser humano. Enquanto dizemos aqui que as TIC são invisíveis, uma vez que não captamos o modelo social e cultural em que se inserem, modificando os princípios das instituições. Portanto, tampouco se trata de negar o *valor de uso* das TIC, mas de articular um projeto sobre a educação da cidadania em que se conjuguem os interesses e as aspirações dos agentes escolares com os usos políticos, econômicos e culturais de tais tecnologias. Esse projeto é possível e para sua execução devem contribuir as sucessivas gerações das tecnologias, como o trabalho a ser realizado nas escolas para adaptar a organização sem renunciar a suas dimensões mais criativas.

O COMPUTADOR COMO METÁFORA ORGANIZATIVA PARA A ESCOLA

O recurso à metáfora é usual em nossa comunicação cotidiana. Cumpre uma função ideológica no discurso e também contribui para facilitar a compreensão do que se pretende comunicar. Mas, como as metáforas não são inocentes, sempre trazem algo mais do que se quer transmitir, como acontece com os termos *processador* ou *rede*, aplicados à sociedade de nossos dias. Entendemos que em muitas ocasiões se fala do "processador" neste sentido, justamente porque é considerado hoje "a máquina da modernidade" (Lucas, 2000, p. 67 e ss.). Este artefato se torna assim um significante *identitário* comprometido com a universalização de determinadas formas de trabalho que chocam o bairrismo habitual dos modos de trabalho escolar. A convergência do processador com as telecomunicações, junto a outras tecnologias como a da microeletrônica ou a de novos materiais, torna possível que as práticas, além de *informacionais*, tenham muitos elementos comuns independentemente do espaço físico em que se realizam. Devido à presença intensiva das TIC nos diferentes ambientes sociais é atribuída a elas a responsabilidade pelas mudanças que acontecem nas relações sociais, produtivas e comerciais, assim como nas culturais e científicas.

Outro termo de muita utilização é rede, que faz com que se fale com naturalidade em *sociedade rede, organização em rede* ou *redes de aprendizagem*. Para nós, a metáfora tem duplo sentido. A partir da teoria da dependência que as organizações mantêm dos recursos de seu ambiente (recursos escassos como os materiais, as tecnologias, a informação, os conhecimentos, as pessoas, etc.) e da teoria do intercâmbio entre organizações, o termo rede é muito apropriado para se referir à trama de relações estabelecidas entre as organizações para se manter com os recursos necessários à sua subsistência (Coller e Garvía, 2004, p. 48 e ss.). Por outro lado, a estrutura interna das organizações se explica também como uma retícula de relações vinculantes entre os diferentes pontos ou nós que constituem a organização. De modo que, a partir da teoria das redes, explicam-se as organizações, especialmente quando operam com as TIC, como redes de relações com diferentes rumos e intensidades, governadas pelo princípio do benefício; do contrário, a relação entre dois ou mais nós desapareceria ou seria muito fraca.

A teoria de redes se aplica, com maior ou menor êxito, a campos tão diferentes como o econômico, cultural, organizativo, sociológico ou lingüístico (Blanco, 2000, p. 117). O que nos interessa aqui é destacar que, quando um ou vários dos nós da organização cabe a processadores e, além disso, a relação/intercâmbio se realiza mediante algum sistema de telecomunicação, constituindo uma rede, então a natureza da organização muda e passa a ser uma organização *ligeira*, *pós-burocrática* ou *ciberorganização*. A trama de relações eletrônicas que se tecem pelas TIC gera modalidades organizativas em cuja configuração seus membros pouco têm que contribuir, já que se incrementa o controle sobre as trocas. Tais ambientes são definidos de maneira que o papel dos atores não passa de meros usuários, circunstância que contrasta com as organizações tradicionais. Sobre este particular, Donath (2003, p. 87) é bem claro:

> Os arquitetos do espaço virtual – dos *webdesigner* aos administradores de páginas – dão forma à comunidade mais profundamente do que seus homólogos no mundo real. As pessoas comem, dormem e trabalham em edifícios em que se desenvolvem essas atividades. Mas os edifícios não controlam completamente sua percepção do mundo. No domínio eletrônico, a criação do ambiente é tudo.

Constituem-se, assim, espaços de atuação cujos parâmetros organizativos são bastante diferentes dos burocráticos, que regem instituições como a escolar. Os princípios em que se fundamentam referem-se à democracia, participação, flexibilidade ou horizontalidade frente à hierarquia e rigidez das organizações clássicas. Quem estuda as organizações constituídas em torno das TIC usa argumentos que contradizem aquelas atribuições. Nesse sentido, Reid (2003, p. 165) afirma que a liberdade no ciberespaço é uma fantasia cada vez mais distante do funcionamento real dessas organizações, pois suas estruturas "se baseiam no controle das capacidades dos usuários em manipular os elementos do ambiente virtual. Os que o possuem são os que podem controlar a forma do mundo virtual criado pelo sistema. Os que não as têm são os que não podem". De modo que esses ambientes tecnológicos também excluem, ativam novas estratégias de diferenciação social, segregam e impõem uma lógica eficientista, além de possuir mecanismos de controle muito sutis (tanto que não se fala de *auto-exclusão*), ao redefinir as noções de tempo e espaço em termos de representação. Estes novos ambientes modificam o modo de *produzir/distribuir* o ensino e a aprendizagem, orientando-o para um tipo de organização qualificada como *mcdonalização*, processo semelhante ao que está acontecendo em muitos outros ambientes, antes, públicos e agora, privados.

O problema da *mcdonalização* da educação não é tanto o da uniformidade dos estilos de vida propagados (isto seria determinismo tecnológico, coisa em que não acreditamos), como a constituição de um modo peculiar de produção da educação. Isto significa que a questão fundamental não são os conteúdos, mas as disposições organizativas que os geram e servem ao cliente. Há, portanto, uma volta aos princípios de racionalidade científica na organização da produção para aumentar sua eficácia (Ford, Taylor, Weber, etc.), argumento sacralizado agora pelo neoliberalismo. De fato, os quatro princípios que regem a *mcdonalização* na sociedade atual são eficácia, cálculo, previsibilidade e controle, mas, apesar de seu aparente rigor, não evitam "a irracionalidade da racionalização" (Ritzer, 1996, p. 152). Com a sua aplicação, o que se pretende é criar uma homogeneidade dos ambientes a que têm acesso os cidadãos, instrumentalizados no processo, a fim de diluir suas circunstâncias desfavoráveis, sejam trabalhadores ou clientes. Tudo está minuciosamente seqüencializado e ajustado para que o processo funcione mecanicamente, sem espaço para improvisação, o que às vezes permite um exaustivo controle centralizado de cada seqüência de tarefas. Mesmo que a produção se realize em espaços fisicamente distantes, o controle é sempre central graças às prestações hoje oferecidas pelas TIC. Os "novos conceitos de produção" de bens e serviços, segundo Zurla (2001, p. 162) ainda terão grande desenvolvimento graças à aplicação intensiva das tecnologias informáticas, ao incrementar "as possibilidades das soluções organizativas e operativas" dos processos produtivos.

Assim, o enorme potencial semântico de metáforas como as citadas (processador e rede) permitem não apenas explicar uma realidade tão complexa como as organizações, mas também ajudam na aceitação das implicações inerentes a elas. Seria o caso de como se redefinem as instâncias e as estratégias de controle, a natureza das relações internas e externas da organização, a paradoxal eficiência produtiva da fragmentação e o deslocamento dos processos produtivos ou a mudança no próprio conceito de trabalho. Como destaca Naredo (2001, p. 20), os trabalhadores de *colarinho branco* foram mudando "diante das necessidades que impunha o manejo informatizado da gestão e finanças e empenhando cada vez mais esforços na chamada 'luta pela competitividade'". O trabalho já não se orienta, como no passado, pela *produção* de riqueza, mas pela *aquisição* dela, fundamentalmente por meio de estratégias que agreguem valor, o que acentuou a hierarquia e a dominação dentro das organizações. Essa substituição de um modelo por outro também se observa no âmbito das escolas, com implicações que transcendem a eficiência a que se aspira. No modelo de gestão empresarial adotado, "não há lugar para as organizações profissionais que carregam consigo, potencialmente, debates contraditórios e divergências de interesses" (Laval, 2004, p. 335). Segundo este mesmo autor, depois de 1968 não houve nenhum progresso democrático no campo da consulta, da representação e do poder de deliberação dos professores.

A MUDANÇA INDUZIDA NA ORGANIZAÇÃO DAS ESCOLAS

A incerteza sobre o ensino e as instituições não é alheia ao que ocorre em volta. Tezanos (2004, p. 49) afirma que a revolução tecnológica pode ser considerada "a terceira grande transformação global na história da humanidade". Sucede a *industrial* que, por sua vez, sucedeu a *neolítica*. Dão-se muitos nomes à sociedade que busca a revolução emergente, mas são todos provisórios, porque os dados e indícios apontam que ainda estamos no início dessa revolução. As evidências são de que a ciência e a tecnologia desempenham papel fundamental nesta sociedade. O enorme potencial deste binômio leva a pensar que, quando se denomina a sociedade de pós-industrial, do ócio, informacional, tecnotrônica, digital e até do conhecimento, de algum modo se nomeia o todo pela parte. As inovações da ciência da tecnologia geram mudanças importantes em múltiplos planos e diferentes escalas, tanto na vida individual como na coletiva. Neste sentido, Tezanos (2004, p. 78) sustenta que: ... "se trata de uma cadeia de mudanças que está transformando as empresas, modificando a própria noção do trabalho humano, alterando os papéis sociais básicos, definindo novos marcos de possibilidades e oportunidades vitais, está determinando novas regras e funções econômicas... em suma, está conduzindo a um novo paradigma social".

As escolas enquanto organizações sociais não ficam alheias a esse clima exterior tão receptivo às últimas tecnologias da informação, o que, segundo as teorias institucionalizadas, não deixa de ser uma variante do que se denomina *isomorfismo institucional*. Esta tendência que, como enfatizam em sua revisão Coller e Garvía (2004, p. 79), "não é o resultado da busca de eficiência pelas organizações, mas a tentativa de ganhar legitimidade no campo organizativo". Em outras palavras, que credibilidade e confiança pode suscitar uma organização que não opera com sistemas informáticos? Observação perfeitamente cabível em instituições escolares. O que nos interessa analisar aqui é como esse isomorfismo acontece nas escolas durante o processo de incorporação das TIC. Resumimos nosso pensamento no esquema da Figura 5.1, com o qual podemos visualizar como as tecnologias apoiadas no plano político e aceitas acriticamente pelo micropolítico induzem/facilitam mudanças na estrutura e na cultura da organização das escolas.

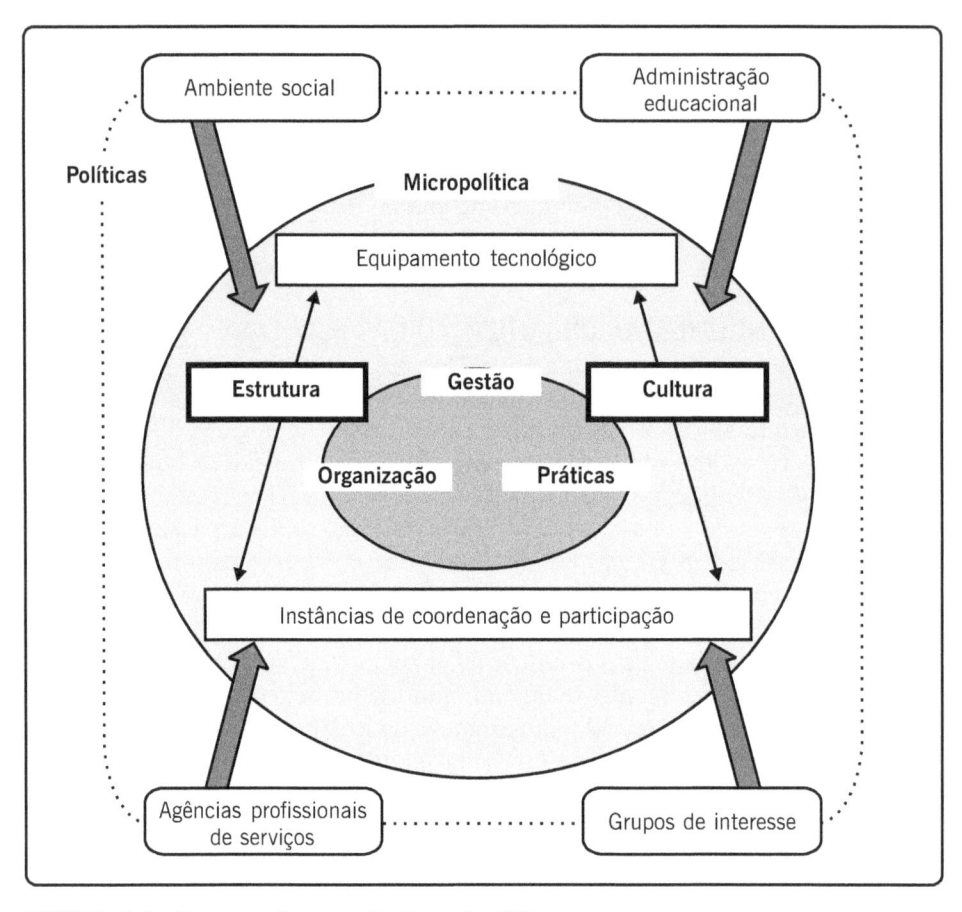

FIGURA 5.1 Repercussões organizativas das TIC.

ECONOMIA POLÍTICA DAS TIC NAS ESCOLAS

A primeira questão a ressaltar é que a presença das TIC nas escolas não responde, em grande medida, ao estabelecimento de políticas orientadas pelo interesse público, tampouco a um propósito explícito de melhorar o ensino e a aprendizagem escolares. Neste sentido, preferimos enfocar do ponto de vista da economia política a análise do sinuoso itinerário seguido pelas TIC até se instalarem nas escolas. Esse itinerário comporta interesses econômicos, ideológicos, políticos e educacionais (entendida a educação conforme os novos parâmetros, como a aquisição de capacidades). Tudo isso é sintetizado na Figura 5.1 pelos quatro pontos exteriores, cada um dos quais mereceria um desenvolvimento monográfico, o que não acontece neste trabalho.

a) **Ambiente social** – É indiscutível que, a partir deste contexto, se pressiona a instituição escolar para que preste mais atenção às TIC. Não se vislumbra com clareza a motivação da demanda – talvez porque cada agente a veja de uma forma – nem que orientação deve adotar o trabalho nas salas de aula. As pesquisas mostram que interessa aos pais que seus filhos tenham domínio das tecnologias, mas isso não parece suficiente (Pérez-Díaz et al., 2001). Por outro lado, esse ambiente acostumado ao uso de diversas TIC é o que freqüenta diariamente as salas de aula, tanto pelos alunos como pelos professores.[5] Todos levam para a escola suas experiências e habilidades, dedicando parte do tempo a lidar com artefatos, como atividade escolar ou lazer, no pátio e corredores (caso do telefone celular e dos *palmtops*). Mesmo que estas *aprendizagens extra-escolares* não estejam presentes nas aulas, o simples fato de saber que isso está ali de algum modo convida todos a contar com ele. Outro problema muito diferente e, sem dúvida, importante, é a valorização ética e cultural pelos diferentes agentes escolares dos conteúdos e práticas fomentadas por essas tecnologias.

b) **Administração educacional** – As instâncias políticas, sensíveis ao que demanda a sociedade, promovem iniciativas para que essa aspiração social tenha reflexo nas aulas. Assim, as diferentes administrações (européia, central, autônoma e local) traduzem essas iniciativas em planos e projetos concretos pelos quais é facilitado o trabalho pedagógico com as TIC nas escolas. É o caso do plano *eEuropa*, do extinto *Plan Info XXI* e agora *todos.es* (estatal), *Infocole* (Comunidade Valenciana e as demais têm outros semelhantes) ou *Infoville* em algumas cidades espanholas. Conforme a *Comissão Soto* a respeito de *Info XXI*, os resultados concretos destas iniciativas macro são muito discretos especialmente, se consideramos os recursos investidos, muito mais em sua projeção educativa que não costumam passar de gastos em equipamentos para as escolas, abrindo as portas aos agentes econômicos do setor, como veremos a seguir.[6] Apesar de tudo, as diferentes administrações continuam colocando na internet portais que se propõem a *aproximar a administração dos cidadãos* ou facilitar o acesso ao conhecimento aos *diferentes setores da sociedade*, conforme pode ser visto no site do Governo Basco www.hiru.com.

c) **Agências profissionais de serviços** – O funcionamento cotidiano das escolas requer cada vez mais apoios externos, não só pela tendência privatizadora, mas por exigência das tecnologias utilizadas. Neste sentido, cabe destacar que as TIC digitais, diferentemente das analógicas, criam maior dependência da assistência técnica especializada. São cada vez mais fáceis de usar, mas o pleno funcionamento passa exclusivamente pelas mãos dos *experts* (qualquer um troca a lâmpada de um retroprojetor, mas é diferente com um aparelho mais sofisticado). Essas agências, portanto, projetam-se sobre a escola com bastante força sob formas de relação muito diversas: dotação de equipamento, desenvolvimento/venda de usos informáticos específicos, manutenção, formação para o uso, operadores de telecomunicações, etc.

d) **Grupos de interesse** – Como assinala Laval (2004, p. 154), o "êxito da ideologia neoliberal pode ser muito bem observado na identidade traçada entre a reforma da escola e sua transformação em mercado ou quase mercado". Para ele, a "mercantilização da educação" se apresenta em duas frentes: quando a empresa ocupa o espaço escolar para fazer publicidade de seus produtos ou vende diretamente (por exemplo, a variedade de concursos "escolares" patrocinados por empresas privadas como Telefônica, Endesa ou Grupo Prisa e seu prêmio ao melhor desenho digital de um jornal feito por estudantes do ensino médio[7]) e, em segundo lugar, quando as escolas se tornam produtores de mercadorias ou a educação se converte em produto de mercado. Esses grupos de interesse não são constituídos apenas por empresas, mas também por fundações, associações culturais ou ONGs que, com argumentos mais ou menos filantrópicos, também fazem negócios, como o projeto imprensa-escola, convênio entre a administração escolar e a Associação de Editores de Jornais.

A propósito dos itens C e D queremos ressaltar que os diferentes serviços prestados às escolas encarnam uma nova forma de produzir e distribuir o conhecimento. É uma forma incipiente de *externalizar* determinados fragmentos desse todo que seria a educação/formação dos cidadãos como se entendia. Claro que não é um fenômeno novo, pois antes a escola também contava com a *colaboração* da família, da igreja ou da associação de moradores. A novidade é que essa dependência se intensifica e estende e, além disso, o desejo de lucro dos agentes que prestam tais apoios externos é parte de sua razão de ser. Por outro lado, a vinculação mais ou menos coordenada entre a escola e esses agentes configura uma estrutura em rede, uma retícula em que distintos nós, mesmo sem compartilhar interesses, trocam bens e serviços (informações, conhecimentos, habilidades técnicas) e, além disso, estabelecem-se novas regras para ajustar o fluxo de relações.

As TIC na micropolítica das escolas

É preciso diferenciar com clareza uma questão prévia: apesar do intensivo processo de *convergência tecnológica*, temos de admitir que o impacto das TIC sobre a organização escolar se deve à geração em que se inscreve cada tecnologia. Mesmo admitindo a excessiva simplificação, estabelecemos uma divisão entre as tecnologias *analógicas* (cinema, diapositivo, aparelho de som, televisão, vídeo) e as *digitais* (CD, DVD, informática e telecomunicações; ou seja, computador e internet). As primeiras eram facilmente utilizáveis. Vejamos o caso do som ou da TV: eram *colocados* em aulas multiuso para funcionar com critérios parecidos com os demais recursos didáticos ou com os do uso do laboratório de ciências. Mas não é assim com as tecnologias digitais porque, qualitativamente, são tão distintas que elas mesmas absorvem parte da organização em que se incorporam, como veremos adiante.[8] O vídeo ou o computador podem ser usados em aula ou não, a diferença é que o primeiro não oferece muitas alternativas, enquanto as possibilidades do computador superam a função didática, como demonstram várias linhas de pesquisa. É a isso que nos dedicaremos.

As escolas são dotadas de computadores e acesso à internet. Não trataremos aqui da quantidade e qualidade desses equipamentos, muito menos dos procedimentos para obter esta dotação.[9] O equipamento pode chegar de forma progressiva ou simultânea, se a escola é nova, pode destinar-se à secretaria, à sala de informática, à biblioteca, à sala de professores ou a um corredor. Uma ou outra decisão organizativa depende de tantos fatores que, em cada escola, isso é resolvido de um jeito, nunca agrada a todos, mas é o que se pode fazer. Neste aspecto, não se observa grande diferença a respeito do que chamamos de tecnologias analógicas, tampouco em como é difícil aplicar controle administrativo às TIC, e tudo isso contribui para tornar ambíguo o reflexo no projeto educativo ou nos regulamentos. O interessante é quando as máquinas começam a funcionar e, apesar das críticas, na imensa maioria das escolas funcionam muitas horas, durante a jornada escolar. A pergunta é: O que se faz com os computadores durante esse tempo?

Segundo muitos estudos, esse equipamento é pouco usado em atividades de ensino, quase nada em atividades lúdicas (*chats*, jogos eletrônicos, etc.), entre outras razões o servidor é bloqueado a respeito dessas possibilidades. Assim, o maior uso está na execução de tarefas de *gestão*, procedimentos quase executivos (assim o determina a lógica binária das ferramentas utilizadas) que se impõem sobre os dilemas organizativos e os das práticas institucionais (ver Figura 5.1). Nessa categoria, incluem-se tarefas variadas como a gestão da jornada dos alunos, controle do horário dos professores, arquivo e empréstimos da biblioteca, contabilidade da escola, complementação do plano geral de atividades (PGA), correio eletrônico, manutenção da web institucional, participação em foros, trâmites administrativos, etc. Muitas destas tarefas se realizam em rede, seja em comunicação com a administração autônoma, a local ou com o intercâmbio com outras escolas.[10] A realização dessas tarefas com tecnologias digitais, sem dúvida mais eficientes do que as velhas práticas burocráticas, não é tão inócua como a princípio podia parecer, pelo menos do ponto de vista organizativo que é o que nos interessa. Avaliando esta afirmação, fazemos as seguintes observações:

a) O primeiro que se transforma é essa entidade objetiva e localizável que identificamos como escola. Segundo Tyler (1991), o mais peculiar das escolas é que são unidades administrativas com uma superficialidade espacial e temporal. Hoje, tais componentes são redefinidos em virtude de como são recriados pelas TIC, adquirindo um perfil de novidade.[11] Em sintonia com este ponto de vista e de uma perspectiva histórica, Escolano (2000, p. 41) adverte que as "novas relações entre tempo, espaço e vida emergem na sociedade em rede e provavelmente afetarão os sistemas escolares, até agora pautados conforme as regras que reduziam a duração e os lugares da ordem acadêmica a ritmos uniformemente controlados e a espaços de geometria rígida e estável". As coordenadas espaciais e temporais do escolar se diluem, deslocam-se, pois os agentes dessa organização podem atuar como tais além dos tempos e espaços estritamente escolares. Circunstância que configura, entre muitos outros, o problema de como delimitar o âmbito de aplicação das normas com que se dota a própria instituição.

b) Quando se situam as tecnologias eletrônicas no *núcleo duro* das organizações, inclusive das escolas, elas submetem à sua lógica de processamento os procedimentos de gestão, transformando-os em diligências *limpas* das cumplicidades organizativas. Quantas vezes nos disseram ou nós mesmos pensamos que a *aplicação informática não o permite*? Ou seja: se as organizações não são mais do que teias de relações mais ou menos estruturadas e muitas delas negociadas em cada situação (Beltrán e San Martín, 2000, p. 43), acabam reduzidas à sua expressão mais formal. Não cabe a negociação, mas a execução. Talvez por isso a rede, como metáfora, seja bastante explicativa da configuração das organizações baseadas nas TIC. Não são necessários muitos postos intermediários (permanece a hierarquia, mas diminui a altura da pirâmide) e, além disso, dissipam a possibilidade do conflito entre os agentes da relação que passam a ser elementos de um traço e não tanto agentes ativos no marco de uma estrutura.

Para nós, o fenômeno mais importante que se produz no núcleo das organizações é que, quando as TIC se instalam em seu interior, as relações de poder entre os agentes se transformam em relações de informação. De algum modo, a estrutura nas organizações representava os fluxos e conflitos entre essas relações de poder que seguia a cultura própria de cada organização. Quando as TIC mediam essas relações, simplifica-se a estrutura, ao mesmo tempo em que a cultura se enriquece com os novos princípios e sistemas axiológicos inerentes às ferramentas utilizadas. Com isso, o âmbito de decisão autônoma no que se refere à organização, práticas e gestão se reduz consideravelmente. Dessas relações, que agora são de informação, passa a tratar uma área em expansão, a *gestão do conhecimento*, cujo objetivo é *gerar vantagens competitivas* nas organizações (Serradell e Pérez, 2003). Deste ponto de vista, e com o apoio das TIC, implanta-se a chamada Nova Gestão Pública, cuja generalização quase ninguém questiona, apesar da cultura tecnocrática que fomenta em detrimento da democrática e dos sintomas de ineficiência detectados nas organizações em que é aplicada (Ramió, 2005).[12]

c) Durante décadas, lutou-se social e politicamente para ganhar cotas de autonomia para as escolas. De repente, tudo ficou relegado a um discreto segundo plano, quando não foi desqualificado, como vestígio do passado. Cabe destacar a contraditória convivência entre o princípio de autonomia e os sistemas operativos que aplicam as TIC, contribuindo mais para a homogeneização dos processos do que para sua diferenciação (Carr, 2005). Os agentes escolares podem realizar tarefas antes impossíveis, mas, em troca, renunciam a determinadas esferas de autogoverno. Como destaca Bernstein (1998, p. 90), a autonomia das escolas está reduzindo-se à gestão dos recursos, dotação econômica, materiais de ensino e a quase mais nada, o que a aproxima mais dos modelos empresariais do que dos esperados para as instituições públicas, aceitando que elas, enquanto esfera pública, devem ser um "espaço de crítica da dominação, mas também um espaço de construção de alternativas" (Beltrán, 2000, p. 37). A questão é que os centros de decisão se afastam da própria organização; neste sentido, poderia-se dizer que, além de se diluir, eles se perdem no meio de relações tecnoburocráticas mais rígidas, se é que isso é possível, do que as das organizações tradicionais. Como mostra a Figura 5.1 (ver p. 118), há uma série de agências e grupos de interesse que, com a justificativa de atuar com critérios *técnicos*, e não *políticos*, intervêm nas dinâmicas das escolas de forma mais ou menos sutil, ajustando padrões de atuação. Quem planeja a aplicação informática para a matrícula dos alunos, por exemplo, impõe uma série de condições administrativas e diretivas que não podem ser modificadas pelo usuário/cliente. Um caso muito freqüente: a administração faz um *contrato marco* com uma operadora de telefonia. Automaticamente, as escolas públicas se tornam *clientes cativos* da operadora, mesmo que o serviço seja ruim. As instituições escolares poderão livrar-se de todo esse peso mercantil quando puderem utilizar um *software* livre?

d) Outro assunto interessante, do ponto de vista organizativo, é o binômio presença/identidade. Em última instância, as organizações se constituem para unificar o esforço de muitas pessoas em metas aceitas por interesse ou conveniência de quem faz parte delas. Adquirem identidade (algo que transcende, o que agora se chama imagem corporativa), como ferramenta de coesão interna que, por sua vez, muda os membros que a integram. Isso gera estratégias variadas que vão do regime disciplinar, código deontológico, uniformes, sistemas de recompensas e princípios de atuação até a web institucional. Todas as organizações, e em especial as escolares, são espaços de construção de subjetividade, umas a fomentam por interesse próprio, e outras, como as escolares, para que essas pessoas se *integrem* na sociedade que mantém a escola.

Com a incorporação das TIC ao *centro* das organizações – imperativo da Nova Gestão Pública – tanto a presença como a identidade se tornam requisitos virtuais. A presença deixa de ser uma condição a constatar pelo nome próprio e pela fotografia (identidade analógica). Verifica-se por meio do código *secreto* gravado na fita magnética, do *microchip* de um cartão ou a partir da *senha* que se digita no computador para que permita o acesso (identidade digital). Nestas circunstâncias, a organização opera com presenças simbólicas e identidades fictícias (a *senha* não deixa de ser uma série de letras e dígitos, sem significado nem sentido em si). Assim, atribui-se presença e se identificam as ações realizadas pelo membro titular. O potencial destas possibilidades supera as velhas disposições das organizações. O importante é que esse potencial exige recriar as organizações e não apenas se incorporar a suas velhas estruturas. Como diz o reitor de uma universidade, é necessário apostar em uma "verdadeira recriação desse tipo de instituição, solidamente assentada e que não é fácil de mudar" (Montalvo, 2000, p. 121).

IMPLICAÇÕES DA NOVA ORDEM ORGANIZATIVA

Se, como parece, defendemos as organizações emergentes, mudança impelida pela evolução da ciência e da tecnologia, é porque a sociedade as ampara e, em conseqüência, exige pessoas instruídas conforme as novas condições de vida. Na busca deste propósito, a instituição escolar, reconhece diferentes organismos mais ou menos independentes e desempenha um papel estratégico fundamental. Nossa sociedade, tendo em vista que sua matéria-prima é a informação, se diz sociedade do conhecimento, da *aprendizagem tecnológica*, conforme Lucas Marin (2000, p. 145).[13] A partir da sacralização desse princípio, são cada vez mais os alunos que assistem às aulas, que se questionam e exigem a incorporação a suas práticas dos novos meios tecnológicos. Como isto não acontece no ritmo que gostariam, fomentam o surgimento de ofertas alternativas como o *e-Learning* ou seu complemento, o *blended learning*, ambos oferecidos por meio de plataformas digitais cuja propriedade e gestão ultrapassam a instituição escolar.

Enquanto estas iniciativas se consolidam, instalam-se nas escolas práticas de uso coerentes – ao menos tentam ser – com o hegemônico discurso tecnocientífico, encaixando como podem as TIC na rígida estrutura das organizações escolares. O processo é tão complexo e conflitivo para os membros da organização que alguns especialistas falam da *desaprendizagem organizativa*. Casado (2004, p. 14) é bem claro a este respeito: "A aprendizagem e a mudança são processos que começam com a desaprendizagem". As mudanças provocadas pelas novas tecnologias na organização são tão radicais que, para que dêem certo, é necessário desaprender os hábitos adquiridos, idéias e modelos mentais. Desaprende-se, portanto, para aprender o que nas organizações, emergentes significa trabalho, nova hierarquia nas relações de poder, situações de conflito, estrutura reticular da própria organização, etc. O modo peculiar de conceber a organização e o trabalho no setor das tecnologias (o modelo das controvertidas *pontocom*) são apresentados como paradigmas a seguir pelas demais organizações. A esse respeito, são muito esclarecedoras as palavras de Virno (2001, p. 70), ao defender que se pode "sustentar que a *mídia* é o protótipo ou 'laboratório' dos procedimentos trabalhistas pós-fordistas". Se isso acontece fora das aulas, porque não levá-lo para as organizações escolares?

Em conseqüência, parte das relações que constituem o núcleo organizativo das escolas se dilui, adotando uma estrutura com menos delegações em seu eixo vertical. Isto é a essência do que chamamos de *mcdonalização* dos processos de ensino. Em outros termos: "Enquanto os meios anteriores eram utilizáveis desde cedo (quem conhece o alfabeto lê qualquer livro sem problemas), o grau de abstração das novas invenções se incrementou de tal modo que sua utilização não pode ser simplesmente ensinada. O sistema operacional dos atuais computadores é inacessível para o usuário comum..." (Enzensberger, 2000, p. 7). De fato, é o *webmaster* quem gerencia e controla o sistema operacional da máquina e, em conseqüência, o que os usuários fazem com ela (estudar, trabalhar ou se divertir), enquanto aos professores resta, no máximo, a capacidade de gestão sobre o acesso dos alunos a esses equipamentos no contexto escolar. A instituição, contudo, não tem poder sobre o *webmaster* e, sim, sobre os professores, que imediatamente têm reduzida sua margem de intervenção na relação do aluno com a máquina. O que constitui, sem dúvida, um processo de minimização da instituição escolar, ao perder o controle sobre grande parte da atividade fundamental que dá sentido à sua existência.

Tudo parece indicar que um discurso pleno de racionalidade eficientista está tomando corpo na mente e nas instâncias escolares, tornando-se cúmplice das transformações, mais ou menos visíveis, pela qual passa a organização das escolas. A estas alturas, ninguém pode questionar as inúmeras vantagens das TIC para muitos aspectos de nossas vidas e também para o propriamente educativo. Porém, assim como em outros campos (organização de empresas, tecnologia, ciência política ou administração pública), terá de ser avaliado com mais rigor o impacto dessas tecnologias sobre a escola. Naturalmente, a organização virtual das aprendizagens em rede é um sinal dos tempos, a *nova ordem* que impera no ambiente social e político, transformada agora em ferramenta pedagógica. Mesmo assim, cabe perguntar-se se essa nova ordem organizativa que vai impondo-se não destrói conquistas sociais difíceis de obter, como direitos e liberdades associados à convivência democrática. Neste sentido, não concordamos que se insista com bibliografia sobre *como utilizar* as TIC no ensino, reduzindo o problema a termos puramente técnicos (Monereo, 2005), sem atentar para as questões que são, realmente, relevantes para a educação dos cidadãos. Ainda que não esteja clara, do ponto de vista técnico, a eficiência das TIC na escola, entre outras razões pelos altos custos, de formação de pessoal e de atualização e manutenção de equipamento para manter um excelente nível operacional. Esses custos se tornam fator crítico para a viabilidade de algumas organizações produtivas de bens e serviços. Sabe quais ou se conhecem esses custos nas organizações escolares ou simplesmente irão para o item *custos desconhecidos*?

CONSIDERAÇÃO FINAL: COMO SUPERAR A FASE DE TRANSIÇÃO?

Ao se chegar a este ponto, talvez seja possível entender melhor a interpelação que me fez o colega, lá no início do capítulo. Temos que lhe dar razão, estamos apenas no início de uma mudança profunda das organizações escolares, como acontece com as demais organizações sociais e produtivas. Porém, até que uma mudança se institucionalize, como assinala Fullan (2002, p. 79), devem produzir-se no seio das organizações profundos e complexos processos de apropriação dos conceitos e hábitos inerentes à nova proposta. Com respeito às TIC, estaríamos apenas na fase da *iniciação*, isto é, agentes internos – grupos de professores – e externos (grupos de interesse) estão empenhados em que as tecnologias da informação façam parte do cenário escolar. Pelo menos este objetivo, segundo diversas pesquisas, está sendo cumprido em um bom ritmo, apesar das dificuldades do sistema espanhol. O problema é que a incorporação das TIC absorve múltiplas tarefas de gestão, em detrimento da organização, e o uso ainda é muito pequeno no ensino. Em outras palavras, as TIC ocupam secretarias, departamentos e bibliotecas, mas não as salas de aula – são relegadas às *aulas de informática*. Mas é apenas uma questão de tempo até que cheguem também, intensivamente, às tarefas de aula, mesmo que em outro espaço físico.

De modo que, quando se reprova a escola por continuar agarrada ao passado, isso não é de todo certo e revela a falta de compreensão da verdadeira dimensão da mudança que, lenta e silenciosamente, está produzindo-se, dimensão que escapa a muitos esquemas e metodologias de análise da realidade escolar empregados até então. Enquanto se reconceitualizam os modelos teóricos e afinam as estratégias de análise, devemos indagar quais são as tarefas mais urgentes para garantir a fase de *implementação* (segundo Fullan na obra citada) das TIC nas escolas. Há muitas propostas e iniciativas, com diferentes propósitos; por isso, é necessário estar atento ao panorama nacional e ao internacional. A dificuldade é que nem as experiências nem as propostas podem simplesmente ser copiadas sem risco de fracasso. Apostemos no seguinte: "A chave está em ser consumidor crítico das idéias externas, trabalhando ao mesmo tempo a compreensão e a transformação do contexto local. Não há uma resposta absoluta 'lá fora'" (Fullan, 2002, p. 134). Tampouco a experiência interna pode ter valor absoluto, acrescento como resposta ao meu colega da mesa-redonda.

Começamos este trabalho com uma citação do controvertido ensaio de Ortega y Gasset (1995) em que recomenda se preocupar com o destino a ser dado ao *tempo livre* causado pela aplicação da tecnologia. O problema, hoje, deve ser definido em termos ligeiramente diferentes, pois a acelerada produção de inovações nos obriga a ficar *ligados* nos aparelhos tecnológicos. Primeiro, para aprender a usá-los e, depois, para satisfazer a necessidade de consumo que convidam a realizar, por meio do ócio ou do trabalho *voluntário*. O problema é como equilibrar o uso dessas tecnologias com a ocupação do *tempo livre* em atividades mais consistentes e adequadas à cultura do ser humano. Entendemos, para concluir, que esta deveria ser uma tarefa da organização escolar como parte de seu compromisso com a sociedade. Tanto do ponto de vista do que se ensina como da estrutura em que se ensina, é muito atraente a sugestão de Gómez Pin (2000, p. 6):

> A autêntica democratização do trabalho científico consistiria em que os cidadãos, apenas por sê-lo, tivessem ocasião de refletir sobre algo tão elementar, paradoxal e cheio de riqueza conceitual como a polaridade onda-partícula nos fenômenos luminosos. Mas isso fica para "especialistas" e para nós resta apenas a possibilidade de nos prostrarmos, beata e supersticiosamente, ante os objetos eletrônicos, encarnação de redes que tramam não apenas a vida cotidiana, mas também absorvem sua substância.

NOTAS

1. O mencionado autor, na introdução a um texto, sustenta: "Esse espaço vazio de reflexão e crítica é o espaço da "grande manipulação", o lócus da atual alienação tecnológica do homem. A tecnologia em vigor é, fundamentalmente, "não-essencial", isto é, sua essência permanece oculta e apenas vemos seu uso, seu consumo. É necessário, portanto, que sua racionalidade se articule de maneira explícita e que a reflexão ética preencha um vazio que, de outra maneira, pode ser ocupado por uma razão instrumental cada vez mais segura de si..." (p. 137).
2. *Chiffres clés dês technologies de l'information et de la communication à l'école em Europe 2004*. Em www.eurydice.org. Com um enfoque mais local, há o trabalho patrocinado pela Fundação Germás Sánchez Ruipérez, chamado *Desenvolvimento de infra-estruturas e programas baseados em TIC em centros educacionais de Tierra de Peñarada 2004*. Em www.interreg-eet.info.
3. Para Apple (2002), a tendência é muito clara: a "racionalidade econômica" impulsionada pelo neoliberalismo transformou a educação em mais um produto que o mercado deve regular, sem intervenção do Estado.
4. Corresponde à editora da revista *Política Exterior*, cuja edição especial de Inverno 2000/2001 foi dedicada à "Sociedade da informação".

5. A este respeito, é muito importante conhecer os "hábitos culturais" dos jovens para ter uma idéia do peso do uso das TIC. Ver *Informe Juventud en España 2004*. En www.mtas.es/injuve.
6. O relatório desta comissão pode ser consultado em: //cdsi.red.es
7. Ver www.estudiantes.elpais.es
8. O problema, portanto, não é qual a fórmula a adotar para integrar as tecnologias na estrutura organizativa das escolas, tenha ela que nome tiver (Cabero Almenara, 2004), mas como enfrentar que as tecnologias digitais já "são organização" propriamente dita e devem conviver com as velhas estruturas escolares.
9. Como se pode comprovar no trabalho: *Análise do uso e gestão dos recursos pedagógicos no aspecto organizativo e funcional das escolas de ensino fundamental*. Financiado pelo CIDE e realizado em colaboração com os professores B. Salinas e F. Beltrán.
10. Neste último sentido, é muito interessante o trabalho troca entre iguais, a animação de foros, a coordenação de atividades entre escolas ou o fomento da rede Novadors, no portal www.quadernsdigitals.net. Iniciativas semelhantes, mesmo que não tão consolidadas, estão disponíveis na rede.
11. Segundo R. Sennett (2000, p. 103): "A linha do tempo se rompe; não há uma trajetória em uma economia política constantemente reconvertida, que odeia a rotina e programa a curto prazo".
12. Todas as administrações autônomas disponibilizam à sua rede de escolas uma aplicação informática, mais ou menos ambiciosa e funcional, pela qual se encara a gestão. É o caso do programa GESCEN (Gestão de Centros) da Prefeitura Valenciana – www.cult.gva.es/soportegc/index.htm - e outros mais em //gestioncentros.cnice.mecd.es/index.php.
13. Na sociedade da aprendizagem, o que antes se entendia por escolar hoje constitui uma suculenta fatia de negócio que, sob a denominação *e-Learning*, movimentou no ano de 2000 aproximadamente 1,3 bilhões de pesetas e o previsto para 2005 é de quase 7,5 bilhões em cursos, plataformas, material didático, etc. (*El Pais – Negócios*, 11-02-2001).

REFERÊNCIAS

APPLE, M. *Educar "como Dios manda"*. Barcelona: Paidós, 2002.

BLANCO, A. Redes sociales y variación sociolingüística. *REIS*, v.91, p.115-135, 2000.

BELTRÁN, F. *Hacer pública la escuela*. Santiago de Chile: LOM Ediciones, 2000.

BELTRÁN, F.; SAN MARTÍN, A. *Diseñar la coherencia escolar*. Madrid: Morata, 2000.

BERNSTEIN, B. *Pedagogía, control simbólico e identidad*. Madrid: Morata, 1998.
CABERO, J. Cambios organizativos y administrativos para la incorporación de las TICs a la formación. Medidas a adoptar. *Edutec. Revista Electrónica de Tecnología Educativa*, v.18, p.1-31, 2004. En www.uib.es/depart/gte/edutec-e/revelec18/cabero_18.pdf
CARR, N. *Las tecnologías de la información*. Barcelona: Ediciones Urano, 2005.
CASADO, J.M. La necesidad de desaprender. In: CASADO GONZÁLEZ, J.M. (Ed.). *Desaprendizaje organizativo*. Barcelona: Ariel, 2004.
COLLER, X.; GARVÍA, R. *Análisis de organizaciones*. Madrid: CIS, 2004.
DONATH, J. Identidad y engaño en la comunidad virtual. In: SMITH, M.; KOLLOCK, P. (Eds.). *Comunidades en el ciberespacio*. Barcelona: Editorial UOC, 2003.
ENZENSBERGER, H.M. El evangelio digital. *Claves de razón práctica*, n.104, p.4-11, 2000.
ESCOLANO, A. *Tiempos y espacios para la escuela*. Madrid: Biblioteca Nueva, 2000.
FULLAN, M. *Los nuevos significados del cambio en la educación*. Barcelona: Octaedro, 2002.
GÓMEZ PIN, V. Viejo oscurantismo y beatería digital. *Archipiélago*, v.40, p.4-6, 2000.
GROS, B. *El ordenador invisible. Hacia la apropiación del ordenador en la enseñanza*. Barcelona: Gedisa, 2000.
LAMA, F. Ética y racionalidad para una nueva época. *Archipiélago*, v.40, p.137-138, 2000.
LAVAL, Ch. *La escuela no es una empresa*. Barcelona: Paidós, 2004.
LUCAS MARIN, A. *La nueva sociedad de la información*. Madrid: Trotta, 2000.
MONEREO, C. [Coord.]. *Internet y competencias básicas. Aprender a colaborar, a comunicarse, a participar, a aprender*. Barcelona: Graó, 2005.
MONTALVO, J. De la educación a distancia a la enseñanza virtual. *Política Exterior*, Extraordinario de Invierno 2000/2001, p.113-114, 2000.
NAREDO, J.M. Configuración y crisis del mito del trabajo. *Archipiélago*, v.48, p.13-24, 2001.
NORMAN, D. *El ordenador invisible*. Barcelona: Paidós, 2000.
ORTEGA y GASSET, J. *Meditación de la técnica y otros ensayos sobre ciencia y filosofía*. Madrid: Alianza Editorial, 1995.
PÉREZ-DÍAZ, V. et al. *La familia española ante la educación de sus hijos*. Barcelona: Fundación "La Caixa", 2001.
RAMIÓ, C. Las debilidades y los retos de la gestión pública en red con una orientación tecnocrática y empresarial. *Sistema*, v.184-185, p.87-106, 2005.
RITZER, G. *La McDonalización de la sociedad*. Barcelona: Ariel, 1996.
REID, E. Jerarquía y poder. El control social en el ciberespacio. In: SMITH, M.; KOLLOCK, P. (Eds.). *Comunidades en el ciberespacio*. Barcelona: Editorial UOC, 2003.

SENNETT, R. *La corrosión del carácter*. Barcelona: Anagrama, 2000.

SERRADELL, E.; PÉREZ, J.A. La gestión del conocimiento en la nueva economía. 2003. In: www.uoc.edu/dt/20133/index.html

TEZANOS, J.F. *La sociedad dividida. Estructuras de clases y desigualdades en las sociedades tecnológicas*. Madrid: Biblioteca Nueva, 2004.

TYLER, W. *Organización escolar*. Madrid: Morata, 1991.

VIRNO, P. Charla y curiosidad. La "formación difusa" en el postfordismo. *Archipiélago*, v.48, p.66-72, 2001.

ZURLA, P. Nuevas tecnologías, estrategias de redes y economías locales. *Sociología del Trabajo*, n.extraordinario, p.153-165, 2001.

Uma Educação sem Barreiras Tecnológicas
TIC e Educação Inclusiva

Carmen Alba

A tecnologia tem e teve, em todas as sociedades, um papel substancial no domínio da natureza, no controle do ambiente e na resolução de problemas. As aplicações tecnológicas tornaram mais fácil e rica a vida dos seres humanos. Mas, além dessa perspectiva ligada ou vinculada à melhoria específica, não deixaram de se produzir fenômenos em virtude dos quais a tecnologia parece evoluir sem seguir uma pauta que a vincule, sem qualquer dúvida, à melhora das condições de vida das pessoas. A tecnologia parece ter vida própria e evoluir conforme interesses que se justificam mais em razões políticas e econômicas ou em interesses parciais do que na busca de soluções para problemas gerais.

As tecnologias da informação e comunicação indicaram grandes e positivas mudanças nas formas de se comunicar, relacionar e viver em sociedade. Desde o surgimento da informática, por exemplo, são muitas as expectativas geradas (e, em grande parte, satisfeitas) sobre seu potencial para obter a individualização e melhoria das aprendizagens, o alcance da intervenção educativa e os êxitos dos alunos com necessidades especiais. Concretamente, viu-se nelas a possibilidade para, com as ferramentas adequadas, resolver numerosos problemas ou situações que impedem as pessoas com necessidades especiais de participar da educação; abriram-se possibilidades de superar ou diminuir barreiras físicas, mas as mais difíceis de eliminar são as conceituais. Aquelas que se utilizam quando se planeja a educação para alunos "normais", sem entender que o normal é que exista a diversidade; que a normalidade inclui diferentes formas de participar, comunicar-se e aprender, mesmo que essas formas sejam eventuais. As mesmas que levam a entender a educação como um processo homogêneo e homogeneizante, de que os estudantes com necessidades especiais não podem fazer parte porque participam, aprendem, falam, escrevem ou se movem de forma diferente ou porque chegam a resultados heterogêneos.

Pelo contrário, entender a educação como um direito de todos significa necessariamente contar com todos e cada um dos componentes da sociedade, com suas formas variadas de ser, aprender, mover-se ou se socializar. As tecnologias podem contribuir para tornar efetivo o direito de participar nos contextos sociais e culturais, escolares e profissionais, especialmente quando são utilizados para dar resposta à diversidade. É preciso entender que, para muitas pessoas, são a solução contra as barreiras: a chave ou a única via de ter acesso, ou de tê-lo de forma plena e efetiva, à educação e a tudo que deriva dela.

A UNIVERSALIZAÇÃO DO ACESSO À EDUCAÇÃO E INCAPACIDADE

Não há dúvidas sobre o valor fundamental da educação e da formação para o desenvolvimento pessoal, econômico e social dos indivíduos e das sociedades e o conseqüente reflexo dessa certeza nas políticas e filosofias sociais dos países ao longo do último século. De fato, o compromisso com o acesso universal à educação aparece em numerosas declarações institucionais nacionais e internacionais.

O Art. 26 da Declaração Universal dos Direitos Humanos, adotada e proclamada pela Assembléia Geral da ONU em sua resolução 217 A (III) de 10 de dezembro de 1948, estabeleceu a universalização da educação básica como um objetivo imprescindível: "Toda pessoa tem direito à educação. A educação deve ser gratuita, pelo menos a fundamental, que será obrigatória. O ensino técnico e profissional deverá ser generalizado; o acesso à universidade será igual para todos, em função dos respectivos méritos".

No Artigo 13.1 do Pacto Internacional de Direitos Econômicos, Sociais e Culturais (3 de janeiro de 1976), além de reconhecer o direito de toda pessoa à educação, também se dispõe que ela "deve capacitar todas as pessoas para participar efetivamente em uma sociedade livre". No mesmo texto, reconhece-se que, para obter o pleno exercício deste direito, o ensino fundamental deverá ser obrigatório e gratuito; o ensino médio deve ser "generalizado e acessível a todos, pelos meios apropriados". A respeito do ensino superior, recomenda-se que também seja "acessível a todos, sobre as bases da capacidade de cada um", texto que é retomado e ratificado na Convenção sobre os Direitos da Criança (2 de setembro de 1990).

Em uma outra direção, a Carta Social Européia reconhece o "direito das pessoas com incapacidade à independência, integração social e participação na vida da comunidade, por meio de medidas que tenham por finalidade superar barreiras de comunicação e mobilidade e que permitam o acesso ao transporte, à moradia, às atividades culturais e ao lazer" (Art. 15, parágrafo 3) e que "não promover os direitos dos cidadãos com incapacidade e não garantir a igualdade de oportunidades é uma violação da dignidade humana" (ResAP.2001- 1, 5).

Por isso, uma política coerente e global em favor das pessoas com incapacidade ou em risco de adquiri-la deve garantir a plena cidadania, a igualdade de oportunidades, a vida independente e a participação ativa em todas as áreas da vida em comunidade (ResAP.2001 – 1, 7).

O objetivo da educação é que cada pessoa desenvolva sua personalidade, suas aptidões e sua capacidade mental e física até o máximo de suas possibilidades e esteja preparada para assumir uma vida responsável dentro da sociedade. Mesmo depois de mais de 50 anos, e apesar de inúmeros acontecimentos, mudanças e progressos sociais, econômicos, tecnológicos e políticos, ainda hoje não se atingiu plenamente o objetivo mesmo na Espanha, país do chamado primeiro mundo. Houve, certamente, um grande avanço na escolarização quase plena nos níveis fundamental e médio. Mas a normalização do acesso dos estudantes com deficiência aos cursos técnicos e à educação superior ainda está pendente.

As estatísticas refletem uma escassa presença de estudantes com deficiência nos níveis superiores de estudos. De mais de 3,5 milhões de pessoas com alguma deficiência, apenas 3,6% têm cursos universitários (INE, 1999). Fica bastante evidente que a presença de pessoas com deficiência nos centros de formação e nas aulas universitárias não corresponde ao número de pessoas com deficiência na sociedade. A escassa representação (mesmo entre pessoas com limitações menores, que não chegam a incapacitar) deveria ser objeto de atenção para verificar quais são os obstáculos. Essa situação poderia justificar-se pelo caráter limitante de algumas dessas deficiências para certos níveis de atividade acadêmica e intelectual. Mas isso só vale parcialmente. É preciso identificar outras causas que atuam como barreiras, impedindo o correto desenvolvimento da atividade educativa e formativa das pessoas com alguma deficiência (Zubillaga, Alba e Ruiz, 2002).

Estes dados também estão relacionados com o fato de que "o número de pessoas com deficiências desempregadas é até três vezes superior à média" e "o desemprego das pessoas com deficiência é geralmente mais prolongado que o do resto da população ativa" (Parlamento Europeu, 2002). Segundo o Escritório de Estatística Europeu (Eurostat), antes da última ampliação da União Européia (UE), a Espanha era o país em pior situação nesse aspecto.

As novas tecnologias, se adequadamente desenvolvidas, poderiam ter um papel fundamental na hora de superar barreiras (Cabra de Luna, 2002). Mas este potencial ainda é aplicado de forma limitada, tanto em quantidade como em qualidade. Cabero (2004, p. 24) destaca que "um dos mitos mais utilizados sobre a aplicação das TIC na formação consiste em afirmar que, com sua incorporação, pode-se chegar a um modelo democrático de educação que facilite o acesso a todas as pessoas. Educação e formação para todos". Uma quimera sempre presente ante cada novo avanço tecnológico: o potencial das TIC e da internet permitirá a todas as pessoas terem acesso à informação e formação de qualidade em qualquer lugar, a qualquer momento.

É um mito e não realidade – basta refletir um pouco sobre nosso próprio ambiente e conferir os dados sobre a presença de recursos informáticos em escolas ou as desigualdades no acesso à internet no mundo. Apenas uma pequena porcentagem da população mundial tem acesso a estas tecnologias; a maioria, concentrada em países desenvolvidos; também há diferença na qualidade do acesso e no potencial de interação com as ferramentas (Ballestero, 2002; *eEspaña*, 2002)

O ACESSO ÀS TECNOLOGIAS DE INFORMAÇÃO DAS PESSOAS COM NECESSIDADES ESPECIAIS

A tecnologia tem servido para dominar a natureza, adaptar o mundo às necessidades do ser humano ou ampliar suas capacidades. E este processo gerou novos problemas de dominação, mais ou menos explícitos, novas dependências, deficiências, formas de analfabetismo ou diferenças culturais.

A vigência dos textos das Nações Unidas se torna ainda mais significativa na expressão "acessível a todos, a partir da capacidade de cada um, pelos meios apropriados". O acesso para todos, o planejamento acessível para todos, a chamada Criação Universal são conceitos-chave na utilização das tecnologias e no respeito à diversidade; e a chave também para que as TIC sejam um elemento que permita o acesso a educação e à participação ativa na sociedade da informação.

A Criação Universal é uma estratégia cujo objetivo é pensar e estabelecer os diferentes ambientes e produtos acessíveis e compreensíveis, assim como *utilizáveis* por todo o mundo, na maior medida e da forma mais independente e natural possível, sem a necessidade de adaptações nem soluções especializadas (ResAP.2001-1).

A Criação Universal ou Criação para todos se define como a *atividade pela qual se concebem ou projetam, a partir da origem e sempre que possível, ambientes, processos, bens, produtos, serviços, objetos, instrumentos, dispositivos ou ferramentas, de tal forma que possam ser utilizados por todas as pessoas, na maior extensão possível, como via para garantir a igualdade de oportunidade de todos os cidadãos e sua participação ativa na sociedade* (I Plano Nacional de Acessibilidade, 2003, p. 7).

Este conceito tem como objetivo simplificar a vida de todos, tornando o ambiente construído, os acessos, os instrumentos, os produtos e as comunicações igualmente acessíveis, *utilizáveis* e compreensíveis por todas as pessoas, sem que signifique um custo extra ou, na pior das hipóteses, tenha um custo baixo.

Um dos *slogans* que acompanha o imperativo avanço tecnológico é o aparente potencial desses equipamentos para contribuir na melhoria da qualidade de vida das pessoas. Ao longo da história, a tecnologia demonstrou, efetivamente, ser um poderoso instrumento de desenvolvimento humano e de diminuição da pobreza. Assim, atrasos tecnológicos significam crescimento nas taxas de pobreza relativa (e até mesmo absoluta) para indivíduos ou grupos. Ou seja, existe de fato uma relação direta entre o acesso aos desenvolvimentos tecnológicos e a renda, que tem como conseqüência o fato de, conforme a generalização do uso das TIC e da utilização da internet, o cotidiano se impregnar a ponto de as pessoas que vão ficando à margem correrem o risco de exclusão social (Ballestero, 2002, p. 94). A escala mundial, os dados sobre o aumento da brecha digital entre os países ricos e pobres, o crescimento da distância entre os *inforicos* e os *infopobres* é cada dia mais preocupante e um bom exemplo desta relação.

O conceito de *brecha digital* aparece nos Estados Unidos como uma referência à desigualdade entre os que têm computador e os que não têm (Ballestero, 2002, p. 70). Posteriormente, a OCDE contribuiu com uma definição mais complexa: "a defasagem ou divisão entre indivíduos, lares, áreas econômicas e geográficas com diferentes níveis socioeconômicos com relação a oportunidades de acesso às tecnologias de informação e comunicação e ao uso de internet para uma ampla variedade de atividades" (OCDE, 2001, citado em Ballestero, 2002).

Entre outras coisas, o fenômeno da globalização representa a possibilidade da troca de conhecimentos em escala mundial de forma quase instantânea (Rodríguez Roselló, 2002), ou seja, a existência de fluxos crescentes de informação acessível, atualizada, confluente com outros fluxos. As chamadas brechas tecnológicas são, portanto, reflexo da importância que têm as novas tecnologias para integrar socialmente os cidadãos desta nova sociedade. A falta de acesso a estas tecnologias ou a falta de conhecimento para chegar a esta inesgotável fonte de conhecimentos e serviços é uma causa importante de nova discriminação social, de uma nova marginalização. O primeiro remédio para evitá-la é a nova *alfabetização da população no uso destes novos recursos.*

Um problema inicial é o do acesso a estes meios. As dificuldades para chegar às tecnologias e seus serviços e as diferenças entre quem pode fazê-lo e quem não pode estão gerando, aumentando e consolidando as mencionadas brechas tecnológicas. Superá-las é uma prioridade citada em numerosos foros, devido às conseqüências excludentes que envolvem grandes grupos da população. Como assinala Area (2001, p. 82), "hoje, apenas ler e escrever parece insuficiente, pois só permite acesso a uma parte da informação veiculada na sociedade" (ou seja, apenas materiais impressos). Quem não possuir alfabetização tecnológica, ele alerta que, sem conhecimento da cultura e tecnologia digitais de modo inteligente, não poderá acessar a cultura e o mercado da sociedade da informação e, com isso, as chances de marginalização cultural são maiores.

A mera presença das tecnologias não tem efeitos automáticos na alfabetização nem em seus possíveis benefícios. A globalização, facilitada pelas novas tecnologias da informação e comunicação, como assinala Arroyo (2002), não se traduzirá por si mesma em igualdade de oportunidades para as pessoas, grupos e países, salvo, justamente, para os que já gozam de oportunidades similares.

Um desses grupos marginalizados é o das pessoas com alguma deficiência. Segundo Cabra de Luna (2002), estima-se que essas pessoas sejam 10% da população, ou seja, 50 milhões na União Européia e 18 milhões no Brasil.

Em 15 de janeiro de 2005, Viviane Reding, do Comissariado para a Sociedade da Informação e Meios de Comunicação da Comissão Européia, disse que "as tecnologias de informação e comunicação podem ser ferramentas poderosas para unir as pessoas, melhorar sua saúde e bem-estar e fazer com que seu trabalho e vida social sejam mais ricos e satisfatórios". Mas, acrescentou, "cerca de 90 milhões de cidadãos da União Européia não obtêm esses benefícios devido à idade ou deficiência. Portanto, fazer com que os produtos e serviços das TIC sejam mais acessíveis é um imperativo social, ético e político".

Para muitas destas pessoas, a tecnologia poderia proporcionar uma via de comunicação e acesso ao resto do mundo, a sistemas educacionais mais flexíveis ou sem barreiras arquitetônicas, uma valiosa opção para quando não é fácil chegar às salas de aula (Alba, 2001a).

Estas diferenças no acesso às tecnologias da informação, desigualdades culturais e reduzida e deficiente representação de muitos grupos nas redes e em seus conteúdos geram procedimentos silenciosos de exclusão dos processos educativos e formativos, que vão criando novas barreiras e distâncias entre quem está *conectado* e quem não está.

Para modificar essas tendências, há documentos e compromissos como a Declaração das Telecomunicações (1999), em que se manifesta a necessidade de que as facilidades e serviços de telecomunicações estejam acessíveis a todos e considerem as necessidades dos idosos e das pessoas com deficiência na criação de qualquer novo dispositivo ou serviço de telecomunicações. Nesta mesma declaração, considera-se que "quando isso não for possível, deve-se facilitar o acesso ao serviço de pessoas com deficiência por meio de equipamento e serviços adicionais", garantindo com isso o acesso sem custo adicional.

Posteriormente, surgem iniciativas como o Plano de Ação eEurope (Comissão Européia, 2001), para fomentar o uso da internet em todos os setores da sociedade européia, promovendo a participação da cidadania em todas as possibilidades oferecidas pelas tecnologias digitais. Um dos objetivos deste plano é a melhoria no acesso à web das pessoas com deficiência, para assegurar a participação de todos na sociedade baseada no conhecimento, e este mesmo plano estabelece como segundo objetivo que "as páginas da internet do setor público e seu conteúdo devem ser criados de maneira que sejam acessíveis, a fim de que os cidadãos possam chegar à informação".

No contexto espanhol, a Lei de Serviços da Sociedade da Informação e Comércio Eletrônico (2002) dispõe que "as administrações públicas adotarão as medidas necessárias para que a informação disponível em suas respectivas páginas da internet possam ser acessadas por pessoas com deficiência e idade avançada, de acordo com os critérios de acessibilidade ao conteúdo reconhecidos antes de 31 de dezembro de 2005".

Nessa mesma linha, a Lei de Igualdade de Oportunidades, Não Discriminação e Acessibilidade Universal das Pessoas com Deficiência (2003) estabelece que "no prazo de dois anos a partir da entrada em vigor desta lei, o Governo aprovará, segundo o previsto em seu artigo 10, condições básicas de acessibilidade e não-discriminação para o acesso e utilização das tecnologias, produtos e serviços relacionados com a sociedade da informação e de qualquer meio de comunicação social".

O Plano Nacional de acessibilidade I, 2004-2012, cujo lema é *Por um novo paradigma, a Criação para Todos, rumo à plena igualdade de oportunidades*, parte de dois princípios básicos e fundamentais. Em primeiro lugar, que o respeito à diversidade humana e à equiparação de direitos de todas as pessoas são bases fundamentais da nossa sociedade. E, em segundo, que as barreiras sociais são obstáculos maiores para a participação na sociedade do que as limitações funcionais das pessoas (MSERSO, 2003).

Mesmo que essas iniciativas contribuam para melhorar o acesso e participação nos diferentes contextos da sociedade das pessoas com deficiência, a mudança fundamental tem que ser na mentalidade e nas atitudes da cidadania e, para isso, uma das chaves é a educação: a educação de todos os cidadãos do ponto de vista de uma sociedade inclusiva; a formação dos cidadãos com necessidades especiais para que possam participar plenamente e ser agentes de mudança de situações excludentes; e a formação dos professores para que desenvolvam currículos inclusivos, que considerem a diversidade, cada vez mais visível em todos os contextos da educação e da sociedade.

TIC, DEFICIÊNCIA E ACESSO À EDUCAÇÃO

Como se mostra no Livro Branco da I+D+I,[1] o avanço de muitos serviços sociais durante a segunda metade do século XX não teria sido possível sem a contribuição de novas tecnologias, que desenvolveram ou facilitaram o desenvolvimento de soluções para problemas das pessoas com deficiência, utilizando um enfoque baseado em eficácia, efetividade e segurança. Estes novos recursos assim gerados promoveram mudanças substanciais na vida dessas pessoas (ou de algumas delas) e têm um papel relevante em sua educação, formação e participação como membros da sociedade a que pertencem.

As tecnologias em geral, especialmente as da informação e comunicação, deram lugar a numerosas ferramentas que possuem um importante papel na aproximação da formação e cultura às pessoas com necessidades especiais, principalmente como via de acesso à educação e aos contextos educativos. As tecnologias também auxiliam processos de ensino, aprendizagem e socialização significativos, adequados às necessidades educativas de cada estudante; e aos processos de formação para o trabalho, nos níveis de educação superior, em formatos de educação presencial ou eletrônica.

TIC e acesso aos processos educativos das pessoas com necessidades especiais.

São muito numerosos os recursos tecnológicos que permitem responder às necessidades das pessoas com limitações para poder realizar tarefas que, de outra maneira, lhes seriam proibitivas. Exemplo deste tipo de desenvolvimento tecnológico, sem o estigma de *ajuda para uma deficiência*, são os óculos. Uma pessoa que necessita de óculos para ler, escrever ou dirigir não é considerada deficiente, embora utilize uma ajuda técnica. A evolução da tecnologia, unida à generalização de seu uso, "normalizou" o conceito. Em geral, esses avanços tecnológicos são chamados de "ajudas técnicas" e a maioria dos casos envolve uma mudança substancial na atividade da pessoa e, em relação ao tema de que tratamos, permitem melhorar muito seu acesso a processos educativos.

Existe uma grande variedade e número de ajudas técnicas para diferentes necessidades e finalidades: ajudas óticas e para a leitura, para escrever a mão e desenhar, sistemas de transmissão de som, ajudas para a comunicação, fones de ouvido, microfones, cadeiras de rodas e muito mais, que é possível consultar no catálogo do CEAPAT (www.ceapat.org), em que estão classificadas por categorias e que permitem a cada pessoa superar alguma limitação para poder realizar com autonomia e eficiência tarefas de interesse que, de outra forma, não poderia executar e que, em muitos casos, referem-se ao acesso a tarefas complexas como a educação.

Para o terreno educacional, são especialmente importantes todas aquelas ajudas técnicas que permitem aos estudantes participar de forma significativa nos processos de ensino e aprendizagem, para cada idade e em cada um dos níveis educativos, sendo por isso de especial interesse as ajudas dirigidas a permitir o acesso aos processos e às tarefas de aprendizagem, socialização e comunicação, tendo um papel muito relevante, o acesso ao computador.

TIC e acesso ao computador das pessoas com deficiência

Um dos grandes grupos de ajuda técnica é o dirigido a permitir ou melhorar o acesso ao computador e sua utilização e, com isso, o aproveitamento das oportunidades de aprendizagem, comunicação, formação, trabalho e socialização derivadas de seu uso.

Esses tipos de ajudas técnicas são ferramentas que permitem acessar ou utilizar o computador e os serviços que dele obtêm quem o utiliza de outra maneira. Ou seja, as pessoas que não se ajustam ao modelo de *usuário-padrão* para quem a máquina é criada. Essas ajudas têm uma função principal, que é agir como um instrumento para superar as barreiras derivadas de um modelo uniforme, da falta de respeito à diversidade e às necessidades *individuais*.

Utilizando como referência o computador, os desenvolvimentos tecnológicos para diversificar o acesso e a interação podem ser classificados em três grandes grupos: desenvolvimentos para permitir o acesso à máquina; a interação e o processamento e os formatos de saída da informação (Alba, 1997; Alba e Sánchez Hípola, 1998).

Ferramentas para permitir o acesso diversificado ao computador

São recursos para diversificar o funcionamento das ferramentas informáticas e adequá-lo às possibilidades de utilização pelos usuários. A esta categoria pertencem as ajudas tecnológicas que têm como objetivo permitir aos usuários acessar o computador por meio do teclado, *mouse* ou tela, utilizando-os conforme suas possibilidades. Entre elas há diferentes tipos de recursos.

Dispositivos de acesso direto

Um primeiro grupo de ajudas existentes são aquelas dirigidas à utilização dos teclados convencionais e que consistem em acessórios adequados às possibilidades motoras de cada usuário. Em alguns casos, são necessários dispositivos simples para permitir uma posição melhor de braços e mãos, como *descanso de mão ou braço* ou *mesas adaptáveis*. Para facilitar o controle, utilizam-se *manoplas* e para as funções que requerem ações simultâneas, os *bloqueadores físicos de teclas*, para aumentar a precisão.

Outro dispositivo para o acesso direto ao teclado são as *varetas sinalizadoras* e os *ponteiros* adaptados à parte do corpo com movimento e controle voluntário, como boca, pé ou cabeça.

Um segundo grupo de dispositivos para interagir de forma direta são as variedades de teclados e mouses adaptados para diferentes tipos de motricidade e as possibilidades de cada usuário.

Entre a variedade de teclados e adaptações, há os reduzidos, aumentados, para duas mãos, modular (de 32 a 128 teclas), flexível em material plástico e o óptico, usado com raio *laser*, etc.

Quanto à variedade de *mouses*, há três grupos: especiais (de bola grande, cabeça, placa, com botão, etc.); adaptados (com pulsador externo, botões soltos, em forma de *joystick*, etc.); e emuladores de mouse (emulador preciso para mão ou boca, *joystick, headmaster*, etc.), como se verá a seguir (CEAPAT, 2005).

Graças a estes dispositivos, normaliza-se a utilização do computador pelo usuário com necessidades especiais de motricidade.

Dispositivos de acesso codificado

Este grupo de ferramentas tem como objetivo adequar as possibilidades de interação do sujeito, seu sistema de comunicação, com a máquina, de modo que, no lugar do teclado ou mouse convencionais, utilizem-se outros modelos de entrada de informação ao processador. Diferentemente dos dispositivos de acesso direto vistos anteriormente, neste grupo o sinal emitido ou a escolha feita pela pessoa se "traduz" por programas específicos em sinais que são "entendidos" e executados pelo processador. Assim, segundo os códigos ou programas, o procedimento consiste em escolher opções entre as que oferece o processador através da tela, sinais táteis ou verbais, que podem ser letras, sinais, palavras, imagens ou funções e o computador obedece a essas ordens.

Há dois tipos de dispositivos: seleção binária e sistemas codificados.

Dispositivos de acesso por seleção binária

Uma das formas mais utilizadas é o funcionamento do computador em chave binária (0-1, sim-não, ligado-desligado), o que permite aos usuários com reduzida motricidade utilizar como sistema de acesso as chaves ou interruptores para escolher a opção (letra, palavra, função, ícone) oferecida pelo processador. Estes dispositivos são colocados em pontos onde o usuário pode ter controle de movimento para acioná-los. A diversidade de casos deu lugar a uma gama muito ampla destes dispositivos para controlar o funcionamento do processador, associados em muitos casos aos emuladores de teclado e *mouse*, segundo as capacidades individuais de controle motriz. Os computadores, segundo o tipo de pressão ou movimento que os aciona ou controla (Sánchez Asín, 2004; Alba, 1994; Alba e Sánchez Hípola, 1998; CEAPAT, 2005) podem ser de:

- *pressão,* exercendo algum tipo de pressão ou impulso com a parte do corpo que funcione melhor;
- *posição,* ativados como interruptores;
- *pegador,* maçaneta para uma ou duas mãos;
- *pneumáticos,* ativados por sopro ou sucção;
- *proximidade,* ao passar perto do interruptor;
- *tato,* por contato com a pele e sem necessidade de fazer força;
- *sensores de luz,* baseados em células fotoelétricas cujo mecanismo se ativa rompendo o halo de luz ou orientando-o para determinados pontos;
- *som,* voz, atividade mioelétrica, movimento muscular, umidade, oscilação, etc.

Também há dispositivos para ligar o computador por meio de emulações, como o caso dos emuladores de teclado e de *mouse*. Existem para ser utilizados com a boca, o pé ou a cabeça. Os *mousetrack (Track-Ball)* e *joystick* são emuladores para pessoas com pequenas dificuldades motoras que podem acionar o *mouse* com a mão.

Muitos emuladores de teclados e *mouse* funcionam com programas de controle por escolha baseada na "varredura". Ou seja, o processador vai oferecendo as diferentes opções (letras, palavras, funções, etc.) na tela ou por sinais auditivos ou táteis e, acionando o computador ou interruptor, a pessoa pode escolher a que deseja. A "varredura" pode ser programada quanto à velocidade, direção, ordem dos compartimentos e tipo de varredura (automático ou manual). Este sistema, inicialmente identificado como ferramenta para pessoas com deficiência, tem cada vez mais utilidades de uso geral, devido à sua funcionalidade para a maioria das pessoas. É outro exemplo de tecnologia desenvolvida e melhorada graças ao conceito inicial da criação para todos, dirigida a pessoas com deficiência, mas que mostrou seu potencial para qualquer usuário. Geralmente, as máquinas com tela de varredura possibilitam trabalhar com usos-padrão, como é o caso dos processadores de texto, bases de dados ou programas de apresentações.

Dispositivos de acesso por intermédio de sistemas codificados

Além dos emuladores de teclados descritos, existem outros sistemas codificados em forma de emuladores de teclado, como os *tabuleiros de conceitos*, telas táteis, os *tabuleiros de comunicação alternativos*, sistemas de comunicações SPC e Bliss e *comunicadores* que combinam dispositivos e programas específicos para emular um teclado, mas que podem ser configurados e adaptados tanto às capacidades e necessidades do usuário como às tarefas a realizar, o que lhe confere grande potencial para a individualização dos processos de aprendizagem.

O *tabuleiro* ou *teclado de conceitos* consiste em uma placa sensível à pressão, dividida em 256 compartimentos programáveis por meio de uma barra digitalizadora, podendo determinar o número de compartimentos, o tamanho e a função a executar em cada uma delas e que, em muitos casos, substitui o teclado convencional. Por programas como TCAUTOR, HTACON, TCMAC, TcNatural, BoardMaker ou WinSpeak é possível criar usos adequados às possibilidades e necessidades dos estudantes e às tarefas que precisam realizar, podendo conter letras, textos, gráficos seqüências de vídeo, música, etc., o que lhe tornou uma ferramenta muito valorizada e usada nos ambientes educativos.

Outra opção é a que oferecem os *cartões digitalizadores de som e de voz*, que, configurados por programas de processador específico, permitem controlar o funcionamento da máquina, reproduzir sons gravados, reconhecer a voz para representar graficamente seus parâmetros e controlar programas.

Os sistemas de reconhecimento de voz são de grande utilidade para qualquer pessoa com produção verbal, de modo que as ordens, a comunicação do usuário com o processador, transmitem-se pela voz, utilizando a linguagem natural. A melhoria das funções e variedade dos produtos deste setor foi determinada pelo importante avanço produzido nos sistemas de reconhecimento de voz, para o que contribuiu significativamente sua utilização em contextos de uso geral para usos dirigidos a todos os públicos em numerosos serviços. Os programas informáticos utilizados por este sistema ativam o funcionamento pelo reconhecimento dos sons produzidos pelo usuário, que se convertem em sinais gráficos ou ações a executar pelo processador.

Para os estudantes com dificuldades para a leitura da informação impressa em tinta ou na tela, os *scanners*, juntamente com os sistemas de reconhecimento óptico de caracteres (OCR, OPTACON, OCR, TEXTCAN), permitem o acesso à informação impressa convertendo-a em caracteres ASCII. Todo texto impresso pode ser reconhecido e armazenado na memória do processador para que, posteriormente, o usuário o veja utilizando qualquer dos dispositivos de leitura adequados a suas possibilidades.

Uma ferramenta de grande utilidade para o acesso e participação nos contextos educativos das pessoas com necessidades visuais especiais são as *agendas falantes*, que lhes permite a coleta de informação e posterior transferência ao processador. Estes dispositivos são pequenos computadores de bolso, com bateria própria e memória limitada, que têm sete teclas em *Braille* por intermédio das quais se introduzem os dados que podem ser traduzidos em sons, para ouvir a informação coletada e posteriormente gravá-la no computador.

Ferramentas para o processamento da informação

Nesta categoria, encontram-se os desenvolvimentos tecnológicos dirigidos a adequar o funcionamento do computador às necessidades do usuário e permitir-lhe, assim, utilizar este recurso e se beneficiar de suas contribuições para a aprendizagem e a formação.

Estes recursos costumam ser classificados em dois grandes grupos: *programas-padrão*, produtos comercializados de uso geral, utilizados diretamente ou com adaptações no ensino ou formação de pessoas com necessidades especiais para lhes permitir o acesso e interação com a informação; e *programas de funcionamento,* criados para atender necessidades específicas dos usuários para poder interagir com a máquina.

Programa-padrão

Este tipo de programa são aplicações informáticas gerais, comercializadas sem propósitos específicos para uma população especial, mas que podem ser utilizados com fins didáticos para facilitar as aprendizagens em processos de ensino, alfabetização informática ou formação profissional por pessoas com necessidades diferentes, que assim se beneficiam destes programas ou recursos convencionais na cultura tecnológica.

Trata-se de instrumentos como processadores de texto, programas de autoedição, bases de dados, folhas de cálculo, jogos, desenhos ou editores de imagens, que podem ser utilizados tanto em contextos escolares como profissionais, por pessoas com capacidades intelectuais, visuais, auditivas e motoras diferentes, às vezes com dispositivos de acesso especiais ou adaptações, mas em muitas outras sem necessidade de nada disso. A contribuição desses recursos para muitas pessoas significa mudanças ou melhorias na forma de realizar determinadas tarefas (escrever, falar, fazer cálculos matemáticos, desenhar), enquanto para muitas pessoas com necessidades especiais é a única forma de fazê-lo.

Programas de funcionamento

São programas que permitem adequar o funcionamento do processador e de outros programas às necessidades específicas de cada pessoa.

Um primeiro grupo é o dos *programas para a personalização* ou *programas transparentes*. Há programas de uso geral que oferecem esta opção para ajustar funções convencionais do teclado ou *mouse* às necessidades específicas do usuário, como anular o duplo clique, ignorar o clique repetido, substituir sinais auditivos do cursor ou erro por sinais visuais na tela, modificar a velocidade da varredura, etc. Em outros casos, é necessária a utilização de programas específicos para modificar valores, funções e os parâmetros-padrão de entrada de informação em função das possibilidades da pessoa e, desta maneira, permitir o acesso ao computador a usuários com capacidades motoras diferentes do modelo preestabelecido.

Outros recursos permitem aos usuários interagir com o computador por meio de sinais sonoros, emissores ou receptores. Neste grupo, estão os *programas para a comunicação*, que têm como objetivo dotar a pessoa de uma ferramenta para poder comunicar-se ou uma voz com que se comunicar pela linguagem, utilizando as possibilidades de armazenamento e tratamento da informação do computador. Neste grupo, há os seguintes recursos tecnológicos:

– *Sintetizadores de voz*: São programas que permitem a conversão de um texto à voz, voz a voz e geradores de voz. Traduzem cada sinal gráfico em um som ou registram ou geram sons, de tal forma que proporcionam um vocabulário ou repertório praticamente ilimitado.
– *Digitalizadores de som e voz*: programas que permitem o registro da voz humana guardando-a na memória, de forma que as palavras e sons possam ser escolhidos, independentemente ou formando frases, que são pronunciadas pela máquina.
– *Comunicadores*: ferramentas que contribuem com uma via de comunicação pela produção de mensagens em formato de texto ou som, dotando de vias de expressão as pessoas com dificuldades comunicativas. Com a evolução desta tecnologia, proliferaram diferentes modelos adequados para necessidades variadas: com diferente número de níveis, mensagens ou compartimentos intercambiáveis; tela dinâmica, teclado alfanumérico por varredura; álbum de fotos com mensagens; caneta com mensagem, etc. (CEAPAT, 2005).

Com estes programas, sobretudo os sintetizadores de voz, os usuários podem acessar automaticamente a informação armazenada no computador e apresentada na tela, o que permite que sejam utilizados pelas pessoas com dificuldades para a comunicação verbal, cegas ou com limitações visuais para usar programas ou enxergar a informação na tela, assim como pelas pessoas com dificuldades na compreensão da escrita.

Ferramentas para diversificar os formatos de saída da informação

Nesta categoria, estão ferramentas ou avanços tecnológicos pelos quais o computador responde ou se comunica com o usuário, durante a fase de interação ou funcionamento ou como saída de informação. As duas vias mais usuais de saída são a tela do monitor e a impressora, mas há outros recursos e formatos.

Os *aumentadores de tela ou lupas* permitem ampliar o tamanho dos caracteres-padrão da informação em modo texto ou gráfico, que aparece na tela do monitor para facilitar a utilização pelos usuários com dificuldades visuais.

Também para eles são de grande utilidade os *leitores de tela* que permitem ler qualquer texto ou elemento no monitor produzindo uma mensagem sonora, com o auxílio dos sintetizadores de voz ou de programas com voz digitalizada. Outra opção é a conversão do que aparece na tela para a linguagem Braille, com programas e dispositivos específicos que possibilitam a leitura do conteúdo no monitor por intermédio de recursos como a *linha Braille* incorporada ao teclado, que apresenta a informação que aparece na tela, linha a linha por meio de um sistema de agulhas dinâmicas nesta linguagem.

O formato de saída pela impressora pode ser diversificado por programas e ferramentas que permitem imprimir em formato Braille, utilizando programas e impressoras específicas, garantindo com isso o acesso à produção impressa dos leitores e estudantes com deficiência visual.

Internet, deficiência e acesso à educação.

As novas tecnologias baseadas nas telecomunicações abrem possibilidades de utilização para gerar novas formas de comunicação, interação com a informação e socialização em contextos educativos. A internet e seus serviços (correio eletrônico, listas, conversações, videoconferência, www) é a tecnologia que maior repercussão teve em nossa cultura nos últimos anos. Como recurso para a comunicação, esta Rede, fonte de informação e linha direta com o mundo, suporte de formação ou desempenho de uma função profissional, introduz novos padrões de comunicação e, em conseqüência, permite modificar todos aqueles processos em que está presente, como na educação. Mas, entre todos os serviços que a rede internet proporciona, o que maior repercussão tem quanto à informação disponível e ao desenvolvimento de ambientes para aprendizagem e formação é a www, muitas vezes denominada com nome próprio, como *a Rede*.

Em muitos contextos, www incorpora novos hábitos, costumes e serviços. Facilita informação, educação, entretenimento, compras, música, etc., para aquelas pessoas que podem acessá-la. Para pessoas com escassa mobilidade, mas com formação e acesso a computador e internet, é a forma de poder participar desse mundo, dessas atividades. As pessoas que não têm possibilidade de ler a imprensa escrita podem obter suas versões em *Braille* ou converter o texto em voz. Para aquelas que não podem deslocar-se para lojas de discos, livros, etc., ou que podem fazê-lo, enfrentando barreiras arquitetônicas e de transporte, a Rede se tornou o melhor centro comercial.

A utilização da Rede está tornando-se uma habilidade importante em muitos setores da sociedade, na educação e no trabalho. Mas, para muita gente, ainda não é acessível, por estar fora de sua economia ou cultura. Em outros casos, por não ter sido criada para utilização por pessoas cuja visão, audição ou motricidade não é compatível com os modelos atuais.

O processamento da informação se torna um fator determinante da economia e do conjunto de áreas de nossa vida social. Por isso, é preciso garantir o acesso a esta informação e às fontes que a produzem ou proporcionam, como os meios de comunicação e as telecomunicações. A falta de acesso provoca grandes diferenças entre os distintos setores da sociedade, produzindo a mencionada brecha digital.

Apesar de todos os esforços, os grupos marginalizados estão majoritariamente fora da Rede, de sua construção e utilização. A sociedade da informação requer, do ponto de vista do respeito à diversidade em uma sociedade democrática, oferecer os meios para que as pessoas com deficiência possam participar da criação, transformação e acesso à Rede. Por isso, há iniciativas internacionais criando normas e recomendações para o encontro de soluções informáticas e da Rede, do ponto de vista da chamada *Criação para todos*. Não se trata de capricho de idealistas, mas de uma exigência ética de toda sociedade democrática, de respeito aos direitos de todos os cidadãos e de sua representação na vida social e cultural.

Tal é a importância de ter acesso a esta rede, de estar conectado ou não, por meio desta tecnologia, e de ter acesso a seus serviços que, em abril de 1997, a organização responsável pela direção e desenvolvimento da Rede, o Consórcio para www, criou a Iniciativa para Acessibilidade da Rede (WAI), para promover e alcançar a funcionalidade e *acessibilidade* para as pessoas com deficiências.

Essa iniciativa, como outras (CAST, TRACE, WWW3-C), promove a acessibilidade dos recursos informáticos e o acesso à internet para diferentes tipos de usuários. Também se dedicam à difusão de recomendações para a criação de serviços e páginas web e de robôs de análise e diagnóstico da acessibilidade destas páginas. Programas de revisão automática como Bobby (http://bobby.watchfree.com/bobby/html/en/index.jsp), iniciativa CAST, ou o Teste de

Acessibilidade à Web (TAW) (http://www.tawdis.net), do Ministério de Trabalho e Assuntos Sociais, CEAPAT e SID@R estão disponíveis para que qualquer visitante solicite uma analise da sua página web, obtendo um diagnóstico sobre sua acessibilidade para pessoas que tenham de visitá-la utilizando sistemas informáticos com alguma adaptação e elementos em que não se respeitem recomendações de fácil acesso.

Em diferentes trabalhos realizados ao longo destes últimos anos, constatou-se a existência, apesar de ações dirigidas a evitar este novo desenvolvimento e a construção de um novo mundo de barreiras; de documentos nos quais se definem pautas que garantam a acessibilidade aos espaços da web, como as Diretrizes de Acessibilidade para o Conteúdo Web 1.0, Diretrizes de Acessibilidade para XML, Tabela de Pontos de Verificação para as Pautas de Acessibilidade ao Conteúdo na Web 1.0; a realidade manifesta uma evolução da internet e seus serviços em sentido contrário ao desejado, cheia de barreiras que a tornam inacessível para muitas pessoas com alguma deficiência.

Os escassos trabalhos publicados sobre a acessibilidade de espaços e páginas da web educativas (Toledo, 2001; Alba, 2001b; Zubillaga, Alba e Ruiz, 2002, Alba, 2004) evidenciaram a falta de acessibilidade destas páginas e dos serviços nela oferecidos no âmbito universitário ou nas páginas dirigidas ao *edutainment* ou entretenimento infantil. Quase todas as instituições educativas têm sua página da internet como uma vitrine para o mundo, como uma carta de apresentação, mas parecem sempre se esquecer de um grupo importante que necessita de condições especiais de acesso.

Todas as análises coincidem em que apenas uma minoria destas instituições e páginas educativas oferece um serviço adequado para qualquer tipo de usuário, com ou sem necessidades especiais. Identificaram-se problemas de acessibilidade em páginas de web educativas, nas instituições educativas em todos os níveis e nas de formação virtual. Ou seja, crianças, jovens estudantes ou adultos com deficiência que desejem utilizar páginas de entretenimento, realizar atividades, obter informação sobre escolas para poder estudar não poderão utilizar este meio, na maioria dos casos. Como também ficam impossibilitados de participar de algum curso ou atividade a distância por intermédio de plataformas virtuais de formação, muitas não-acessíveis.

A gravidade da não-acessibilidade está nas conseqüências excludentes tanto nos processos de construção do pensamento de ordem superior (ao não poder fazer uso dos inúmeros recursos e ofertas com potencial nos processos de aprendizagem) como nos de socialização e formação.

A rede implica investimento para permitir certas atividades. Mas não se pode esquecer que a socialização, como a educação, costuma acontecer em outros contextos presenciais, não apenas nos virtuais. Esta deve ser uma opção e não a única, para muitas pessoas, como conseqüência das barreiras obstaculizantes da arquitetura, do transporte e a mais resistente (e invisível), a do preconceito social. É deste ponto de vista que se defende o potencial da internet e seus serviços para permitir o acesso das pessoas com deficiência à educação.

TECNOLOGIAS E CURRÍCULO ACESSÍVEL

Depois de abordar os numerosos recursos existentes para possibilitar ou melhorar as condições de acesso à educação das pessoas com deficiência, é importante considerar, do ponto de vista educativo, a diferença entre entender a utilização de recursos tecnológicos como solução para os problemas de um estudante ou situar-se a partir do conceito de *criação universal* na aprendizagem, no planejamento e no desenvolvimento do currículo.

Uma vez que desaparece dos avanços tecnológicos o estigma que os limita a ferramentas para pessoas com deficiência, aumentam os investimentos e eles se aperfeiçoam; desaparece seu caráter marginal e melhoram as opções para todos.

Em um modelo em que as TIC são ajudas *assistenciais*, entende-se o currículo como um *elemento* fechado e, com as TIC, pretende-se apoiar individualmente o estudante para que o acesse. Ou seja, assume-se que é o indivíduo que deverá superar as barreiras para poder participar do currículo e não que há um projeto curricular em que possam caber a diversidade de estudantes e suas diferentes formas de acessar e construir o conhecimento.

Cada vez é mais freqüente encontrar nas salas de aula estudantes de diferentes culturas, com diferentes línguas, níveis acadêmicos e necessidades especiais, permanentes ou passageiras. O currículo rígido, único e os recursos didáticos limitados ao livro-texto não são suficientes nem adequados para permitir a aprendizagem com essa diversidade de necessidades e potenciais. Deve-se acrescentar a essas diferenças a questão da complexidade da inteligência e da aprendizagem dos estudantes. Cada um chega na aula com um conjunto de capacidades, limitações e preferências, que, segundo Gardner (1987), significam as variadas formas de acessar o conhecimento e a aprendizagem; por isso, um estudante pode ter dificuldades em determinadas áreas, mas bom desempenho em outras.

Do ponto de vista da criação para todos e o respeito à diversidade, o currículo deve abrigar essa diversidade e utilizar elementos que recolham a complexidade da diversidade, integrando os diferentes recursos para dar respostas às necessidades e potencial ou preferências dos diferentes estudantes de uma sala de aula, para permitir a cada um melhorar sua participação na aprendizagem e não manter como uma categoria separada *os estudantes e suas ajudas técnicas* ou os estudantes com deficiência ou necessidades educativas especiais. As TIC, como se argumenta neste texto, utilizadas para dar resposta à diversidade, permitem gerar melhores opções para todos.

As tecnologias têm um grande potencial, diversificando as formas de apresentar conteúdos, o que permite diferentes opções diante dos diferentes modelos de aprendizagem. Conforme Rose e Meyer (2002), o papel das tecnologias como mediadoras nos processos de ensino e aprendizagem indica que as capacidades não são algo fixo, mas que também se definem na interação entre as capacidades do estudante e as ferramentas com as que interage nesses processos.

Nas aulas tradicionais, os meios mais utilizados são os livros e o discurso oral para todos os estudantes, que uns aproveitam mais que outros. Mas o certo é que não há um único recurso didático ou metodológico adequado para todos os estudantes. As TIC permitem ajustar os contextos e situações de aprendizagem à diversidade das salas de aulas.

As tecnologias trazem para os educadores um imenso leque de recursos didáticos para lhes dar a oportunidade de responder às diferenças individuais e às múltiplas facetas de sua aprendizagem, proporcionando meios variados, ferramentas e métodos, graças à flexibilidade que têm as tecnologias para se adaptar às diferentes necessidades dos estudantes, ajudando a superar as dificuldades e apoiando-se nos aspectos com maior potencial (Rose e Meyer, 2002). As contribuições dos recursos tecnológicos ou os chamados apoios digitais (Sancho, 2001) facilitam uma variedade de usos ou versões em diferentes formatos da mesma informação: sonora, visual, ampliada, tátil, etc., quais permite torná-la acessível aos estudantes com diferentes necessidades ou preferências.

É certo que parte desta *adaptabilidade* ou complexidade na oferta formativa que um professor pode fazer reside nas ajudas técnicas ou digitais dos estudantes. Mas outra parte muito importante, tanto ou mais, está no planejamento do professor que utiliza recursos tecnológicos para que o currículo e os processos de ensino e aprendizagem sejam acessíveis a cada um de seus alunos. Para isso, a utilização das TIC possibilita respostas variadas, porque permite formas diferentes de apresentação da informação, maneiras diversificadas de expressão e aprendizagem e formas variadas de envolvimento, para dar resposta à complexidade de facetas da aprendizagem e do ensino.

O professor deve considerar os objetivos educativos, as características dos diferentes estudantes, suas necessidades e possibilidades ou preferências e, conforme tudo isso, planejar diferentes formatos de apresentação da informação, de processamento pelos alunos e apresentação de seus resultados ou produções. Isto ocorre em algumas aulas, o fazem alguns professores que tiveram formação e têm predisposição para fazê-lo, mas o currículo acessível e a escola inclusiva ainda constituem exceção em nosso contexto.

Ao longo destas páginas, manifestou-se o potencial que têm as tecnologias da informação e comunicação para permitir o acesso à educação às pessoas com deficiência, e o que isso representa no desenvolvimento cognitivo, emocional, na socialização e na cultura comum para essas pessoas.

A mudança conceitual que requer compreender a sociedade a partir dos modelos da diversidade e da cultura que inclui significa educar nestes modelos a sociedade em geral. Não se trata apenas de executar ações a favor da incorporação das pessoas com deficiência e, sim, de promovê-la entre os cidadãos, pela educação, cultura da diversidade e da acessibilidade aos diferentes contextos formativos, presenciais e virtuais, para todas as pessoas que compõem a sociedade.

NOTA

1. Pesquisa, desenvolvimento, inovação

REFERÊNCIAS

ALBA, C. Utilización didáctica de recursos tecnológicos como respuesta a la diversidad. In: SANCHO, J.M. (Coord.). *Para una tecnología Educativa*. Barcelona: Horsori, 1994. p.221-239.
_____. Entretenimiento, educación y respeto a la diversidad en Internet: algunas pistas para crear espacios accesibles en la web. *Primeras Noticias. Comunicación y Pedagogía*, v.172, p.32-36, 2001.
_____. Educación y diversidad en una sociedad tecnológica. In: AREA, M. (Coord.). *Educar en la sociedad de la información*. Bilbao: Desclée, 2001. p.295-320.
_____. Navegando hacia una educación accesible. In: SOTO, F.J.; RODRÍGUEZ (Coords.). *Tecnología, educación y diversidad: retos y realidades de la inclusión digital*. Murcia: Consejería de Educación y Cultura, 2004. p.147-159.
ALBA, C.; SÁNCHEZ HÍPOLA, P. La utilización de recursos tecnológicos en contextos educativos como respuesta a la diversidad. In: GALLEGO, D.; ALONSO, C. (Coords.). *Integración curricular de los recursos tecnológicos*. Barcelona: Oikos.Tau., 1998.
ALBA, C.; ZUBILLAGA, A.; RUIZ, N. Educación superior y discapacidad: accesibilidad de las páginas web de las universidades estatales. *Primeras Noticias. Comunicación y pedagogía*, v.188, p.25-30, 2003.
ALCANTUD, F.; SOTO, F.J. (Coords.). *Tecnologías de ayuda en personas con trastornos de comunicación*. Valencia : NAU Llibres, 2004.
ALCANTUD, F. et al. *Estudio sobre el impacto de las NTIC en personas con discapacidad*. 2002. Disponible en http://acceso3.uv.es/impacto/informacion.htm
AREA, M. (Coord.). *Educar en la sociedad de la Información*. Bilbao: Desclée, 2001.
BALLESTERO, F. *La brecha digital. El riesgo de exclusión en la sociedad de la Información*. Madrid: Fundación Retevisión, 2002.
BARTON, L. La discapacidad, el control y la política de la posibilidad. *Kikiriki*, p.59-60, 2000.
CABRA DE LUNA, M. Congreso Europeo sobre las personas con Discapacidad. Consulta 16/05/2002.

CABERO, J. Reflexiones sobre la brecha digital y la educación. In: SOTO, F.J.; RODRÍGUEZ.(Coords.). *Tecnología, educación y diversidad: retos y realidades de la inclusión digital.* Murcia: Consejería de Educación y Cultura, 2004. p.23-42.

COMISIÓN EUROPEA. *eEurope 2002: Accesibilidad de los sitios Web públicos y de su contenido.* Comunicación de la Comisión al Consejo, al Parlamento Europeo, al Comité Económico y Social y al Comité de las Regiones, 2001.

COMITÉ DE GESTIÓN DEL COST 219 BIS. *Telecommunications: Access for Disabled People and Enderly.* Chexbres, Suiza, 6-8 de Octubre de 1999. Disponible en http://www.stakes.fi/cost219/ (Consulta 24/1/2005).

COMUNIDAD EUROPEA. Vivir y trabajar en la sociedad de la información: prioridad para las personas. *Boletín de la Unión Europea,* Sup. 3, p.1-32, 1997.

CONSEJO DE EUROPA. COMITÉ DE MINISTROS. *Resolución ResAP(2001)1 sobre la introducción de los principios de diseño universal en los curricula de todas las actividades relacionadas con el entorno de la co*nstrucción. 15 de febrero de 2001.

EGEA GARCÍA, C.; SARABIA SÁNCHEZ, A. *Diseño accesible de páginas web.* Murcia: Conserjería de Trabajo y Política social. Dirección General de Política Social, 2000.

EMERGIA *La accesibilidad en los portales Web de las Administraciones Públicas en España.* http://www.emergia.net/investigacion/analisis/accesibilidad. Consulta 15/4/2003.

ESCOÍN, J. Tecnologías de la Información y alumnos con deficiencia motríz. In: SANCHO, J.M. (Coord.). *Apoyos digitales para repensar la educación especi*al. Barcelona: Octaedro, 2001. p.101-134.

FERNÁNDEZ BATANERO, J.M. Las nuevas tecnologías como recursos de apoyo al alumnado con discapacidad motora y psíquica. *Primeras Noticias. Comunicación y pedagogía*, v.194, p.30-33, 2004.

GARDNER, H. *Estructuras de la mente : la teoria de las multiples inteligencias.* México : Fondo de Cultura Económica, 1987. Publicado em português pela Artmed Editora.

GARRIDO, P.; MARTÍNEZ, F.J.; PÉREZ, S.; NARANJO, F. *The Design Of Multimedia Documentation Systems To Teach Engineering: A Change Of The Traditional Teaching Process* (pdf), s.d.

GRAU SABATE, X. (Coord.). *Tecnología y discapacidad visual: necesidades tecnológicas y aplicaciones en la vida diaria de las personas con ceguera y discapacidad visual.* Madrid: Organización Nacional de Ciegos Españoles, 2004.

IMSERSO. *I Plan Nacional de accesibilidad. 2004-2012. Por un nuevo paradigma, el Diseño para Todos, hacia la plena igualdad de oportunidades.* 2003.

IMSERSO. *II Plan de Acción para personas con Discapacidad 2003-2007.* 2003.

LEY 34/2002, de 11 de julio, *de Servicios de la sociedad de la información y de comercio electrónico.*

LEY 51/2003 de 2 de diciembre, de *Igualdad de oportunidades, no discriminación y accesibilidad universal de las personas con discapacidad.*
LÓPEZ MELERO, M. Escuela pública y cultura de la diversidad: un compromiso con la acción. In: SANCHO, J.M. (Coord.). *Apoyos digitales para repensar la Educación Especial.* Barcelona: Octaedro, 2001. p.213-246.
MACÍAS GARCÍA, M.; PÉREZ TOLEDANO, M.; SÁNCHEZ FIGUEROA, F. *La Web, el Acceso a la información y la Discapacidad.* Pdf. Consulta 1 de febrero de 2005.
MANIFIESTO EUROPEO sobre la Sociedad de la Información y las personas con discapacidad. *Boletín del Real Patronato,* v.46, p.103-112, 2000.
MIÑAMBRES, A. *Atención educativa al alumnado con dificultades de visión.* Archidona (Málaga): Aljibe, 2004.
MUÑOZ, J.A. Dificultades con la visión. In: SANCHO, J.M. (Coord.). *Apoyos digitales para repensar la Educación Especial.* Barcelona: Octaedro, 2001. p.135-154
NAVARRO, J.L. Dificultades de audición y lenguaje. In: SANCHO, J.M. (Coord.). *Apoyos digitales para repensar la Educación Especial.* Barcelona: Octaedro, 2001. p.67-100.
ONU. *Normas Uniformes sobre la igualdad de oportunidades para las personas con discapacidad.* Asamblea General, 20 de diciembre de 1993.
PARLAMENTO EUROPEO. Hacia una Europa sin barreras para las personas con discapacidad. Resolución sobre la comunicación de la Comisión al Consejo, al Parlamento Europeo, Al Comité Económico y Social y al Comité de las Regiones. *Diario Oficial de las Comunidades Europeas*, 24 jan. 2002.
REYES REBOLLO, M.M. Nuevas tecnologías, educación, empleo y discapacidad. *Innovación educativa*, v.14, p.279-298, 2004.
ROMERO, R. *Estudio de Accesibilidad a la Red. Cómo mejorar la accesibilidad a la red.* http://acceso.uv.es/accesibilidad/Unidad/'pubs/2003-SIDAR-IDCnet/CurriculumDpT.htm. Consulta 5/4/2004.
ROSE, D.H.; MEYER, A. *Teaching every student in the digital age: universal design for learning.* ASCD, 2002.
SIDAR. *Recursos. Directivas. Seminario de Iniciativas sobre Discapacidad y Accesibilidad en la Red*. Seminario de Iniciativas sobre Discapacidad y Accesibilidad en la Red http://www.sidar.org. Consulta 14/4/2004.
SÁNCHEZ ASÍN, A. *Tecnologías de la información y comunicación para la discapacidad.* Archidona (Málaga): Aljibe, 2004.
SÁNCHEZ HIPOLA, M.P. Repensa la formación do profesorado de educación especial para a escola inclusiva. *Revista Galega do Ensino,* v.32, p.89-105, 2001.
SANCHEZ MONTOYA, R. *Ordenador y discapacidad.* Madrid: CEPE, 2002.
SANCHO, J.M. (Coord.). *Apoyos digitales para repensar la Educación Especial.* Barcelona: Octaedro, 2001.

SOTO, F.J.; RODRÍGUEZ (Coords.). *Tecnología, educación y diversidad: retos y realidades de la inclusión digital.* Murcia: Consejería de Educación y Cultura.

TÉRMENS, M.; RIBERA TURRÓ, M. La accesibilidad de las universidades españolas en la web. *Red de Integración Especial.* Tercer Congreso Virtual: Integración sin Barreras en el Siglo XXI, 2002.

TOLEDO, P. *Accesibilidad informática y discapacidad.* Sevilla: Mergablum, 2001.

TOLEDO, P. Las webs educativas y su accesibilidad ante la diversidad. Hacia el tercer milenio: Cambio educativo y educación para el cambio. *Actas del XII Congreso Nacional e Iberoamericano de Pedagogía.* Sociedad Española de Pedagogía: Madrid, 2000.

_____. La accesibilidad en las webs de las universidades andaluzas. *PIXEL-BIT,* v.17, 2001.

ZAPATA, M. Campus virtuales: la enseñanza a distancia universitaria. *Primeras Noticias. Comunicación Y Pedagogía,* v.188, p.73-77, 2002.

ZUBILLAGA, A.; ALBA, C.; RUÍZ, N. Internet y accesibilidad a la Educación Superior: Toda para unos o cómo hacerla para todos. In: SOTO, F.J.; RODRÍGUEZ VÁZQUEZ, J. *Las nuevas tecnologías en la respuesta educativa a la diversidad.* Murcia: Consejería de Educación y Cultura, 2002. p.481-486.

ZUBILLAGA, A.; ALBA, C.; RUÍZ, R. Direcciones de Internet sobre discapacidad y accesibilidad. *Primeras Noticias. Comunicación y Pedagogía,* v.188, p.73-77, 2003.

7

Vinte Anos de Políticas Institucionais para Incorporar as Tecnologias da Informação e Comunicação ao Sistema Escolar

Manuel Area

INTRODUÇÃO

O interesse por ampliar e generalizar a incorporação e o uso pedagógico dos computadores nas escolas de modo mais intenso não se produziu até a década de 1980. Este fenômeno não ocorreu apenas porque a tecnologia informática alcançou um desenvolvimento que permitiu sua popularização por meio de pequenas máquinas potentes e baratas, mas também porque começou a implementação de planos e projetos impulsionados pelos governos dos Estados Unidos, Japão e países europeus que converteram em um objetivo relevante de suas políticas educacionais a necessidade de formar e preparar os alunos como usuários qualificados dos computadores, assim como adequar o sistema escolar às novas demandas socioprodutivas geradas pela chamada revolução da informática e das telecomunicações.

Em trabalhos anteriores (Area, 2002, 2003), afirmei que a integração[1] das tecnologias informáticas nas escolas e salas de aula é um processo que, com maior ou menor riqueza e ritmo desigual, foi-se desenvolvendo nas últimas décadas em todos os sistemas escolares dos países mais avançados. Foram considerados não apenas argumentos de natureza psicopedagógica, mas também justificativas políticas, econômicas e empresariais. A revolução informática no final do século XX foi tamanha que os governos ocidentais se conscientizaram de que a digitalização e o processamento da informação era um elemento estratégico de primeira ordem para o futuro de cada nação e da economia mundial. Os relatórios Nora e Minc, de 1978, na França, e os trabalhos posteriores de Manuel Castells, nos anos de 1990, foram alguns dos ensaios que abordaram esta questão e são hoje referência obrigatória.

As razões apresentadas para incorporar as novas tecnologias às práticas educativas foram explicadas em numerosas obras e estudos, nacionais e internacionais, e são bastante conhecidas: adequação do sistema escolar às características da sociedade da informação; preparação de crianças e jovens para as novas formas culturais digitais; incremento e melhoria da qualidade dos processos de ensino; inovação dos métodos e materiais didáticos, entre outros. Cuban (2001) analisa este fenômeno assinalando que a justificativa da entrada dos computadores nas escolas vem do interesse de submeter a formação escolar às necessidades da economia e do mercado, em detrimento de um modelo de escolaridade que procurava, em décadas passadas, a democratização e a igualdade social. Por isso, a justificativa da introdução das novas tecnologias em aula está apoiada em três condições básicas pois: convertem as escolas em espaços mais eficientes e produtivos; conectam a formação com as necessidades da vida social e preparam os alunos para a atividade profissional do futuro.

Neste capítulo, faremos um breve resumo das grandes linhas que, nestes últimos 20 anos, guiaram os programas destinados a facilitar o uso das tecnologias da informação e comunicação nas escolas. Farei referência aos contextos norte-americano e europeu, mas a descrição e análise aqui apresentadas tratarão principalmente da situação na Espanha. Também analisarei com mais detalhes um caso particular, o da Comunidade Autônoma de Canárias, que servirá para ilustrar o processo de implementação das referidas políticas. Ao final, chegaremos a algumas conclusões sobre as condições que levam ao êxito ou ao fracasso destes programas desenvolvidos em grande escala, sugerindo desafios para o planejamento das políticas destinadas à incorporação escolar das TIC em desenvolvimento hoje na Espanha. Estas sugestões são de que estas políticas devem centrar-se mais na inovação da prática educativa e menos na quantidade de recursos informáticos disponíveis nas escolas.

O FINAL DO SÉCULO XX: OS PRIMEIROS PROGRAMAS INSTITUCIONAIS

No final da década de 1970 e começo da de 1980, diferentes governos ocidentais incorporaram a suas políticas educacionais a necessidade de os computadores ingressarem nas escolas. Naquele período, produziu-se a primeira onda[2] destinada à popularização dos computadores no sistema educacional não-universitário. Essa primeira fase se caracterizou pela incorporação ao currículo de disciplinas relacionadas com a informática, pela criação de programas e planos oficiais destinados à aquisição e dotação das escolas de equipamentos e aparelhos informáticos, pelo uso de computadores para a gestão administrativa (matrículas, notas, expedientes), pela criação de programas informáticos educativos e pelas primeiras ações de formação de professores neste campo.

Isto produziu (ou pelo menos impulsionou) um clima social de entusiasmo e expectativas favoráveis à informática como uma espécie de talismã (Somekh, 1992) gerador de profundas transformações nos sistemas formativos. Um exame das publicações da época, assim como dos congressos da década de 1980, nos permite uma visão mais precisa deste clima de fé na tecnologia como impulsionadora da renovação pedagógica no conjunto do sistema escolar.

Na Espanha, o processo de incorporação da tecnologia informática às escolas começou institucionalmente com o *Projeto Atenea*, implantado pelo Ministério da Educação e Ciência em meados dos anos de 1980 que, posteriormente, se constituiu no *Programa de Novas Tecnologias da Informação e Comunicação* (PNTIC). Paralelamente, foram desenvolvidos projetos como *Abrente* e *Estrela*, na Galícia; *Plano Zahara*, na Andaluzia; *Plano Basco de Informática Educativa*; *Programa Informática a l'Ensenyament*, em Valência; *Projeto Ábaco*, nas Ilhas Canárias, e o *Plano de Informática Educativa* da Catalunha. Todos podem ser vistos em detalhes em PNTIC (1991).

Foi um período dominado pelas expectativas e promessas que trazia a chamada revolução informática. Naquele momento, a tradição pedagógica dos computadores se materializava, basicamente, na chamada EAC (Ensino Assistido por Computador), a versão moderna do ensino programado de Skinner nos anos de 1960, na incorporação da informática como disciplina pelos planos de estudo, na dotação das escolas de um mínimo de equipamentos informáticos e na utilização dos computadores nas tarefas de gestão das escolas. Certamente, estes programas, apesar de seus limitados efeitos sobre o conjunto do sistema escolar, foram o germe da situação atual da informática educativa na Espanha, pois neles se formaram grande parte dos recursos humanos que trabalham hoje com a tecnologia da informação e comunicação em educação. Além disso, serviram para desenvolver importantes experiências com muito voluntarismo e ilusão, mas também carregados de ingenuidade e falta de adequados recursos materiais e econômicos.

No começo dos anos de 1990, muitos dos programas citados desapareceram, mudaram ou pararam seu desenvolvimento, pois os recursos que os financiavam diminuíam consideravelmente. Os primeiros anos desta década foram um período em que a informática e tecnologia aplicadas à educação deixaram de ser prioridade educativa das políticas das administrações do sistema escolar público. Produziu-se uma situação de estancamento ou avanço moderado no processo de incorporação de novas tecnologias às aulas. As prioridades, esforços e interesses estavam mais centrados na aplicação da reforma promovida pela LOGSE (Lei de Ordenação Geral do Sistema Educacional) em que as tecnologias digitais não eram eixo central, embora relevante.

A década de 1990 representou um período no contexto internacional de revisão crítica do realizado: nem se demonstrou que os alunos aprendiam mais e melhor pelo simples uso do computador em aula nem os professores em geral inovaram suas práticas adotando os computadores como recurso habitual de ensino; não se produziu, portanto, a esperada *revolução pedagógica*. Tudo isso, junto com uma crise da economia ocidental e com o estabelecimento de outras prioridades de política educacional, fez com que muitos governos reduzissem seu apoio aos planos e projetos destinados a introduzir e fomentar o uso educativo da informática.

O *Congresso Europeu sobre Tecnologias da Informação em Educação* (TIE), em Barcelona, em 1992, refletiu em suas conclusões este novo clima de ceticismo ou crítica racional às ingênuas convicções da década anterior. Em conseqüência, a década de 1990 começou com um período de languidez e de revisão crítica sobre as expectativas criadas em torno do potencial das tecnologias digitais como catalisadoras da renovação pedagógica nas escolas.

Neste sentido, muitos resultados e dados obtidos nos diferentes relatórios e avaliações sobre o período não foram tão favoráveis como as expectativas criadas (Honey, McMillan e Carrig, 1999). Na maior parte dos sistemas educacionais analisados, o uso de computadores com fins educativos era baixo e muitas práticas não representavam um avanço, inovação ou melhora quanto às práticas tradicionais de ensino. Reisner (2001, p. 59-60), em trabalho de revisão da evolução do uso e desenvolvimento da tecnologia no contexto educativo norte-americano, afirma:

> Mesmo que os computadores pudessem ter amplo impacto nas práticas escolares, ele era baixo, em meados de 1990. Os estudos revelaram que em 1995, apesar de as escolas norte-americanas possuírem um computador por nove alunos, o impacto das máquinas nas práticas de ensino era mínimo, com um significativo número de professores indicando que apenas as usavam para fins educativos. Pior ainda, na maioria dos casos o uso dos computadores estava longe de ser inovador.

De modo similar, anos antes, em meados de 1990, Glennan e Melmed (1996, p. 1), em estudo financiado pela *RAND Corporation*, afirmavam que, apesar de em 1994 os Estados Unidos terem gasto bilhões de dólares, "o uso da tecnologia no ensino tende a ser feito pelos professores, individualmente. Poucas escolas como um todo a assumiram e utilizaram para transformar o conteúdo e o ensino. A evidência de que a tecnologia tem a capacidade de melhorar o ensino ou que promete maior eficácia para a escolaridade ainda é pequena". Esta situação era praticamente generalizada na maior parte dos países ocidentais.

O COMEÇO DO SÉCULO XXI: A FASCINAÇÃO PELA INTERNET

Entre 1997 e 2001, produziu-se a explosão e difusão em larga escala das novas tecnologias da informação e comunicação. A disseminação da telefonia móvel em toda a sociedade, o surgimento da televisão digital, o acesso à internet, a criação de empresas e serviços de comunicação, *on-line*, etc. foram as provas do crescimento e grande expansão das tecnologias digitais em nossa vida cotidiana. O governo Clinton, nos Estados Unidos, e, mais timidamente, a Comissão da União Européia apoiaram o desenvolvimento dessas tecnologias digitais como condição necessária para o desenvolvimento da chamada sociedade da informação ou conhecimento.

Antes da crise da nova economia, em 2001-2002,[3] além do espetacular avanço tecnológico e empresarial, houve uma segunda onda mitificadora do potencial de mudança e melhoria social que podiam representar as novas tecnologias em geral e a internet em particular. Nesses anos existiu, como há tempo não se produzia no Ocidente, uma ilusão desmedida ou utópica e midiática (empregando a terminologia de Mattelart, 2000) provocada pelo crescimento econômico apoiado no desenvolvimento tecnológico. Fruto desta combinação, emergiu o conceito de nova economia ou economia digital para se referir àquelas empresas ou setores econômicos da terceira revolução industrial e que desenvolviam sua atividade por intermédio de redes de comunicação digital (serviços financeiros, portais da internet, comércio *on-line*, indústria do entretenimento, educação virtual, etc.). Deste modo, o conceito de nova economia era sinônimo de progresso, bem-estar e futuro e quase ninguém duvidava de que era um setor com possibilidades quase ilimitadas de crescimento. Por isso, suas ações na bolsa dispararam e os preços de compra e venda destas empresas alcançaram patamares exorbitantes.

Os meios de comunicação social, muitos em mãos de empresas de telecomunicações e da nova economia, propagaram a boa nova e o público começou a perceber que a internet e as tecnologias digitais representavam uma revolução de grande impacto social e transcendência histórica. Basta lembrar como, em poucos anos, passou-se de uma situação em que a internet era uma absoluta desconhecida no começo dos anos de 1990, restrita a uma minoria,[4] para outra em que, no final do mesmo período, tornou-se um fenômeno popular a que aderiu todo tipo de indústria, instituição ou agência social.

Os governos passaram a divulgar e apoiar a projeção e aplicação das novas tecnologias em todos os setores sociais: economia de serviços, saúde, administração pública, finanças, educação, entre outros. Estava, e ainda está, em jogo uma luta de interesses por se posicionar ante o desenvolvimento da economia internacional e que represente uma nova forma de capitalismo (Castells, 2000). Os Estados Unidos sempre lideraram esse tipo de mercado e a Europa sempre foi consciente de seu atraso a respeito da hegemonia das empresas tecnológicas norte-americanas. Por isso, a União Européia, pelo menos teoricamente, formulou um modelo que conjugava o desenvolvimento do mercado das telecomunicações e as aplicações informáticas com a participação dos diferentes setores e grupos sociais tentando evitar, na medida do possível, a exclusão de minorias. Os programas europeus como *Youthstart, Now, Adapt, Integra, Horizon*, entre outros, foram medidas tomadas para facilitar o acesso ao trabalho e a integração social de grupos desfavorecidos.

O processo institucional de introdução escolar das novas tendências desta segunda fase foi impulsionado pela aposta do Governo Clinton, junto com as ações da Comissão Européia. Na América do Norte, articularam-se programas federais, a partir do Departamento de Educação, como *Getting America's Students Ready for the 21st Century: Meeting the Technology Literacy Challenge, Preparing*

Tomorrow's Teachers to Use Tecnology Program (PT3), National Educational Technology Plan, Exploring Virtual Schools, entre outros. Os estados também fizeram seus programas, como pode ser visto em Zhao e Coway (2001).

Na Europa, ao longo da década de 1990, surgiram diferentes programas que estimulavam e financiavam o planejamento e desenvolvimento de iniciativas dirigidas ao uso dos computadores e dos serviços informáticos com fins educativos. A Comissão Européia sempre defendeu a educação como motor e catalisador da expansão das novas tecnologias, tanto no cotidiano dos cidadãos como nos setores estratégicos da sociedade. Isso é demonstrado nos documentos e programas da época. O famoso livro branco sobre a sociedade do conhecimento elaborado durante a presidência de J. Delors (Comissão Européia, 1995), os programas como *Grutving, Minerva, Comenius, Sócrates, Delta* alcançaram sua expressão máxima por intermédio do *Programa e-Europe*,[5] destinado a impulsionar a sociedade da informação na União Européia e cuja tradução educativa é o atualmente vigente Programa *e-Learning*,[6] aprovado em reunião em Lisboa, em 2000. Na apresentação desse programa, estabeleceram-se objetivos-chave como o acesso à internet para todas as escolas européias em 2001, assim como a acessibilidade em cada sala de aula e a formação de professores para as novas tecnologias, em 2002. Objetivos que não foram atingidos no prazo, pelo menos na Espanha.[7]

No contexto espanhol, a criação do programa *e-Learning* se traduziu no *Plano Info XXI*, divulgado em janeiro de 2001. A idéia era alfabetizar tecnologicamente a grande maioria da população espanhola. Em abril de 2002, foi apresentado outro plano, especificamente elaborado para o sistema educacional não-universitário, chamado *Internet na escola*, do qual se conheceram apenas implementações reais.

Em julho de 2003, o Governo deu por concluído o *plano Info XXI*,[8] sendo substituído pelo programa *España.es*, que desapareceu quando o Partido Popular perdeu as eleições de 2004; portanto, teve impacto real sobre a sociedade e o sistema escolar. Esse plano nasceu com o desejo de articular um conjunto de ações e projetos destinados a impulsionar o desenvolvimento da Sociedade da Informação na Espanha. Estava previsto que tivesse uma vigência de dois anos (2004-2005) e surgiu seguindo as diretrizes estratégicas da chamada Comissão Soto, formada por especialistas e criada pelo Governo em novembro de 2003 para analisar a problemática que o desenvolvimento da Sociedade da Informação acarreta, para o setor empresarial e a sociedade em geral.[9] A ação destinada ao sistema escolar se denominava *educação.es*. O objetivo era melhorar o sistema educacional, integrando as tecnologias da informação como ferramenta habitual no processo de ensino e aprendizagem. Para isso, propunham-se três atuações destinadas à infra-estrutura, setor docente e conteúdos educativos. A chegada do governo socialista, na primavera de 2004, implicou a paralisação deste plano. Veio a aprovação, um ano depois, em março de 2005, de um pacote de medidas econômicas destinadas a aumentar o desenvolvimento do programa *Internet na sala de aula*,[11] assim como a facilitar a aquisição de computadores a baixo preço para famílias com crianças em idade escolar.

Contudo, o dado mais relevante para a análise das políticas educacionais na Espanha com relação à implantação das TIC nas escolas é que elas são impulsionadas pelas administrações autônomas. Estas empreenderam programas e planos institucionais próprios para a integração das tecnologias digitais, especialmente a internet, nas escolas, caso do *Projeto Medusa*, nas Canárias; *Averroes*, na Andaluzia; *Programa Premia*, no País Basco; *Programa Ramón e Cajal*, em Aragon; *Plumier*, na Murcia; *Projeto SIEGA*, na Galícia; *EducaMadri*, na capital, e *Programa Argo*, na Catalunha. Isto representa um investimento para incorporar as novas tecnologias às escolas, mas o dado preocupante é a falta de coordenação institucional ou a ausência de foros de encontro e colaboração entre estes programas. Ou seja, em vez de um plano global, que coordene a integração das novas tecnologias no conjunto do sistema escolar espanhol, conforme as diretrizes européias, o que há são múltiplos planos e ações desenvolvidos isoladamente.

ANÁLISE DE UM CASO: O PROCESSO DE INCORPORAÇÃO DAS NOVAS TECNOLOGIAS NO SISTEMA ESCOLAR NAS ILHAS CANÁRIAS

Quero agora descrever e analisar detalhadamente o processo de integração das TIC em uma comunidade autônoma particular do estado espanhol, como é o caso do sistema escolar nas Canárias, que, a título de exemplo, permitirá ilustrar muito do que estamos tratando. Não me deterei excessivamente em narrar a história deste processo, mas oferecerei minha avaliação crítica do realizado, destacando aqueles aspectos mais problemáticos que cercam os fenômenos de inovação e integração das novas tecnologias nas salas de aula e escolas do arquipélago.

As primeiras experiências institucionais de incorporação dos computadores ao ensino começaram nas Canárias no final dos anos de 1980 com o *Projeto Ábaco*,[11] criado pelo Conselho de Educação, Cultura e Esportes do governo autônomo. Foi um projeto decorrente do *Projeto Atenea*, do Ministério da Educação. Sua existência foi efêmera e pouco generalizada, mas pelo menos serviu para começar a formar professores preocupados e motivados pela informática educativa. Oficialmente, os objetivos do Ábaco eram ambiciosos, mas as dificuldades do momento (pouco dinheiro, mudança de diretores, inexperiência pedagógica no uso de computadores, limitações dos programas e equipamentos, outras prioridades educativas) fizeram com que seus êxitos e realizações ficassem aquém do desejado. Isso talvez tenha sido inevitável porque se partia do zero e não se tinha suficiente experiência nem recursos adequados para disseminar o uso de computadores nas escolas canárias. Seus principais êxitos foram dotar algumas escolas pioneiras de computadores, formar grupos de professores que, com o passar do tempo, assumiram responsabilidades de apoio ao uso das tecnologias em aula e incorporar a informática educativa como matéria curricular. Apesar da curta duração de Ábaco como programa e seu relativo impacto na inovação das práticas docentes nas escolas do arquipélago, pelo menos foi importante porque institucionalizou e legitimou, pela primeira vez, a necessidade de incorporar a tecnologia informática ao sistema educacional canário.

Com chegada da LOGSE, junto com novas diretrizes políticas do começo dos anos de 1990, o Projeto Ábaco desapareceu e foi posteriormente substituído pelo *Programa de Novas Tecnologias*, referência da integração escolar das TIC nas Canárias. Além da equipe, o Programa criou a figura do assessor em Novas Tecnologias nos *Centros dos Professores* (*CEPs*) do Arquipélago. Foi um trabalho valioso porque foram numerosas as tarefas desenvolvidas e continuadas, apesar da escassez de recursos humanos, econômicos e infra-estruturais.

A partir do Programa de Novas Tecnologias (NNTT) e das assessorias CEP, foram implementadas ações de formação dos professores neste campo, desenvolveram-se programas específicos para a educação, tanto para a gestão administrativa como para atividades pedagógicas; as escolas foram assessoradas para resolver problemas com os equipamentos e o uso dos programas informáticos; articularam-se e apoiaram-se as primeiras experiências e serviços telemáticos e de internet; estimularam-se os professores para que criassem materiais e planejassem atividades e projetos de inovação baseados na utilização de computadores. Tanto o programa de NNTT como os CEPs possibilitaram que, pouco a pouco, as TIC fossem entrando nas escolas (mesmo que inicialmente apenas na administração) e que os professores inquietos e motivados pelo uso pedagógico dos computadores tivessem um referente de apoio institucional.

Também é certo que, durante este período, se careceu de uma política educacional para a integração escolar das TIC. Este conjunto de ações valiosas acima referidas foram fruto mais do entusiasmo e voluntarismo de agentes, técnicos e professores do que de planos organizados e articulados, destinados a estimular e potencializar as novas tecnologias como parte da paisagem cotidiana das aulas e escolas.

Na passagem do século XX para o XXI, o governo de Canárias resolveu investir para impulsionar a Sociedade da Informação[12] no Arquipélago, com a criação do *Plano Canárias Digital*.[13] Pretendia-se converter as novas tecnologias de informação e comunicação em um dos eixos ou tema centrais em diferentes setores estratégicos da sociedade: gestão administrativa, setor empresarial, serviços, turismo, educação, etc. Isso se materializou com a criação do *Projeto Medusa*, integrado com uma ação estratégica do *Pacto pela Educação*.

Medusa é um projeto ambicioso e complexo ainda em fase inicial de implantação. Para conhecer seus objetivos e ações planejadas, pode-se consultar sua web oficial.[14] O importante é que este projeto representa uma ação institucional articulada que caminha decididamente rumo ao desenvolvimento da infra-estrutura de telecomunicação que ligue as escolas entre si, à dotação de recursos informáticos básicos e à formação de professores. Até hoje, e durante o período 2002-2004, este conjunto de medidas foi executado somente no ensino médio, mas com expansão para toda a rede escolar no período de 2005-2006.

Participei de ações avaliadoras do Projeto Medusa e, em função dos dados disponíveis, posso afirmar que, apesar das inúmeras carências e dificuldades, pode-se acreditar que o projeto se transforme em importante referência que será adequadamente valorizada com o passar do tempo. Contudo, não quero que isso seja interpretado como um panegírico. Creio que Medusa, como projeto destinado à inovação e melhoria pedagógica do sistema educacional público nas Canárias, é cheio de incertezas e problemas que escapam do controle dos gestores; portanto, deve-se ter cautela ante as expectativas criadas.

Do meu ponto de vista, com base em experiências nacionais e internacionais sobre a matéria, creio que um macroprojeto de mudança e inovação educativa como Medusa dificilmente gera, de forma automática e rápida, modificações substantivas da prática educativa. O processo de mudança educativa em geral, e de uso pedagógico dos computadores em particular, é lento e gradual. Exige, em primeiro lugar, equipamentos e infra-estrutura tecnológica (condição necessária, mas não suficiente) e, paralelamente, a formação dos professores, criação de equipes de apoio, produção de materiais, entre outras medidas destinadas a favorecer e estimular a inovação. Muitas dessas ações, planejadas por Medusa, estão em execução. Mas isso não garante que, no período de execução do projeto (2001-2006), obtenha-se de fato a disseminação do uso pedagógico das novas tecnologias na maioria das salas de aula canárias. O sistema educacional nas Canárias não difere, substancialmente, dos demais dos sistemas dos países ocidentais; por isso, é previsível que sejam similares os fatores que incidem e dificultam o processo de integração escolar das TIC e, em conseqüência, a inovação pedagógica em aula.[15]

Quais seriam para mim as sombras que se projetam a curto e médio prazos sobre Medusa? Quais os riscos potenciais que cercam o projeto e podem neutralizar (ou diminuir) seus potenciais e possíveis benefícios? Em primeiro lugar, como na maioria dos casos similares, a principal ameaça é uma possível diminuição dos investimentos oficiais. Medusa começou – como outras estratégias do Plano Canárias Digital – em um momento de euforia econômica e tecnológica fruto da década de 1990 e recebeu investimentos importantes para as múltiplas necessidades e ações: equipamento tecnológico, formação, produção de materiais, criação de uma intranet educativa, avaliação do projeto, equipes locais de apoio etc. Poderia ocorrer uma redução dos investimentos educativos previstos com relação às TIC. Se isso ocorresse, seria o caso de renunciar ou limitar os objetivos do projeto? Se estão cumprindo os objetivos de infra-estrutura e formação no ensino médio, mas se há cortes financeiros, significa que outros níveis educativos (educação infantil, fundamental ou educação de jovens e de adultos) receberão apenas as dotações previstas? E outras ações, como teleformação, avaliação e criação de materiais didáticos, seriam abandonadas? Não sei, mas a experiência do passado indica que tudo dependerá da vontade política de manter esses investimentos. Uma redução econômica afetará de modo muito negativo os resultados e êxitos do projeto.

A segunda sombra é que o Projeto Medusa perca sua identidade como projeto de inovação educativa e fique reduzido a um plano de *quinquilharias tecnológicas* e de oferta de *cursinhos* de informática. Esse é um risco real no sentido de que o Medusa se torne um programa efêmero, fruto de uma moda tecnológica, mas que se dilui sem deixar uma referência na prática educativa. Assim aconteceu com projetos similares, em anos precedentes, em outros países, e ninguém está imune. Obter recursos e a formação informática dos professores são objetivos valiosos, mas insuficientes, se aspiramos à inovação e melhoria da qualidade educativa do nosso sistema educacional. Se os recursos e a formação não são acompanhados de ações para que os agentes educativos (professores, alunos, pais, serviço de apoio) se apropriem e considerem o Projeto Medusa como seu, ele pode ficar em meras mudanças superficiais da prática educativa e ser entendido como mais um projeto imposto de cima, da administração. Ou seja, a sombra a que estou me referindo é que, se Medusa não é suficientemente explicado e comunicado, se não são oferecidas oportunidades para o debate a reflexão sobre o que significam os desafios da sociedade da informação para a escola de Canárias, se não se obtém o compromisso dos agentes educativos, o Medusa continuará somente nas escolas e com aqueles professores entusiasmados com as novas tecnologias, mas não continuará na maior parte das escolas e salas de aula quando desaparecer, oficialmente. O desafio e, em conseqüência, o sucesso do Medusa é que a prática pedagógica com computadores se converta em mais um elemento normal da sala de aula, quando o projeto deixe de existir. Gros (2000) utiliza a metáfora do "computador invisível" para indicar que a autêntica integração das escolas das tecnologias digitais será alcançada quando elas forem tão *invisíveis* em aula como são hoje livros e quadro-negro.

Finalmente, não quero me esquecer de citar os professores como protagonistas da mudança e melhoria escolar. A responsabilidade do processo de integração escolar das TIC, além das instâncias e organismos oficiais, depende em grande medida do bom desempenho profissional dia a dia. Sem renovação profissional deles, não haverá realmente inovação educativa nem integração escolar das novas tecnologias.

Os dados existentes para avaliação do Projeto Medusa[16] nos mostram que a grande maioria dos professores, coordenadores e agentes de apoio das Canárias são receptivos e mantêm uma atitude favorável a utilizar as TIC no ensino, consideram que servirão para a melhoria educativa e mantêm altas expectativas pelos êxitos potenciais do Projeto Medusa. Existe, concretamente, desejo de mudança e consciência da relevância pedagógica dos computadores. Essas atitudes positivas e convicções, contudo, não garantem que os professores desenvolvam práticas educativas inovadoras, construtivistas e de qualidade, apoiadas no uso das tecnologias digitais. Uma coisa é o pensamento sobre o ensino e outra, bem diferente, é a atividade e prática profissional. Passar das convicções à ação não é um processo automático, mas caracterizado por avanços e retrocessos, pelo esforço de tentar, errar e corrigir e assim sucessivamente, até adquirir novas habilidades de atuação docente.

Ou seja, a sombra de que falo é se, apesar dos notáveis esforços de investimento econômico, recursos, formação e equipes de apoio, o Projeto Medusa resultará em uma transformação significativa do que podem fazer os agentes educativos com os computadores nas aulas para que os alunos aprendam. É previsível que muitos professores comecem ou continuem utilizando a informática para tarefas de planejamento ou avaliação do ensino fora da aula (copiar notas, preparar atividades, realizar programações, enviar documentos, procurar experiências educativas na web, etc.). Com os cursos de formação previstos e a disponibilidade dos computadores na casa de muitos professores, eles utilizarão as tecnologias como ferramentas de trabalho. Isto acredito ser indiscutível e é o que indicam os dados obtidos na avaliação inicial. Porém, o uso dos computadores em aula com seus alunos é problema muito mais complexo porque, no fundo, os computadores questionam todo o modelo de ensino desenvolvido até agora. Dificilmente podem-se utilizar as tecnologias digitais com os alunos sem renovar e inovar a metodologia e prática docentes.

QUE LIÇÕES PODEMOS EXTRAIR DA PESQUISA?

O estudo, análise e avaliação do impacto das novas tecnologias de informação e comunicação sobre o ensino e a inovação pedagógica nas escolas é um aspecto problemático com grande interesse para a pesquisa educativa e a que se dedica grande atenção no último decênio. A partir da Comissão Européia, para intermédio do escritório EURYDICE,[17] publicaram-se diferentes estudos sobre esta temática, assim como também do *Eurobarômetro*,[18] destinado à análise da opinião pública nos países europeus. Neste sentido, também os relatórios da OCDE são fonte relevante para conhecer o estado de incorporação das TIC aos sistemas educacionais.[19] No contexto norte-americano, existem também múltiplos espaços web em que obter informações desta natureza. Exemplos disso são o site do US *Departamento of Education*,[20] a base de dados gerida por *WestEd* sobre estudos educativos em geral e sobre o impacto das tecnologias de ensino em particular,[21] ou o *Center Children and Technology*.[22] Também em língua inglesa, mas do Reino Unido, se pode visitar o CARET[23] (*Center for Applied Research in Educational Technology*) e BECTA[24] (*British Educational Communications and Technology Agency*).

Os resultados dos estudos e avaliações sobre a incorporação das TIC aos sistemas educacionais indicam que, apesar de quase duas décadas de esforços continuados e projetos oficiais, a presença e utilização pedagógica dos computadores (como máquina pessoal, de multimídia ou rede), ainda não se disseminou nem se tornou prática integrada na escola. Certamente, estamos diante de uma problemática complexa, em que intervêm múltiplos e variáveis fatores de natureza muito diversa. Diferentes autores formulam hipóteses que explicam as dificuldades de utilização e integração do uso das TIC no ensino.

O trabalho de Larry Cuban[25] (1986) *Teacher and machines* é o ensaio que estabelece os rumos de elaboração destes modelos teóricos. Ele analisou a história e evolução da tecnologia do ensino ao longo do século XX, identificando que existe um padrão ou modelo que sempre se repete quando se pretende incorporar ao ensino um meio ou tecnologia novos. Foi assim com o rádio, o cinema, o projetor de *slides*, a TV, o vídeo e, mais recentemente, o computador. Esse padrão é de que o novo meio cria altas expectativas de que inovará os processos de ensino-aprendizagem; posteriormente, se aplica às escolas e, quando se normaliza sua utilização, se descobre que seu impacto não foi tão grande como se esperava, por diversas causas: falta de meios suficientes, burocracia, preparação insatisfatória dos professores, etc. Em conseqüência, os professores mantêm suas rotinas tradicionais apoiadas basicamente nas tecnologias impressas. É o que Hodas (1993) denomina a "cultura do rechaço" e que é uma reação ao interesse do mercado em incorporar a nova tecnologia às escolas. Ao forçar a entrada dos computadores, enfrentam uma cultura organizativa e docente que os rechaça.

Outros trabalhos apontam as condições e fatores que incidem, facilitando ou impedindo a integração e uso das tecnologias digitais nas escolas, em uma perspectiva de inovação educativa (Escudero, 1991; Zammit, 1992; Fabry e Higos, 1997; Richardson, 2000; Burbules e Cullister, 2001; Cuban, 2001; Pelgrum, 2001; Zhao et al., 2002). Nestes estudos e ensaios, analisaram-se práticas de uso dos computadores em aula e também os processos de generalização e inovação do sistema educacional pela incorporação das tecnologias da informação e comunicação.

Zammit (1992) acredita que os fatores que afetam o uso dos computadores nas escolas são condicionados por três categorias: disponibilidade de equipamentos e programas informáticos; interação entre aluno-professor-especialista e decisões políticas e expectativa dos pais. Fabbry e Higgs (1997) pensam que as características pessoais, como resistência a inovações ou atitude diante dos computadores, eram barreiras que dificultavam a utilização dos computadores pelos professores. Também Chiero (1997) acredita que a falta de tempo é a barreira mais relevante na falta de uso educativo dos computadores. Glennan e Melmed (1996) apontam que as três grandes dimensões são: o financiamento dos custos para obter e manter os recursos tecnológicos nas escolas; a oferta aos professores de formação e tempo necessários, assim como manter um sistema de apoio constante e desenvolver software educativo para uso em aula.

Richardson (2000) coordenou um estudo internacional desenvolvido comparativamente em diferentes países em que se tentaram definir os critérios que determinam a implementação exitosa das TIC nas escolas de ensino fundamental e médio. Analisaram-se Canadá, Austrália, Finlândia e Israel por: aspectos organizativos do sistema educacional de cada país, objetivos na implantação das TIC, recursos e estratégias empregados, fases e verbas dos projetos e meios de avaliação. Para isso, utilizaram um questionário nas escolas consideradas exitosas no processo de implementação das TIC.

As descobertas descritas neste estudo destacam a profunda evolução que está ocorrendo nas estratégias nacionais de implantação das TIC nestes últimos anos. De muitos projetos-piloto eufóricos nascidos nas décadas de 1980 a 1990, atualmente grande parte dos países parece ter-se voltado a enfoques de longo prazo com estratégias que envolvam todos os níveis do sistema educacional (nacional, local, escola, aula). Também se incorporou a necessidade de estabelecer consórcios com as comunidades locais e as empresas como fonte suplementar de especialistas e de financiamento. Também a formação inicial e profissional continuada dos professores é outro foco de atenção (Richardson, 2000, p. 3-4).

Nesse estudo, conclui-se que as três grandes dimensões que afetam o êxito na implementação das TIC na prática escolar (p. 28) são: o clima escolar (visão compartilhada sobre a implementação das TIC, compromissos e acordos nas escolas, informação compartilhada dentro da escola, formação de equipes de trabalho para tarefas específicas); a gestão das TIC (orçamento, modalidades no plano de implementação, apoio técnico, formação dos professores, estratégias de apoio às TIC) e conhecimento das TIC aquisição e atualização de equipamentos, software e periféricos, integração pedagógica, modificação do conteúdo curricular, desenvolvimento de métodos avaliativos adaptados).

Cuban, Kirkpatrick e Peck (2001) identificaram uma série de condições que influem na integração e uso das novas tecnologias nas escolas, assinalando as seguintes: a existência de um planejamento flexível durante períodos de aula maiores; o desenvolvimento profissional dos professores distribuído em horas e lugares convenientes; a formação de pessoal para o uso de tecnologia adequada às necessidades do plano de estudos e o nível de conhecimentos tecnológicos dos professores; tempo disponível dos professores para colaboração entre eles e o desenvolvimento de programas de tecnologia integrada; pessoal técnico disponível para manter os computadores e acessibilidade fácil em alta velocidade na internet; distribuição de computadores por todas as salas de aula, mais do que em laboratórios ou escolas isoladas; o emprego de software experimentado e sua facilidade de uso.

Poderíamos seguir citando mais bibliografia e autores, mas creio que o exposto é suficientemente representativo do destacado pela atual teoria curricular com relação à incorporação das TIC pelas escolas, pensando isso não como um mero problema de dotação informática, mas como um processo de inovação e mudança pedagógica. Creio que, em resumo, a maior parte do que a literatura especializada indica é que há uma série de fatores que parecem incidir no sucesso ou fracasso deste tipo de projetos destinados a incorporar e integrar pedagogicamente as novas tecnologias ao ensino que pode ser assim sintetizado:

- A existência de um projeto institucional que impulsione e avalize a inovação educativa utilizando tecnologias informáticas.
- A dotação suficiente e adequada da infra-estrutura e recursos informáticos nas escolas e salas de aula.
- A formação dos professores e a predisposição favorável deles com relação às TIC.
- A disponibilidade de variados e abundantes materiais didáticos ou curriculares de natureza digital.
- A existência de condições e cultura organizativas nas escolas que apóie e impulsione a inovação baseada no uso pedagógico das TIC.
- A configuração de equipes externas de apoio aos professores e às escolas destinadas a coordenar projetos e facilitar soluções para os problemas práticos.

Ou seja, o que manifestam estes trabalhos é que o processo exitoso de incorporação das tecnologias às escolas é conseqüência de uma junção de variáveis de natureza política, educativa, econômica e infra-estrutural, cultural e organizativa-curricular. Conforme McMillan, Hawkings, Honey (1999) aprendemos a reconhecer que o impacto da tecnologia sobre a aprendizagem em ambientes complexos não pode ser abordado analisando a tecnologia de forma isolada. Por isso, devemos pensar em pesquisas holísticas que tentem analisar como se integra a tecnologia nos grupos e contextos educativos reais; como os recursos tecnológicos são interpretados e adaptados pelos usuários; como relacionar melhor as potencialidades da tecnologia com as necessidades e processos de aprendizagem; como as mudanças tecnológicas afetam e influem na inovação de outras dimensões do processo educativo, como avaliação, gestão, comunicação e desenvolvimento do currículo.

OS PRÓXIMOS DESAFIOS DAS POLÍTICAS EDUCACIONAIS SOBRE AS TIC: IR ALÉM DOS INDICADORES QUANTITATIVOS

Vive-se hoje, na Espanha, um período em que pela segunda vez estão sendo implantadas políticas destinadas a facilitar a integração e uso das novas tecnologias de informação e comunicação no meio escolar. As autoridades manifestam que pretendem dotar as escolas tanto do equipamento técnico como das aplicações informáticas necessárias, formar os professores em exercício no conhecimento das novas tecnologias e desenvolver experiências didáticas de uso dos computadores, multimídia e internet a fim de introduzir os alunos na cultura e conhecimento que demanda a sociedade da informação.

Qualquer política deveria ser planejada com a intenção de não apenas dotar de computadores os colégios, mas também, e sobretudo, de enfatizar a importância da inovação das práticas pedagógicas. Executar a tarefa implica necessariamente em importantes investimentos econômicos em recursos tecnológicos e na criação de redes educativas; desenvolver estratégias de formação de professores e seu assessoramento com relação à utilização das tecnologias de informação e comunicação com fins educativos; conceber as escolas como instâncias culturais integradas na zona ou comunidade a que pertencem colocando à disposição da comunidade os recursos tecnológicos existentes; planejar e desenvolver projetos e experiências de educação virtual apoiadas no uso das redes telemáticas, assim como propiciar a criação de *comunidades virtuais de aprendizagem*; criação de webs e materiais didáticos *on-line*, de modo que possam ser compartilhados e utilizados por diferentes salas de aula e escolas.

Da experiência de anos anteriores e das políticas desenvolvidas em numerosos países, aprendemos que a mera dotação de recursos tecnológicos às escolas (computadores, impressoras, scanners, internet, projetores multimídia, telas digitais) é uma condição necessária, mas insuficiente. Aprendemos que a modernização e adaptação da instituição escolar à sociedade informacional do século XXI não consiste em encher as escolas de aparelhos informáticos e, paralelamente, capacitar os professores oferecendo cursos de informática. Cursos de uso do sistema operativo, seja Windows ou Linux, curso de processadores de textos, de navegação pela internet, de envio de mensagens pelo correio eletrônico ou de elaboração de apresentações multimídia. Esta visão indica que, quando se introduzem as quinquilharias nos ambientes educativos e se instruem os professores a ser operários dessa tecnologia, de forma mais ou menos automática, eles inovarão suas práticas pedagógicas e desenvolverão processos educativos de maior qualidade com seus alunos.

Assim, desta perspectiva pedagogicamente simples (ou interessada?), se mantém que os computadores, devido a seu alto grau de sofisticação tecnológica, a sua capacidade de automatismo e processamento *quase* inteligente da informação, sua versatilidade, rapidez e flexibilidade no cumprimento de tarefas, provocarão imediatamente uma melhoria no rendimento da aprendizagem, já que os alunos poderão aprender mais coisas em menos tempo e com menos esforço. Além disso, estarão mais motivados e entusiasmados a trabalhar com computador em vez de livros. A ingenuidade desta posição ou corrente de pensamento é evidente, já que simplifica a complexidade de variáveis, situações e componentes envolvidos nos processos de ensino-aprendizagem, reduzindo essa problemática a uma mera mudança ou substituição de meios e tecnologias.

Uma política educacional destinada a integrar as TIC nas escolas deveria utilizar os computadores de forma mais ou menos habitual com os alunos. Essa prática, de valor e significado pedagógico, representará para a imensa maioria dos professores um enorme esforço de aprendizagem na aquisição de novas habilidades relacionadas com a mudança nas formas de agrupamento e gestão da sala de aula, planejamento de atividades baseadas no uso educativo dos recursos de internet ou multimídia, estabelecimento de novos critérios avaliativos dos produtos e trabalhos dos alunos e em saber resolver as dúvidas deles. Ensinar com computadores exige uma metodologia diferente do modelo tradicional baseado no livro de texto, aula ou anotações. E mudar essas rotinas e habilidades docentes é um problema complexo, que exige muito entusiasmo, tempo e esforço continuado (Cuban, 2001). O custo pessoal e profissional que exige passar de um modelo expositivo do conhecimento baseado nos livros a um modelo construtivista apoiado no uso de variadas tecnologias é alto e é previsível que muitos professores se recusem a gastar tanta energia em máquinas que não entendem e os deixam inseguros.

Talvez seja preciso esperar uma nova geração de professores, alfabetizados na cultura e tecnologia digital em sua adolescência ou juventude. Não sei. Mas tenho a certeza de que uma proporção significativa de professores (adultos de meia idade) tem atualmente grandes dificuldades para empregar a informática como meio ou ferramenta cultural com a mesma facilidade que utiliza os meios impressos. Trato não de um problema relacionado com a falta de vontade ou de atitude favorável às TIC, que não se resolve aprendendo a utilizar Word, Explorer ou Power Point. É um problema de fundo que tem a ver com a socialização cultural e o domínio das formas de comunicação digitalizadas que são radicalmente diferentes das formas e mecanismos culturais transmitidos pelos livros e textos escritos. Os professores pertencem a um grupo que, por sua idade, foi alfabetizado culturalmente na tecnologia e formas culturais impressas. A palavra escrita, o pensamento academicamente textualizado, o cheiro de papel, a biblioteca como cenário do saber foram, e são, para uma imensa maioria de professores, o único hábitat da cultura e do conhecimento. A recente aparição das tecnologias digitais representa para esta geração uma ruptura com suas raízes culturais. Grande parte dos professores não tem experiência com as máquinas. O armazenamento e organização hipertextual da informação, sua representação multimídia são códigos e formas culturais desconhecidas para a atual geração de professores. Diante desta situação, as reações costumam oscilar entre o rechaço ou tecnofobia pelas máquinas e a fascinação absoluta por estas novas formas de magia intelectual (Yanes e Area, 1998).

A principal lição a extrair é que os programas institucionais atualmente em desenvolvimento na Espanha não deveriam se fixar tanto na questão quantitativa (número de alunos por computador, número de professores formados, número de salas de aula com acesso à internet).[26] Fazê-lo deste modo oferece uma visão ou imagem muito superficial da realidade escolar. A inovação tecnológica, se não é acompanhada pela inovação pedagógica e por um projeto educativo, representará uma mera mudança superficial dos recursos escolares, mas não alterará substancialmente a natureza das práticas culturais nas escolas. O importante, por conseguinte, não é encher as aulas de novos aparelhos, mas transformar as formas e conteúdos do que se ensina e aprende. É dotar de novo sentido e significado pedagógico a educação oferecida nas escolas. O século

XXI exige que se formem alunos capazes de comunicar-se com os códigos e as formas expressivas da cultura digital. E a maior parte dos programas ou políticas institucionais para a incorporação das TIC nas escolas escondem (ou no mínimo não explicitam) qual é o modelo educativo que se deseja.

Uma política para a inovação educativa devia assumir que é, entre outras coisas, um projeto de intervenção sociocultural[27] e, em conseqüência, deve tornar públicos os sinais de identidade do modelo educativo e de aprendizagem que devem desenvolver os professores e alunos com a tecnologia. Não basta incorporar *quinquilharias* aos espaços escolares; é necessário dispor de um projeto pedagógico que permita dar sentido e guiar o trabalho pedagógico dos professores quando empregam as TIC com a finalidade de que seus alunos aprendam (Escudero, 1995; Sancho, 2002). Assim, qualquer política educativa deveria explicitar e difundir:

a) *As bases ideológicas e culturais que justificam a incorporação das tecnologias digitais às escolas.* Bases que fundamentem e expliquem a necessidade do uso escolar das TIC derivadas das necessidades produtivas e do mercado para o desenvolvimento econômico de uma determinada região ou país, que fundamentem e expliquem a incorporação de novas tecnologias às escolas como uma medida de compensação das desigualdades de origem de forma que permitam um acesso igualitário à tecnologia e à cultura, assim como fundamentem e expliquem o papel das TIC na formação intelectual, afetiva e moral do sujeito como indivíduo e cidadão.

b) *O modelo educativo ou psicopedagógico que supostamente dê sentido e significado ao uso escolar das tecnologias e que seja coerente com as bases ideológicas anteriores.* Ou seja, se deveriam estabelecer princípios básicos de ensino e aprendizagem em que os professores considerassem o uso das TIC em atividades dentro e fora da sala de aula. Estes princípios deveriam guiar a prática educativa de forma que respondessem questões sobre como se concebe a aprendizagem; que papel deve ter o professor e que tipo de interações sociais deve organizar na aula quando se utilizam os computadores; que estratégias metodológicas e tipos de tarefas deveriam ser colocadas em prática, etc. Não fazê-lo significará que essa política deixa em aberto qualquer atuação ou prática docente de forma que *tudo vale* desde que se utilize a tecnologia. Porém, uma política educacional deve se caracterizar por uma identidade psicopedagógica em prol dos modelos educativos socioconstrutivistas de aprendizagem.

c) *O planejamento de um conjunto de estratégias institucionais variadas destinadas ao sucesso da implementação dos processos de incorporação escolar das TIC* como: a aprovação de orçamentos e financiamentos específicos para essa política; a dotação de infra-estrutura de telecomunicações e recursos informáticos suficientes nas escolas e salas de aula; a formação de professores não apenas no uso das ferramentas tecnológicas, mas também na criação, desenvolvimento e avaliação de experiências pedagógicas apoiadas em tecnologias; a existência nas escolas de um clima e cultura organizativa favorável à inovação com tecnologias; a criação e difusão de variados e abundantes materiais didáticos ou curriculares de natureza digital; o desenvolvimento de estudos avaliativos do processo e fenômenos vinculados à implantação desses projetos; e a formação de equipes externas de apoio aos professores e às escolas destinadas a coordenar projetos e a facilitar as soluções para os problemas práticos.

No começo do século XXI, assistimos a um período de entusiasmo e apoio político e econômico à introdução das tecnologias digitais no sistema educacional. O que ocorrerá em poucos anos? Será uma moda que passará em médio prazo, voltando a se repetir o ocorrido com os programas institucionais da década de oitenta? Não quero transmitir uma sensação pessimista sobre o futuro imediato, mas posso afirmar que, apesar das enormes expectativas atualmente existentes sobre a internet e seu potencial na educação, é previsível que seguirão existindo dificuldades, muitos problemas e frustrações nesse processo. Provavelmente, nos próximos anos, sejam adotados instrumentos e recursos informáticos pelas escolas e se consiga a acessibilidade das aulas à internet e se desenvolvam muitas atividades formativas destinadas aos professores. Isso depende fundamentalmente do investimento econômico que se faça. Conseguir que, nas práticas de ensino, o computador seja um recurso invisível, que se desenvolvam processos de aprendizagem que respondam a modelos construtivistas do conhecimento, que se trabalhe de forma cooperativa entre os alunos e professores de lugares distantes, que se desenvolvam entre os alunos habilidades de uso inteligente e crítico da informação... Nada disso se conseguirá em médio prazo. Uma coisa é a dotação de infra-estrutura e recursos tecnológicos às escolas. Outra, bem diferente, é que a presença das tecnologias digitais provoque uma profunda inovação e melhoria na qualidade do ensino. Alcançar esta meta em quase todo o sistema escolar é um processo complexo submetido a tensões políticas, econômicas e culturais diversas. O importante do processo atual de incorporação escolar das TIC não é apenas conseguir que a tecnologia entre nas salas de aula e que os professores desenvolvam suas atividades com ela (é uma condição necessária, mas insuficiente), mas avançar no processo de transformação e adaptação do sistema educacional público para um projeto democrático da sociedade da informação.

NOTAS

1. Há diferentes conceitos sobre incorporação e integração curricular das novas tecnologias, em função do grau de "osmose" ou imersão dos computadores na prática docente de desenvolvimento do currículo.

Podem ser consultados a respeito os trabalhos de Escudero (1995), De Pablos (2000) e Sánchez (2002).
2. Por utilizar a conhecida metáfora de Alvin Tofler.
3. Crise que se materializou na queda das ações (índice Nasdaq), fechamento de empresas *on-line*, cuja atividade era desenvolvida pela internet, conhecidas como *pontocom*, a suspensão de pagamentos e a descoberta de fraudes em empresas como Enron, Global Crossing, World Com e Vivendi e nas perdas do setor de telecomunicações (Telefônica, Bristish Telecom), que se traduziu no abandono dos projetos de implantação da chamada telefonia móvel de terceira geração. Além disso, há o clima bélico em que o mundo vive desde os atentados do 11 de setembro de 2001.
4. No começo, a internet era conhecida e utilizada somente por pesquisadores de universidades norte-americanas e outros países ocidentais e algumas empresas de informática.
5. Os objetivos fundamentais declarados de *eEurope* são: a) Conectar a rede e levar a era digital a cada cidadão, família e escola e a cada empresa e administração; b) Criar uma Europa da formação digital, baseada em um espírito empreendedor disposto a financiar e desenvolver as novas idéias; c) Cuidar para que todo o processo seja socialmente integrador, afirme a confiança dos consumidores e reforce a coesão social. http://europa.eu.int/information_society/eeurope/.
6. Pode-se ver a página oficial de *e-Learning* em http://europa.eu.int/comm/education/programmes/elearning/index_en.html.
7. No relatório *Education at Glanced a* OCDE (2003), a Espanha é um dos países com pior média de estudantes por computador em ensino médio, com 16, contra 9 dos países OCDE e distante dos 6 da França e 3 de Suécia e Dinamarca.
8. É evidente que o Plano Info XXI não estava atingindo seus objetivos nos prazos estabelecidos. Notícia publicada no caderno Ariand@ (nº 89) de 18 de abril de 2002, do jornal *El Mundo*, mostra a diferença entre as cifras prometidas e as realmente investidas.
9. Informação obtida junto ao Ministério de Ciência e Tecnologia http://www.mcyt.es/asp/ministerio_informa/prensa/np11-07-03.htm.
10. Em março de 2005, o governo socialista aprovou um orçamento de 453 milhões de euros para o programa, no período 2005-08, destinado à dotação de infra-estrutura nos colégios e família, formação de pessoal docente e elaboração de material didático. O Programa *Internet na aula* é dos Ministérios da Educação e Ciência e da Indústria, Turismo e Comércio. Desse total, 100 milhões se destinam à compra de computadores pelas famílias com filhos no sistema educacional.

11. Uma descrição mais detalhada das características do Projeto Ábaco-Canárias está em Quevedo e Rupérez (1990).
12. Este impulso foi motivado, entre outras razões, pelas diretrizes políticas da União Européia e pelo financiamento obtido junto aos fundos FEDER, que subsidiavam a competitividade das regiões européias no terreno das tecnologias digitais e na chamada nova economia.
13. O Plano Canárias Digital foi desenvolvido pelo Conselho da Presidência e Inovação Tecnológica do Governo de Canárias. O documento de 2000 *Plan para el Desarrollo de la Sociedad de la Información en Canarias* está em http://www.canarias-digital.org/plan/pdf/pdsic.pdf
14. http://nti.educa.rcanaria.es/interno.asp?url=/ntint/Medusa/introd_med.htm.
15. Uma revisão e sistematização do conjunto de variáveis e fatores que facilitam ou dificultam estes processos de incorporação e uso educativo dos computadores nos sistemas escolares está em Ertmer (1999), Pelgrum (2001) e Twining (2002).
16. M. Area (Dir): *Proyecto Medusa. Informe de evaluación (2001-04)*. Consejería de Educación, Cultura e Deportes del Gobierno de Canarias. 2005. Documento inédito.
17. Pode-se ter acesso à lista de estudos publicados por Eurydice em http://www.mec.es/cide/eurydice/publicaciones/index.htm.
18. A web oficial em inglês é http://europa.eu.int/comm/public_opinion/. Nela se podem acessar relatórios sobre as atitudes dos europeus quanto à educação e tecnologia.
19. O relatório de 2003, *Education at a Glance*, tem dados muito interessantes sobre a média de computadores em diferentes sistemas educacionais, entre os quais o espanhol. Pode ser consultado em http://www.oecd.org/document/52/0.2340,en_2649_34515_13634484_1_1_1_1,00html.
20. Em http://www.ed.gov/about/offices/list/os/technology/techreports.html, há estudos e relatórios sobre a situação da incorporação da tecnologia educativa às escolas norte-americanas. Estudos avaliativos de programas federais podem ser vistos em http://www.ed.gov/about/offices/list/os/technology/evaluation.html.
21. O acesso a estes estudos recopilados por WestEd sobre tecnologia está em http://www.wested.org/cs/wew/view/top/25.
WestEd é uma agência de pesquisa científica financiada com recursos dos estados do Arizona, Califórnia, Nevada e Utah.
22. http://www2.edc.org/CCT/cctweb.
23. http://caret.iste.org/.
24. http://www.becta.org.uk/research/index.cfm.
25. Este autor publicou outro ensaio em que analisa o impacto socioeducativo dos computadores sobre o sistema educacional, levantando

hipóteses sobre as resistências a sua plena integração nas práticas de ensino (ver Cuban, 2001).
26. Ver o trabalho de Morales; González-Piñero e Fuentes (2005) sobre este particular.
27. Ver a respeito as conclusões do II Congresso Europeu sobre Tecnologia da Informação em Educação e Cidadania. Uma visão crítica. Barcelona 26-28 de junho de 2002. Disponível em http://www.ciberespiral.org/bits/ConcluTIEC.pdf.

REFERÊNCIAS

AREA, M. La integración de los ordenadores en el sistema escolar. Entre el deseo y la realidad. *Organización y Gestión Educativa*, p.14-18, 6 nov-dic. 2002.

_____. Los ordenadores, el sistema escolar y la innovación pedagógica. De Ábaco a Medusa. *La Gaveta*, n.9, p.4-17, jun. 2003.

CASTELLS, M. *La era de la información. Economía, sociedad y cultura. La sociedad en red I.* 2.ed. Madrid: Alianza, 2000.

COMISIÓN EUROPEA. *Libro blanco sobre la educación y la formación. Enseñar y aprender. Hacia la sociedad del conocimiento.* Luxenburgo. Oficina de Publicaciones de las Comunidades Europeas, 1995.

CHIERO, R.T. Teachers'perspectives on factors that affect computer use. *Journal of Research on Computing in Education*, v.30, p.133-145, 1997.

CUBAN, L. *Teachers and machines: The classroom uses of technology since 1920.* New York: Teachers College Press, 1986.

_____. *Oversold and Underused. Computers in the Classroom.* Harvard: University Press, 2001.

CUBAN, L.; KIRKPATRICK, H.; PECK, C. High access and low use of technologies in high school classrooms: Explaining an apparent paradox. *American Education Research Journal,* v.38, n.4, p.813-834, 2001.

DE PABLOS, J. Los centros de profesorado y su incidencia en la implantación de las nuevas tecnologías en el sistema educativo andaluz. In: LORENZO, M. et al. (Eds.). *Las organizaciones educativas en la sociedad neoliberal.* Grupo Editorial Universitario. Universidad de Granada, 2000. v.I.

DEDE, C. (Coord.). *Aprendiendo con tecnología.* Barcelona, Paidós.

ERTMER, P. Addressing first- and second-order barriers to change: Strategies for technology implementation. *Educational Technology Research and Development*, v.47, n.4, p.47-61, 1999.

ESCUDERO, J.M. Evaluación de los proyectos Atenea y Mercurio. In: Varios. *Las nuevas tecnologías en la educación. Encuentro Nacional.* Santander: ICE de la Universidad de Cantabria, 1991.

_____. Tecnología e innovación educativa. *Bordón,* v.47, n.2, p.161-175, 1995.

EURYDICE. *Key Data on Information and Communication Technology in Schools in Europe*. EURYDICE, 2004. Disponible en http://www.eurydice.org/Documents/KDICT/en/FrameSet.htm

FABRY, D.L.; HIGGS, J.R. Barriers to the effective use of technology in education: current status. *Journal of Educational Computing Research*, v.17, n.4, p.385-395, 1997.

GLENNAN, T.K.; MELMED, A. *Fostering the use of educational technology: elements of a national strategy*. Washington, DC: RAND Corporation, 1996. Available online at: http://www.rand.org/publications/MR/MR682/contents.html

GROS, B. *El ordenador invisible. Hacia la apropiación del ordenador en la enseñanza*. Barcelona, Gedisa, 2000.

HODAS, S. Technology Refusal and the Organizational Culture of Schools *Education Policy Analysis Archives*. v.1, n.10, set. 14 1993. http://epaa.asu.edu/epaa/v1n10.html

HONEY, M.; McMILLAN, K.; CARRIG, F. *Perspectives on technology and eEducation research: lessons form the past and present*. The Secretary´s Conference on Educational Technology, 1999.
http://www.ed.gov/Technology/TechConf/1999/whitepapers/paper1.html

MATTELART, A. *Historia de la utopía planetaria: de la sociedad profética a la sociedad global*. Barcelona: Paidós, 2000.

MCMILLAN, K.; HAWKINGS, J.; HONEY, M. *Educational Technology Resesearch and Development*. Center form Children & Technology, Review Paper, 1999. http://www2.edu.org/CCT/ cctweb

MORALES, O; GONZÁLEZ-PIÑERO, Mª L.; FUENTES, J.A. Las tecnologías de la información y la comunicación en los indicadores de calidad de la educación y otras fuentes estadísticas. *Etic@Net*, v.II, n.4, enero 2005. Disponible en http://www.ugr.es/~sevimeco/revistaeticanet/numero4/Articulos/Formateados/JuanFuentes.pdf

OCDE. *Education at a Glance. OECD Indicators 2003*. Disponible en http://www.oecd.org/document/52/0,2340,en_2649_34515_13634484_1_1_1_1,00.html

PELGRUM, W.J. Obstacles to the integration of ICT in education: results from a worldwide education assessment. *Computers & Education*, v.37, p.163-178, 2001.

PNTIC. *Las nuevas tecnologías de la información en la educación*. Ministerio de Educación y Ciencia: Madrid, 1991.

QUEVEDO, J.; RUPEREZ, J.A. Introducción de los ordenadores en el aula: el programa ABACO-CANARIAS, *Qurriculum*, n.2, p.121-125, 1990.

REISNER, R.A. A History Of Intructional Design and Technology: Part I. A History of Instructional Media. *Educational Technology Research and Development*, v.49, n.1, p.53-64, 2001.

RICHARSOND, J. *ICT Implementation in Education. An analysis of implementation strategies in Australia, Canada, Finland and Israel*. Final Report. Ministry of Education, Luxembourg, 2000.

SÁNCHEZ, J.H. Integración curricular de las TICs: Conceptos e ideas. Actas del *VII Congreso Iberoamericano de Informática Educativa*, Universidad de Vigo, 2002. http://lsm.dei.uc.pt/ribie/docfiles/txt2003729191130paper-325.pdf
SANCHO, J.Mª. En busca de respuestas para las necesidades educativas de la sociedad actual. Una perspectiva transdisciplinar de la Tecnología. *Fuentes*, Universidad de Sevilla, n.4, 2002. Documento disponible en http://www.cica.es/aliens/revfuentes/num4/firma.htm
SOMEKH, B. Tecnología de la información en la educación: Una visión crítica de un talismán del siglo XX. *InfoDidac. Revista de Informática y Didáctica*, v.21, p.65-83, 1992.
TWINING, P. *ICT in Schools Estimating the level of investment*. Report 02.01, meD8, 2002. http://www.med8.info/docs/meD8_02-01.pdf
Versión electrónica: http://www.sav.us.es/pixelbit/articulos/n10/n10art/art102.htm
YANES, J.; AREA, M. El final de las certezas. La formación del profesorado ante la cultura digital. *Píxel-Bit. Revista de Medios y Educación,* Universidad de Sevilla, n.10, 1998.
ZAMMIT, S.A. Factors facilitating or hindering the use of computers in schools. *Educational Research*, v.34, n.1, p.57-66, 1992.
ZHAO, Y.; CONWAY, P. *What's In, What's Out - An Analysis of State Educational Technology Plans* Teachers College Record, Date Published: January 27, 2001. http://www.tcrecord.org ID Number: 10717.
ZHAO, Y.; PUGH, K.; SHELDON, S.; BYERS, J.. Conditions for classroom technology innovations: Executive summary. *Teachers College Record*, v.104, n.3, p.482-515, 2002.

Os Cenários da Escola da OCDE, os Professores e o Papel das Tecnologias da Informação e Comunicação[1]

David Istance

INTRODUÇÃO – A ESCOLA DO AMANHÃ

A Organização para a Cooperação e DesenvolvimentoEconômico (OCDE), em seu Centro de Pesquisa e Inovação Educativa (CERI), está desenvolvendo um programa de pesquisa sobre a *Escola do amanhã*, que começou no final do século XX com um claro interesse no século XXI. Este capítulo apresenta as idéias deste programa, incluindo como se vê a escola como parte de um projeto mais amplo de educação para toda a vida. Neste texto, se apresenta e se discute um conjunto de cenários sobre o futuro da escola, descrevendo suas principais características,[2] pois o ambiente econômico e social pode estar em consonância com cada cenário. Dá-se especial atenção a qual poderia ser o papel dos professores em cada um desses cenários (foi realizado recentemente amplo estudo internacional sobre os professores, ver OCDE, 2005a) e se compara cada um em termos do uso das tecnologias da informação e comunicação (TIC). Para este tema, se utilizam as reflexões realizadas para o projeto da OCDE por um grupo de especialistas do Chile.[3] Os futuros tecnológicos que imaginam são descritos como o *cenário de uso das TIC dentro de cada cenário*.

A primeira razão do interesse da OCDE pelo pensamento sobre o futuro da educação provém do paradoxo de que a educação é *por excelência* um investimento a longo prazo nos indivíduos e na sociedade, mas as decisões sobre ela são tomadas em curto prazo. Carecemos não apenas de perspectivas de longo prazo sobre políticas e práticas como também de ferramentas e terminologia para desenvolvê-las. Para suprir esta carência, o CERI imaginou cenários para o futuro da educação pelo período de 10 ou 20 anos (ver OECD 2001a e 2003). Estes cenários estão sendo elaborados por meio de um processo interativo. O programa começou com seminários e discussões que levaram à primeira formulação dos cenários, depois discutidos sobretudo entre educadores, especialistas e autoridades, mas não exclusivamente da educação. O processo de realimentação e análise continua.

POR QUE CENTRAR-SE NA ESCOLA NA ERA DA APRENDIZAGEM AO LONGO DA VIDA?

Em um momento em que o conceito de aprendizagem ao longo da vida é amplamente aceito como um dos grandes objetivos dos países europeus, pode parecer restritivo focar-se na escola. As ações institucionais objetivando a escola são consideradas por muitos especialistas vestígios anacrônicos dos séculos passados, pouco apropriados para a aprendizagem no século XXI. Contudo, centrar-se na escola foi uma opção deliberada. Em parte, se deve à necessidade prática de definir um foco manipulável, mais do que escolher o próprio futuro da sociedade de aprendizagem como marco do programa. Necessitávamos de um foco de atenção que fosse imediatamente relevante para a comunidade educativa; os líderes educativos e outros grupos de interesse estão mais preparados para se referir à escola do que à abstrata noção de *aprendizagem ao longo da vida*. A escolha se baseou em considerações práticas e substantivas para o trabalho futuro do CERI. Uma parte importante da educação que tem lugar na infância e na juventude possui funções e disposições muito características comparadas ao que acontece nos seguintes ciclos da vida, com suas próprias instituições, profissionais, agências e grupos de interesse.[4]

A contribuição da escola à aprendizagem ao longo da vida é um tema central com relação ao futuro e foi objeto de estudos específicos que aparecerão na coleção de publicações da OCDE: *Análisis de Política Educativa* (OCDE, 2005b). Estes estudos argumentam que a forma como as escolas podem e devem contribuir para a tarefa geral de aprendizagem ao longo da vida é um tema desprezado nos debates de política educacional. Com relação ao progresso visível até agora obtido, pode-se tirar tanto conclusões positivas como negativas a partir dos dados da OCDE, incluindo o relatório PISA. De positivo, as conquistas no ensino médio são muito elevadas, em muitos países, e as escolas costumam ser julgadas favoravelmente pelos jovens como lugares onde se sentem acolhidos, inclusive pelos adolescentes em uma idade em que poderiam sentir-se isolados nelas. Outra conclusão positiva é que a combinação entre educação e emprego se tornou parte normal da transição entre a escola e a vida adulta em muitos países, o que proporciona flexibilidade a caminhos e opções com um limite menos rígido entre educação inicial e permanente. Por fim, há uma série de mudanças-chave para transformar as escolas de forma mais sistemática em organizações de aprendizagem; as agendas de reforma para as escolas permitiram que muitas dessas mudanças saíssem da periferia para o centro das discussões políticas.

Também há conclusões menos positivas. Uma preocupação particular se refere ao fato de muitos estudantes não chegarem ao nível 3 (médio) das provas PISA no conjunto dos países da OCDE, o que nos leva a pensar até que ponto têm a capacitação necessária para seguir aprendendo em sociedades complexas baseadas no conhecimento. A análise evidencia um conjunto de fatores que limitam a contribuição das escolas à aprendizagem ao longo da vida. O setor escolar como um todo se caracteriza, ainda, por um baixo nível de investimento em pesquisa e desenvolvimento educativo e por um fraco desenvolvimento de redes profissionais e de troca de conhecimento entre os profissionais da educação. A possibilidade de que as TIC contribuam para a melhora do ensino e da aprendizagem foi pouco explorada, como também o foi a orientação profissional para melhorar o desempenho dos estudantes pelos complexos caminhos da aprendizagem. Além disso, as perspectivas de ensino e avaliação que fomentam a aprendizagem ativa para todos os estudantes ocorrem apenas esporadicamente.

A ampliação dos sistemas de educação inicial continuou crescendo em bom ritmo quanto à duração dos estudos dos que conseguem melhores resultados, em vez de ajudar os de pior desempenho a atingir um patamar mínimo. Esta contínua expansão poderia não ser sustentável nem desejável. As sociedades da OCDE parecem interessadas em prolongar a adolescência e retardar a chegada à vida adulta. Costuma-se considerar algo bom que os jovens permaneçam mais tempo na educação inicial. Mas devem mesmo ficar longe do mundo do trabalho e das responsabilidades familiares por períodos cada vez maiores de tempo? E nossas sociedades podem permitir isso? Situar isto na imagem mais ampla do fomento da aprendizagem ao longo da vida pode proporcionar uma perspectiva estratégica para a reforma da escola utilizando perguntas como estas, mais do que seguindo reformas centradas nos êxitos e objetivos propostos pelos próprios sistemas.

OS SEIS CENÁRIOS: CARACTERÍSTICAS, PROFESSORES E TIC

Os cenários criados no programa da OCDE devem ser entendidos como *ferramentas*, que combinam importantes correntes e tendências ideológicas em formas diferenciadas e coerentes. Os cenários não são *previsões* – se supõe que nos ajudarão a pensar e dar forma ao futuro, não a prevê-lo. Seu valor consiste em ajudar a incrementar a consciência sobre as alternativas a longo prazo, sua probabilidade e meios para realizá-las. Como ferramentas para a reflexão, os cenários da OCDE são utilizados em muitos países em debates políticos e no desenvolvimento profissional dos educadores. Na vida real, surgirão muitas misturas entre esses diferentes futuros possíveis e não se pode esperar que surja apenas um, puro.

Os seis cenários da OCDE são organizados em três grupos, com títulos que evoluíram durante o desenvolvimento do projeto. O primeiro é um *grupo* em si mesmo – em que o poder e a inércia do sistema educacional estabelecido são tão fortes que o futuro se parece muito com o presente ou até mesmo com o passado. No segundo grupo, *Escolas diversas e dinâmicas após reformas radicais e amplas dos sistemas burocráticos* (às vezes denominado reescolarização), composto por dois cenários, as escolas se reforçam em sistemas educacionais reformados. O terceiro, *Busca de alternativas à escola quando os sistemas se dispersam ou desintegram* (anteriormente desescolarização), tem três cenários alternativos.

TENTANTO MANTER O *STATUS QUO*: O CENÁRIO DA CONTINUIDADE DOS SISTEMAS EDUCACIONAIS BUROCRÁTICOS

> O cenário da *continuidade dos sistemas burocráticos educativos* em síntese:
> - Sistemas burocráticos fortes, resistentes à mudança.
> - Escolas organizadas por sistemas nacionais com complexas disposições administrativas.
> - Os comentários dos políticos e meios de comunicação muitas vezes são críticos; apesar das críticas, se resiste à mudança radical.
> - Em geral, não se produz um grande incremento no investimento. A contínua ampliação dos deveres da escola leva a um aumento dos recursos.
> - O uso das TIC continua aumentando sem que se mudem as estruturas organizativas da escola.
> - Um corpo docente específico, às vezes com posição de funcionário; sindicatos e associações docentes fortes, mas o *status* profissional e a remuneração são temas problemáticos.

Apesar de muitos dos envolvidos na reforma da educação esperarem que o futuro seja diferente do presente, quando nos pedem que avaliemos possíveis cenários, muitos de nós admitem que podem ser deprimentemente similares aos do presente, com nossos sistemas educacionais ainda ancorados no passado e afastando-se muito lentamente dele. Este cenário dá continuidade aos sistemas altamente burocratizados, com enérgicas pressões pela uniformidade. Há grande resistência à mudança radical, apesar do discurso midiático dominado pelo criticismo, porque os sistemas têm e mantêm seus poderosos equilíbrios. A tendência das decisões políticas é hierárquica e, mesmo com alguma influência dos de *fora do sistema*, ele está organizado para seguir principalmente sua própria lógica interna nos contextos nacionais ou regionais.

Uma sociedade em que este cenário pode tornar-se realidade

E o ambiente mais amplo? É razoável sugerir que o modelo burocrático esteja em consonância com um mundo em que as decisões ainda sejam tomadas de forma burocrática e em que se mantém a soberania nacional (ou regional) sobre a educação, em comparação com o aumento de formas mais internacionais ou locais de tomada de decisões. A escolha social e o reconhecimento de competências continuarão dominados pelos diplomas expedidos pelos sistemas educacionais formais, com a manutenção de uma clara demarcação entre o sistema de formação inicial e a educação e a formação permanentes. Este cenário também pode depender do apoio de uma poderosa elite cultural. Na parte mais positiva, este cenário depende de uma confiança social relativamente positiva nas instituições públicas e um nível de consenso em torno da eqüidade: por ambas as razões, prefere-se o poderoso sistema estatal sobre o que se percebe como riscos inerentes da diversidade/autonomia ou o inflexível jogo das forças do mercado.

A profissão docente

Como serão os professores neste cenário? De acordo com a natureza fechada das escolas e sistemas antes descritos, continuaria existindo um corpo docente, funcionários, sindicatos e associações relativamente poderosas. Estas características tentariam proteger e promover os interesses dos professores; os temores deles sobre a mudança será um dos fatores reforçadores este cenário. Neste momento, o *status* e as compensações profissionais se vêem como algo problemático em muitos países; muitos professores crêem ter perdido sua posição social, inclusive quando esta convicção não se apóia nas evidências oferecidas pela avaliação sociológica. Existe uma certa ambigüidade entre a busca de uma alta posição profissional, por um lado, e as formas de organização e ação que promovem a imagem do docente como *trabalhador*, por outro. Ocorre ambigüidade similar na forma de organizar o trabalho docente: a persistente predominância do professor individual, muitas vezes isolado, como agente-chave pode ser vista como a base de sua autonomia individual, mas também como uma forma de evitar o surgimento de novos tipos de organização coletiva de ensino e aprendizagem. Abordar essa organização burocrática e fragmentada será um dos elementos-chave dos dois cenários projetados a seguir.

Um cenário para o uso das TIC neste cenário

Neste cenário, as tecnologias da informação e comunicação estariam em *centros de recursos,* junto com os livros, materiais de ensino, etc. Não fariam parte dos recursos usuais do trabalho acadêmico, nem seriam utilizadas de forma extensiva em aula. Não se fariam grandes investimentos para atualizar o equipamento informático e a manutenção seria com recursos de fora da escola. Parece plausível que os professores mais jovens e inexperientes sejam os responsáveis pelas aulas de informática, enquanto os recursos são usados de forma independente. Serão oferecidos aos estudantes espaços específicos para fazer as lições e realizar pesquisas.

A finalidade básica das aulas de informática será conseguir a alfabetização digital. Os estudantes aprenderão sobretudo como utilizar as TIC de forma eficiente e eficaz. A internet servirá como meio para divulgar programas educativos, cujo conteúdo e métodos de ensino padronizados associados terão sido pensados para ser utilizados em aula. As pessoas ficarão desiludidas com as promessas originais oferecidas pelas TIC, de que seriam utilizadas para melhorar os resultados de aprendizagem nas escolas tradicionais. Em conseqüência, poderia se produzir um *retorno ao básico* e não uma inovação de alta tecnologia pedagógica de última geração. As TIC serão vistas como um caro ornamento em aula, que não terão grande impacto e por isso não desfrutarão de fundos adicionais significativos no currículo tradicional.

Nas zonas abastadas, a aprendizagem das TIC será mais intensiva que nas menos favorecidas: crianças e jovens terão acesso à tecnologia em casa e se atualizarão periodicamente. Isso criará uma desvantagem para os setores mais pobres da sociedade, cujas crianças somente terão acesso à tecnologia obsoleta em casa e lhes será impossível manter o nível de investimento para acelerar a modernização exigida pela tecnologia. As escolas serão vistas como meios potenciais para equilibrar o acesso à tecnologia por parte dos grupos mais desfavorecidos, mas não poderão nem estarão motivadas para investir no nível que poderia permitir aos estudantes pobres manter seu envolvimento na cultura tecnológica.

As TIC serão ativamente utilizadas para administrar estabelecimentos de ensino e os professores. Reforçarão os sistemas de relatórios padronizados, controlarão a eficiência, manterão os sistemas centralizados de classificação dos estudantes e coletarão indicadores sobre os resultados da aprendizagem para apoiar os mecanismos de prestação de contas (o que já acontece, como demonstra San Martín nesta mesma obra). As escolas proporcionarão informação digital às administrações locais e ao ministério, assim como aos estudantes, e integrarão esses métodos em seus sistemas de gestão de dados.

Muitos professores utilizarão as TIC para responder aos mecanismos de controle, preparar aulas, atualizar a informação relacionada com os cursos e trocar *os melhores exemplos de práticas docentes* (modelização) com os colegas. O uso intensivo das TIC estará mais claramente associado a indivíduos, como os professores jovens, do que a instituições. Entre estes educadores, haverá constante troca desde que busquem melhores condições de trabalho.

ESCOLAS DIFERENTES E DINÂMICAS APÓS REFORMAS AMPLAS E RADICAIS DOS SISTEMAS BUROCRÁTICOS: A "REESCOLARIZAÇÃO"

Estes cenários unem os futuros ocultos em muitas das agendas das reformas da educação. Até certo ponto, são utopias, mesmo que para muitos sejam essenciais para a própria sobrevivência do sistema educacional público. Examinaremos dois cenários alternativos. O que têm em comum é o poderoso papel das escolas como instituições-chave para a sociedade e a educação. Em tais cenários, as escolas desfrutariam de reconhecimento e ajuda em consonância com este papel tão fundamental, e o mesmo aconteceria com os profissionais responsáveis pelo ensino e a aprendizagem. A uniformidade dos modelos burocráticos seria substituída por uma maior diversidade organizativa. Mas, para que isso não signifique a criação de profundas diferenças de oportunidades e resultados, as escolas de tais cenários teriam que desfrutar de uma igualdade muito real de *status*, condições e perspectivas. Seriam estabelecidas promissoras associações com outros grupos de envolvidos e organizações sociais e seriam muito permeáveis as fronteiras entre local, nacional e mundial. Talvez não surpreenda que os diferentes levantamentos feitos entre os líderes educativos que participaram de encontros da OCDE/CERI mostrem que estes cenários deveriam ser considerados os mais desejáveis entre as seis alternativas.

O cenário das escolas como organizações centradas na aprendizagem

> O cenário das *escolas como organizações centradas na aprendizagem*, em síntese:
> - As escolas se revitalizam mais em torno de uma noção de conhecimento forte do que em relação a uma agenda social, em uma cultura de alta qualidade, experimentação, diversidade e inovação.
> - Proliferam novas formas de avaliação e valorização de capacidades.
> - A grande maioria das escolas justifica o rótulo de *organizações de aprendizagem* – forte gestão de conhecimento e conexões com a educação superior.
> - Investimentos importantes, especialmente nas comunidades carentes, para desenvolver serviços flexíveis e atualizados. Uso extensivo das TIC.
> - A norma é a igualdade de oportunidades, o que não entra em conflito com a agenda de *qualidade*.
> - Professores altamente motivados, com condições de trabalho favoráveis. Altos níveis de pesquisa e desenvolvimento, formação permanente, atividades de grupo, redes profissionais e mobilidade dentro e fora da carreira docente.

Embora as características de tal cenário, imbuídas da linguagem da reforma e da gestão do conhecimento, nos são relativamente familiares em termos dos objetivos explícitos de muitas políticas atuais, entretanto, representam, uma grande exigência. São especialmente exigentes no que se refere a quanto deve ser ampla a mudança na prática educativa, o alcance da diversidade e da tolerância ante a inovação, para que este cenário se torne real. As escolas deveriam se revitalizar a partir de uma agenda centrada no conhecimento (comparada com a forte ênfase social do próximo cenário), em uma cultura de alta qualidade, experimentação, diversidade e inovação (ver a análise sobre a gestão do conhecimento da OCDE/CERI, 2000 e 2004).

Apesar de esta ser a retórica de muitas reformas atuais, tais características podem ser encontradas nas pressões, também evidentes, sobre sistemas que buscam maior rendimento e acabam responsabilizados por implantar inovações opressivas e vistos como mais preocupados em resguardar o cenário burocrático. No cenário das *escolas como organizações centradas na aprendizagem*, a maioria das instituições justifica esse rótulo. Desfrutariam de investimentos substanciais, em especial em comunidades carentes, para desenvolver serviços flexíveis e atualizados e as TIC seriam amplamente utilizadas como meios de ensino e aprendizagem e ferramenta de gestão institucional. Também surgiriam novas formas de avaliação e valorização de capacidades mais adequadas para refletir diretamente as atitudes e os êxitos de todos os estudantes nas escolas.

Uma sociedade em que este cenário pode tornar-se realidade

Este cenário poderia não ser apenas utópico com relação ao atual estado da educação, mas apresenta grandes exigências ao entorno social e econômico para emergir. Poderia muito bem requerer uma sociedade acomodada e com grandes habilidades tecnológicas, em que as escolas refletissem de forma específica a natureza das empresas como organizações que aprendem. Haveria bom volume de atividade pública e confiança na educação, com grande sentido de eqüidade. A aprendizagem permanente seria uma norma amplamente aceita. É difícil prever se uma população envelhecida poderia promover ou impedir este cenário: a existência de grupos reduzidos de jovens aliviaria o uso massivo de recursos e permitiria organizar a aprendizagem em grupos menores e investir em serviços; ao mesmo tempo, o aumento do setor de pessoas mais velhas poderia levar a decidir que existem outras prioridades. Tampouco é óbvio quais são os mecanismos sociais necessários para obtê-lo. Por um lado, poderia exigir um maior grau de estabilidade social, proporcionando um ambiente de grande confiança e apoio; por outro, poderia necessitar de ações subversivas para romper o molde dos sistemas educacionais tradicionais.

A profissão docente

Que tipo de profissão docente exigiria este cenário? Para ser sustentável, os professores em geral deveriam estar altamente motivados. As condições seriam muito favoráveis, incluindo grupos de aprendizagem pequenos e um destaque para o incremento de projetos de pesquisa e desenvolvimento, formação permanente dos educadores, atividades em grupo e trocas profissionais. As TIC seriam amplamente utilizadas, junto com outros meios de aprendizagem, tanto tradicionais como novos. Mas seu uso também exigiria grande flexibilidade nos modelos organizativos de ensino e aprendizagem. O modelo burocrático permite poucas passagens em qualquer direção, tornando especialmente difícil a incorporação de profissionais de outros setores. Estes cenários dinâmicos pressupõem, por outro lado, uma troca constante em torno de um possível grupo-base de docentes que garantiria a continuidade e altos níveis de perícia profissional para gerir outros profissionais e os recursos de aprendizagem à disposição da escola. Deste modo, junto com a variedade de formas organizativas, poderia existir maior diversidade nos padrões que regem a carreira docente e uma grande flexibilidade com relação às entradas e saídas da profissão.

Um cenário para o uso das TIC neste cenário

O uso flexível e diferente das TIC seria uma parte integral das atividades diárias da escola. As TIC participariam de diferentes ambientes de ensino e aprendizagem, como estações de acesso à rede e às ferramentas de informação, análise e processamento de dados. Seriam amplamente utilizadas nas diferentes atividades da escola para maximizar resultados (ferramentas para analisar, desenvolver, tratar informação, etc.) e teriam um papel mais específico no processo de aprendizagem. Poderiam permitir exercitar habilidades e aplicar o conhecimento em situações simuladas, enquanto em outros momentos possibilitariam avaliações ou auto-avaliações para diagnosticar competências. Também poderiam proporcionar ferramentas eficazes para fazer relatórios, portfólios, apresentações de resultados de projetos de pesquisa, etc.

As instituições educativas poderiam especializar-se em disciplinas específicas e os estudantes teriam acesso a uma grande variedade de estabelecimentos, locais ou distantes. As TIC seriam muito utilizadas, como nas entidades *profissionais* de construção do conhecimento (universidades, comunidades científicas, etc.). Estudantes e professores poderiam comunicar-se com os colegas, ter acesso a bases de dados de qualidade e publicar revistas acadêmicas digitais. A disputa pelo brilho acadêmico seria grande e a tecnologia seria instrumento para alcançar e demonstrar excelência.

A finalidade da escola seria diferente daquela dos sistemas tradicionais, pois estaria mais centrada na construção do conhecimento como atividade colaborativa entre professores e estudantes. Deste modo, as redes de trabalho com outras escolas e instituições de ensino superior se tornariam rotineiras. Os professores participariam de associações virtuais e organizariam, desenvolveriam e avaliariam projetos com estudantes de outros países. Os relatórios sobre as atividades de aprendizagem dos estudantes serviriam de base para rediscutir programas e metodologias.

As TIC teriam papel relevante para reforçar a comunicação e a gestão de conhecimento com o uso de bases de dados compartilhadas, em que os participantes poderiam contribuir com dados, hipóteses e questões para gerar argumentos e validar propostas. As escolas teriam de enfrentar o risco constante da saturação com relação ao uso das TIC. Deste modo, os educadores teriam de realizar avaliações e revisões periódicas dos modelos de uso das TIC postos em prática e as lições aprendidas seriam incorporadas pelas práticas seguintes.

O cenário das escolas como centros sociais

> O cenário das *escolas como centros sociais*, em síntese:
> – As escolas desfrutam de amplo reconhecimento como a salvaguarda mais efetiva da fragmentação da sociedade e da família. São claramente definidas por tarefas coletivas e comunitárias.
> – Amplas responsabilidades compartilhadas entre as escolas e outras entidades da comunidade, fontes de experiência e centros de educação superior.
> – Ampla gama de formas e cenários organizativos, com grande ênfase na aprendizagem não-formal.
> – Níveis generosos de apoio financeiro – para assegurar a qualidade dos ambientes de aprendizagem em todas as comunidades e uma alta estima para os professores e as escolas.
> – Uso extensivo das TIC, especialmente para a comunicação e o estabelecimento de redes.
> – Grupo-base de profissionais do ensino com uma alta posição, convênios e condições variadas com boas recompensas para todos – com muitos outros profissionais em torno deles.

Este cenário exige ainda mais mudança do que o anterior. Nele, as escolas desfrutariam de amplo reconhecimento, como estar em posição de amenizar a fragmentação da sociedade e da família. Como o capital social e a coesão tradicionalmente oferecidos pela família, pelo trabalho, pela vizinhança e pela igreja estão em processo de deterioração, a educação se torna cada vez mais a fonte primária de integração social. As escolas seriam definidas por tarefas colaborativas e comunitárias, com a conseqüente ampliação das responsabilidades compartilhadas entre elas, outros organismos comunitários e fontes de experiência, incluindo a educação superior. Será difícil definir *escolas*, porque adotarão um amplo espectro de formas organizativas em uma ampla variedade de ambientes. Destacarão a aprendizagem não-formal baseada em experiência. A educação desfrutaria de generosos financiamentos para assegurar a qualidade dos ambientes de aprendizagem em todas as comunidades, ricas e pobres. As TIC seriam utilizadas de forma extensiva, especialmente para se comunicar e criar redes – entre os próprios estudantes, entre estudantes e professores, escolas e famílias-comunidades, entre comunidades e entre países. As *escolas* seriam instituições fortes, mas se dedicariam a muito mais coisas que a educação formal dos mais jovens; da mesma forma que muito mais gente do que os profissionais da educação chamados *professores* e os jovens chamados *estudantes* se dedicaria a ensinar e a aprender. O desafio deste cenário não é a dificuldade de criar uma determinada escola comunitária (existem muitos exemplos), mas que isto seja o padrão da escolaridade.

Uma sociedade em que este cenário poderia ter lugar

As linhas de separação entre a escola e seu ambiente mais amplo desapareceriam na prática. Mesmo que este cenário dependa da estabilidade, da confiança nas instituições públicas e da crença na eqüidade. Haveria alto nível de participação na aprendizagem por parte de toda a sociedade em todas as idades com limites relativamente fluidos entre as *escolas* e outras formas de educação e aprendizagem. Em contraste com a tomada de decisões hierárquicas do modelo burocrático, o poder seria participativo, mas o cenário não pressupõe um *governo diminuído* e, sem dúvida, depende de um setor público eficiente e de amplo ajuste. Enquanto o cenário é neutro com relação a sociedades religiosas ou seculares, sua dependência da harmonia e convicção compartilhada sobre o valor da educação torna difícil que aconteça em sociedades com conflitos religiosos ou definidas por visões extremamente individualizadas do mérito e do progresso.

Anteriormente, acreditou-se que a educação poderia ter este papel tão crucial devido ao aumento da fragmentação da família e da comunidade. Pela mesma razão, essas condições poderiam ser contrárias, já que, para que a *escola* abra suas portas, necessitaria de amplo apoio familiar e social. Deste modo, poderiam ser um problema as visões contraditórias sobre o capital social (ver OECD, 2001b). Encarar esta contradição significaria um papel muito poderoso para o Estado respaldado por um público muito envolvido. Se podemos conseguir isto sem voltar ao primeiro cenário – a predominância do modelo burocrático – é uma questão discutível.

A profissão docente

Como seria a profissão docente no cenário da *escola como centro social*? Provavelmente, dependerá de um grupo-base de profissionais de ensino que teria uma alta posição, organizado em equipes relativamente estáveis de professores comprometidos. Não se trataria necessariamente de carreiras para toda a vida e poderia haver situações contratuais e condições de emprego mais variadas, com boa remuneração. Em torno deste grupo-base, haveria muitos outros profissionais, membros da comunidade, famílias e organizações. Deste modo, neste cenário, a direção pedagógica seria complexa. A escola, com as portas abertas e os muros rebaixados, seria o centro de uma inter-relação dinâmica com os membros e grupos da comunidade. A integração dos programas de aprendizagem formal em um espectro mais amplo de atividades representaria consideráveis desafios. Ao mesmo tempo, a direção pedagógica estaria melhor distribuída, seria mais coletiva e haveria menos expectativas sobre alguns indivíduos submetidos a grandes pressões.

Um cenário para o uso das TIC neste cenário

As TIC fariam parte da estrutura básica das escolas, que se transformariam em *centros de recursos*, transparentes, abertos a toda comunidade, administrados por estruturas orientadas à organização das atividades de ensino e aprendizagem para e com a comunidade. As TIC seriam usadas de forma diferente em todas as atividades de aprendizagem. A aprendizagem do uso e da aplicação da tecnologia faria parte das atividades de criação, discussão e reflexão. Os estudantes desenvolveriam projetos lado a lado com os professores, que não atuariam apenas como guias da aprendizagem dos alunos, mas como parte integrante do processo e membros da comunidade educativa. Para isso, seriam utilizada a tecnologia disponível na escola, a fim de elaborar argumentos, comunicar idéias, procurar informação e desenvolver produtos de forma cooperativa.

As TIC teriam um papel fundamental na socialização e no contato dos estudantes com o mundo. Os grupos de discussão por meios eletrônicos nos diferentes níveis (cursos) seriam uma característica importante, criando espaços abertos em que poderiam participar outros membros da sociedade. As TIC ajudariam a ampliar o horizonte de experiências e atores envolvidos em aprendizagem e educação. As escolas seriam consideradas espaços sujeitos a barreiras físicas, mas abertos em termos virtuais à comunidade e ao mundo, fortemente apoiadas pelas TIC, criando redes de escolas, projetos, pessoas e famílias. As TIC seriam tão potentes e estariam tão integradas que não pareceriam um elemento explícito entre os recursos e os métodos de trabalho das escolas.

Processos automatizados baseados em sistemas de informação apoiariam a gestão dos estabelecimentos de ensino. O acesso a essas ferramentas estaria disponível não apenas para a comunidade (acesso às anotações dos alunos, agendas escolares, comunicação com os professores, participação em consultas e debates, etc.), mas também para os professores, que disporiam de escritórios virtuais personalizados, com as ferramentas de trabalho-padrão e acesso a arquivos pessoais e documentação. Os professores participariam de associações virtuais, que organizariam, desenvolveriam e avaliariam projetos com estudantes de diferentes lugares. As TIC facilitariam os contatos periódicos entre os professores e as famílias, que poderiam observar parte do que acontece na escola e assim participar ativamente na educação dos filhos.

BUSCA DE ALTERNATIVAS ÀS ESCOLAS À MEDIDA QUE OS SISTEMAS SE DISPERSAM OU DESINTEGRAM: A "DESESCOLARIZAÇÃO"

Este conjunto de possíveis futuros é muito diferente dos anteriores: neste cenário, os sistemas formais, seja porque assim foi decidido ou por necessidade, se dispersam ou desintegram. É óbvio que, para muitos dos que trabalham na educação, estes futuros – em maior ou menor grau, segundo o cenário em questão – são indesejáveis. Mas nem todos concordam. Alguns autores defendem o final da educação organizada. Esta idéia foi expressa na década de 1970 em título de livro (de leitura obrigatória para os formadores de professores da época): *A sociedade desescolarizada*, de Ivan Illich. Até hoje, a supostamente antiquada instituição da escola é mais resistente do que supunham estes autores, mas isto sempre pode mudar. A razão da *desescolarização* seria a falta de satisfação com o que oferece a escola por parte de um grupo fundamental de agentes sociais (especialmente os pais). Outro fator poderia ser a remodelação geral das políticas públicas, a *privatização* das certificações, o aumento progressivo do uso educativo das aplicações das TIC. Outro fator-chave que define o terceiro dos três cenários aqui apresentados é a escassez de professores que conduz à *desintegração* do sistema escolar.

O cenário do modelo de mercado estendido

> O cenário do *modelo de mercado estendido,* em síntese:
>
> – As características do mercado são consideravelmente estendidas, pois os governos potencializam a diversificação e retiram seu envolvimento direto na educação escolar, pressionados pela falta de satisfação dos *clientes estratégicos.*
> – Muitos provedores novos no mercado da aprendizagem, com reformas radicais nas estruturas de financiamento, incentivos e desregulamentação. Diversidade de serviços, mas a escola sobreviverá.
> – Importância fundamental da escolha – por parte dos que compram serviços educativos e dos empresários, pois o mercado avaliará as diferentes rotas educativas. Importância dos resultados cognitivos e provavelmente também dos valores.
> – As disposições em torno dos indicadores e da certificação substituem a supervisão pública e os ajustes do currículo.
> – A inovação é abundante, assim como as transições dolorosas e as desigualdades.
> – Surgimento de novos profissionais do ensino no mercado da aprendizagem: públicos, privados, de tempo integral ou parcial, etc.

Este é o futuro que, por razões ideológicas, muitos educadores rejeitam. Neste cenário, as características do mercado se ampliam de forma significativa quando os governos incentivam a diversificação e abandonam parcialmente seu envolvimento direto na educação, movidos pela insatisfação de um grupo de *consumidores estratégicos*. Muitos provedores novos chegam a esse *mercado da aprendizagem* levados pelas reformas radicais das estruturas de financiamento, incentivos e ajustes, mas se pode esperar que algumas escolas, públicas e privadas possam sobreviver. Neste futuro, a *escolha* – dos que *compram* e *vendem* serviços educativos – terá um papel-chave, dando valor de mercado aos diferentes caminhos da aprendizagem. Este reforço do papel de consumidor se realizará em termos de resultados cognitivos associados aos diferentes provedores, mas também estará muito centrado em sua capacidade para educar em certos valores. A gestão dos indicadores de qualidade e certificação será um tema-chave e servirá como *moeda de troca*. Haverá muita inovação, assim como mudanças dolorosas e desigualdades, especialmente durante a etapa de transição.

Uma sociedade em que este cenário poderia ter lugar

Por se tratar de um cenário *desescolarizador*, em que os sistemas educacionais terão perdido importância, este cenário compartilha características com o modelo de *rede*, quanto aos aspectos sociais e econômicos. A título de exemplo, as TIC serão o meio por excelência para atuação e proliferação do mercado. Ambos os cenários exigem que haja um desencanto generalizado com o setor público. A natureza do governo não será necessariamente a mesma. Na sociedade da rede, os grandes sistemas de governo se transformarão em *o pequeno é belo*. Mesmo que no cenário do mercado a escala do setor público e a confiança em suas instituições tenha diminuído muito, isto não significa que o governo em si mesmo seja necessariamente pequeno: o ajuste – a norma para entrar no *mercado de aprendizagem* e a garantia de qualidade – será a condição para que o modelo de mercado se estenda.

O aspecto mais controvertido das soluções do mercado na educação é, sem dúvida, sua potencial desigualdade, dado que a capacidade para comprar se torna algo fundamental e o Estado deixa de oferecer serviços e tomar decisões. Assim, é natural associar este modelo com altos níveis de desigualdade de recursos e com a distribuição da pobreza. O argumento contrário estipula que as soluções totalmente baseadas no mercado somente serão realistas em condições de bem-estar e eqüidade geral; de outro modo, a notória pobreza de grande parte da população exigirá uma presença mais forte por parte do governo. Assim, o modelo se associaria com altos níveis de igualdade, mas apenas com um frágil desenvolvimento do sentido compartilhado de eqüidade.

A profissão docente

Em comparação com os cenários anteriores, neste a força docente será muito diferente. Haverá um corpo docente menos diferenciado já que um grupo de novos profissionais com diferentes perfis – públicos, privados, às vezes completo, às vezes parcial – será atraído pelo mercado. Dado o papel das forças de mercado, vão proliferar ofertas de formação e certificação para esses novos profissionais, sujeitos a muitas inovações e também a perigos em relação à qualidade docente e às variações do mercado até que os novos cenários estejam implantados. Também crescerá a desigualdade em relação aos *novos profissionais* que estarão disponíveis nas redondezas e/ou nas ofertas do mercado, mas serão inacessíveis em outros contextos. A diversidade das carreiras docentes estará relacionada com a diversidade do próprio mercado e a própria idéia de carreira docente, como algo claramente definido, deixará de existir. Pode-se esperar que o mercado docente internacional – que já está crescendo pelo menos nos países de língua inglesa como resposta à falta de professores – siga se desenvolvendo muito mais.

Um cenário para o uso das TIC neste cenário

Neste cenário, as TIC teriam papel fundamental e indispensável. Ofereceriam um amplo espectro de currículos virtuais implementados por sistemas informáticos e suportes físicos altamente especializados, alguns baseados em tarefas educativas tradicionais, outros orientados de forma mais específica a temas como desenvolvimento de habilidades, aprendizagem para grupos religiosos, etc.

As TIC seriam a plataforma que determinaria a maneira como se desenvolveria a educação descentralizada e personalizada. Para os professores e alunos seria essencial se manter conectado e ter as habilidades necessárias para gerir estes sistemas de acesso a recursos, conteúdos, comunicações, etc. Haveria mecanismos para permitir aos estudantes transitarem facilmente de um sistema a outro, pois a educação apresentaria um amplo mercado com organizações inspiradas nas comunidades populares. O Estado poderia oferecer um currículo alternativo dirigido aos mais pobres. Os estudantes, por meio dessas potentes redes, seriam consumidores ativos, seu grau de atividade dependeria do grau de apoio que recebessem do Estado. Poderiam escolher seu provedor educativo a partir de seus interesses, condições de aprendizagem oferecidas, qualidade dos serviços adicionais, etc.

Nos cenários *desescolarizados*, tanto no dos mercados como no das redes, haveria muitas oportunidades para quem tenha capacidade de gestão e qualidades para ensinar que lhe possibilite progredir nestes ambientes tão competitivos. Vai se destacar o desenvolvimento das capacidades de todos os estudantes nas TIC, na escola ou pela auto-aprendizagem em casa, com certificação institucional. Professores bem formados, com perspectivas claras sobre como utilizar a tecnologia educativa (simulações, orientação, programas informáticos de apoio), fariam dela bom uso, mas de forma mista e diversificada – não haveria modelos-padrão. Já as escolas que não contem com os recursos necessários para competir, por má gestão ou formação dos professores, poderiam até mesmo desaparecer, em prejuízo dos habitantes de zonas menos competitivas. Muitas poderiam chegar a este beco sem saída – investindo na infra-estrutura e utilizando a tecnologia que a sociedade demanda, mas sem uma perspectiva educativa sólida nem o apoio necessário para usá-las efetivamente.

O cenário das redes de aprendizagem e a sociedade da rede

> O cenário das *redes de aprendizagem e a sociedade da rede*, em síntese:
> - Falta de satisfação com o sistema educacional e novas possibilidades de aprendizagem levam ao abandono das escolas. Redes de aprendizes como parte da *sociedade da rede*.
> - Redes baseadas em interesses familiares, culturais, religiosos e comunitários diversos, alguns de caráter local, outros criando contatos além das fronteiras físicas.
> - Crescem grupos pequenos, educação em casa e aprendizagem individualizada. Redução substancial dos modelos existentes de controle e rendimento de contas.
> - Uso de TIC potentes e baratas.
> - Desaparecem os profissionais específicos chamados *docentes*. Demarcações pouco nítidas entre professor e estudante, família e professor, educação e comunidade. Surgem novos profissionais da aprendizagem.

Pela conversão dos sistemas educacionais em redes, este é o mais radical dos cenários. A combinação da falta de satisfação com as escolas e os novos meios de ensino leva ao abandono do colégio. O uso de TIC potentes e baratas é fundamental, mas jamais pode ser consideradao a única característica definidora deste cenário. As redes de aprendizes, baseadas em interesses familiares, culturais, religiosos e comunitários diversos, se configuram como uma parte importante do conceito mais amplo de *sociedade da rede*. Algumas terão caráter muito local, outras estabelecerão conexões fora de seus limites e a grande distância. Vão generalizar-se o trabalho em pequenos grupos, a educação em casa e a aprendizagem individualizada, como já acontece em alguns países (especialmente nos Estados Unidos). Haverá grande redução da atual participação governamental na educação e rendimento público de contas. Enquanto este cenário pode tornar-se uma versão mais radical e anárquica do cenário do mercado, a linguagem e a retórica utilizadas são bastante diferentes – nos mercados, se destaca a *competência*, na sociedade da rede é a *cooperação*.

Uma sociedade em que este cenário poderia ter lugar

A ampla substituição de escolas por redes baseadas em diferentes interesses familiares, comunitários e religiosos pressupõe que estes interesses são suficientemente fortes, em amplitude e profundidade, para possibilitar a criação de redes de aprendizagem sobre uma base universal. Como no caso do cenário do *centro social*, este futuro, como tema de escolha pública, pode exigir estabilidade social e ausência de catástrofes; ao contrário, poderia se argumentar que a forte presença de redes de informação locais permitiria uma melhor adaptação ao caos provocado pelo conflito e a destruição global. O cenário da rede pressupõe pouca presença do governo e a rejeição das instituições públicas. Como modelo universal, parece depender mais das condições de bem-estar, em sociedades com um alto nível de formação, uso intensivo da tecnologia e baixas taxas de pobreza, mas as características da conexão em rede e aprendizagem informal também se adaptam bem às sociedades pobres. Neste cenário, dariam-se as fronteiras menos visíveis entre a educação inicial e a aprendizagem permanente, pois toda a aprendizagem para jovens e adultos ocorreria por intermédio de diferentes programas não-formais. Talvez não seja compatível com uma cultura elitista *intelectual* forte, mas suportaria uma ampla gama de tendências culturais e filosóficas. Por definição, o sistema educaional terá perdido seu papel de destaque na seleção social, reconhecimento de mérito e competência.

A profissão docente

Com relação aos docentes, a aprendizagem dos mais jovens deixará de ser responsabilidade dos lugares chamados *escolas*, mas tampouco o será de um grupo particular de profissionais chamados *docentes*. Todas as separações entre docentes e estudantes, escola e comunidade, tenderão a se diluir ou até mesmo a desaparecer. As redes de aprendizagem põem em contato grupos diferentes segundo as necessidades. Para apoiar estas redes, surgirão novos profissionais. Alguns serão contratados pelas grandes empresas de comunicação e TIC, para manter ativas as redes de aprendizagem, por meio de locais de consulta, diferentes *linhas de apoio* e visitas a casas. A educação se tornará algo muito menos formal e organizado, com o desaparecimento da sala de aula, e vai ocorrer por inúmeras vias, em diferentes ambientes, com um papel muito maior para a aprendizagem baseada na comunidade e na experiência.

Um cenário para uso das TIC neste cenário

Neste cenário, as TIC serão potentes e indispensáveis; serão usados a banda larga e os computadores com grande capacidade gráfica e multimídia que poderão executar diferentes tarefas simultaneamente. Os participantes destes ambientes virtuais estarão conectados com professores, grupos de trabalho e recurso em contextos de ubiqüidade global. Serão desenvolvidas soluções mais visuais, promovendo com determinação a aprendizagem não-formal fora das escolas.

As ferramentas a desenvolver permitirão que grupos de estudantes com diferentes culturas, línguas e até mesmo calendários escolares trabalhem juntos, realizem atividades complexas, avaliem sua aprendizagem, personalizem seu espaço de trabalho, dividam recursos, etc. As comunidades de aprendizagem coordenadas por redes digitais serão fundamentais e a socialização e o desenvolvimento afetivo ocorrerão em organizações comunitárias em que as TIC serão um meio-chave de coordenação. Em vez de seguir questionando a aprendizagem a distância, os modelos irão refinando-se juntamente com sistemas de certificação e avaliação apropriados e melhores modelos de aprendizagem.

As TIC serão utilizadas em todas as casas, proporcionando aos estudantes acesso a diferentes cursos e recursos por meio de redes eletrônicas. Predominarão os grupos de discussão eletrônicos nacionais e internacionais e de diferentes níveis. Isso levará à criação de grupos de interesse e amizade entre os jovens.

A responsabilidade da educação vai recair cada vez mais sobre as famílias e os estudantes do que sobre os professores e a escola. Os sistemas *familiares* arquivarão as atividades de ensino e aprendizagem de cada estudante, enquanto serão, no nível central, certificadas a oferta de cursos e a certificação dos resultados dos estudantes. Também há um alto risco de que aumente a brecha digital, porque a aprendizagem ocorrerá sobretudo em casa e em ambientes virtuais, o que estabelecerá um papel determinante para o capital cultural da família.

O cenário do êxodo de docentes e a desintegração do sistema

> O cenário do *êxodo de docentes e a desintegração do sistema*, em síntese:
> – Grande crise de falta de docentes, muito resistentes às respostas das políticas convencionais.
> – Crise ativada pelo crescente envelhecimento dos professores, exacerbada pela baixa moral dos docentes e florescentes oportunidades de um mercado de trabalho mais atraente para universitários.
> – O grande número de docentes docente significa grandes lapsos de tempo até que as medidas políticas mostrem resultados tangíveis no conjunto da força dos professores.
> – Grandes disparidades na profundidade da crise em função das áreas socioeconômicas e disciplinas.
> – Diferentes medidas para responder à *desintegração* – ou se entra em um círculo vicioso de redução e conflito ou surgem estratégias que aceleram a inovação radical e a mudança.

O cenário final centra-se nos professores. Nele se produz uma grande crise de falta de docentes que não responde às políticas convencionais. A crise é provocada pelo rápido envelhecimento da profissão e exacerbada pela baixa moral dos professores e as oportunidades flutuantes no mercado, com trabalhos mais atraentes para os universitários. O grande número atual do corpo docente significa que vai levar um tempo antes que se reconheça o tamanho da crise e que as medidas políticas tenham mostrado resultados; nesses casos, a situação piora. Podem-se aguardar grandes disparidades no aprofundamento da crise em função da sociogeografia, das disciplinas e áreas do currículo. Como cenário construído em torno de um parâmetro principal, sempre foi criticado por ser o mais parcial e menos coerente. É justo dizer que não parece provável que defina um futuro estável, mas pode ser o detonador de mais mudanças, em vez de um estável ponto final. Mas também se configurou como um dos cenários mais efetivos para incitar o debate nos lugares que sofrem com a falta de professores. Revelou-se, portanto, uma ferramenta valiosa, apesar de sua base analítica parcial.

Uma sociedade em que este cenário poderia ter lugar

Vai se chegar à desintegração em sociedades acomodadas e altamente formadas ou nas pobres e pouco igualitárias? Provavelmente, será nas primeiras, pois os professores tendem a ocupar melhores posições nas últimas e o ensino é uma atrativa fonte de emprego. Contudo, se a desintegração começa nas sociedades ricas, pode levar ao êxodo de docentes dos países mais pobres rumo a um crescente mercado internacional, sempre que o permitam as barreiras idiomáticas. Também poderia surgir em sociedades relativamente desiguais, desde que se transformem em mais poderosas e mais bem preparadas e, por isso, com crescentes alternativas para o emprego de universitários, mas com recursos estatais relativamente limitados para responder ao êxodo. Da mesma forma, é difícil dizer se este tipo de *desintegração* pode estar mais ou menos associado com as catástrofes globais, como a destruição devido a guerras generalizadas, ou a grande propagação de doenças e da miséria. A desintegração educativa poderia refletir um fracasso social geral, mas também pode ser uma particularidade das sociedades com melhor padrão de vida. Em resumo, é difícil descobrir ambientes socioeconômicos bem-delimitados que possam promover este cenário.

A profissão docente

Quanto aos professores, é possível que, diante dos primeiros sinais de uma grande crise, aumente a remuneração para frear as carências. Pode-se imaginar que o aspecto particular dos corpos docentes e o papel das associações e sindicatos cresçam em proporção à sua relativa escassez, mas também é plausível que os acordos e as estruturas das carreiras docentes estabelecidas desapareçam ante a *desintegração*. À medida que a crise avançar, vão piorar as condições de ensino, com problemas agudos nas áreas mais afetadas. Os tenazes esforços para conseguir com que os professores voltem às escolas, especialmente os aposentados, poderá levar a resultados decepcionantes, em particular nas áreas em crise. Desde que o êxodo dos professores avance e se reconheça a dimensão da crise da *desintegração*, os resultados destes cenários poderiam ser muito diferentes. Em um extremo, instala-se um círculo vicioso de redução, conflito e declive, que exacerba as desigualdades e os problemas. Em outro, a crise proporciona o estímulo para a inovação e a mudança radical, com a participação de diferentes grupos de envolvidos para impulsionar amplas estratégias de emergência. Outras respostas mais evolutivas poderiam situar-se entre os dois extremos. A adoção de uma ou outra resposta marcará uma diferença substancial na posição dos professores.

Um cenário para o uso das TIC neste cenário

O êxodo e a desintegração parecem mais propícios a ocorrer nos países e setores mais desenvolvidos, com melhor padrão de vida e um leque mais amplo de alternativas de emprego para a profissão docente. Nessas sociedades, o acesso à tecnologia, à cultura tecnológica e seu uso em todas as atividades humanas será algo natural nas casas e nos ambientes fora da escola. As famílias se responsabilizarão pelas tecnologias, enquanto as escolas proporcionarão apenas a infra-estrutura de comunicação básica para o acesso à rede sem fios.

As TIC serão consideradas *salvadoras da pátria* na educação, com um mercado forte se aproveitando desta crise pelo oferecimento de produtos para a aprendizagem, simulação de realidade virtual, sistemas inteligentes com bons modelos de aprendizagem e avaliação, etc. Serão utilizados sistemas de aprendizagem integrados para complementar as atividades dos professores. Tentar-se-á compensar a insuficiente cobertura educativa com a oferta de materiais de ensino, aprendizagem a distância de alta qualidade e televisão interativa. Haverá sistemas de avaliação autodiagnóstica e *on-line*, que se mostrarão efetivos para a formação em atividades técnicas e para os estudantes com um nível intelectual suficientemente desenvolvido para fazer bom uso deles. Nas áreas mais isoladas, podem-se investir recursos em redes de alta velocidade e na produção de materiais educativos especializados para compensar a falta de professores.

A internet será utilizada como instrumento fundamental para apoiar a resolução dos problemas de gestão gerados pela falta de professores: coordenação, comunicação, direção educativa, troca de informação. Para estes fins, as ferramentas de gestão e comunicação virtual serão fundamentais.

PARA CONCLUIR

O programa das Escolas do Amanhã da OCDE/CERI encontra-se atualmente numa encruzilhada, ao entrar em sua terceira fase. A primeira se caracterizou por um desenvolvimento analítico e metodológico substancial, a construção de uma série de cenários e a promoção de redes e inovação. A isto se seguiu um período de trabalho colaborativo com um pequeno número de sistemas *intranúcleo*,[5] para explorar o potencial do pensamento sobre o futuro e informar sobre os desafios concretos para a direção e as políticas educacionais. Hoje estão sendo preparados vários relatórios que apresentarão os resultados da fase dois e as lições metodológicas aprendidas para aplicar o pensamento sobre o futuro da educação.

A terceira fase promete ser a mais ambiciosa, até o momento. Buscará avançar o pensamento analítico sobre o futuro, enquanto amplia seu foco – prestando mais atenção à natureza da aprendizagem – e trabalhará com estudos paralelos da OCDE/CERI sobre o futuro da universidade. A maior ambição desta fase é no destaque que concede à sistematização de um sólido informe baseado em evidências, em que haja convergência de resultados de diferentes aproximações ao pensamento sobre o futuro, tanto do ponto da vista da educação como de outros fatores. Há uma busca para ultrapassar o exclusivo grupo de países *intranúcleo* para alcançar um maior número de sistemas educacionais. O amplo envolvimento de países no programa é essencial para construir uma base de conhecimento internacional sobre aplicações concretas do pensamento sobre os futuros da educação a temas prioritários da reforma e inovação educativas.

NOTAS

1. Tradução do inglês por Juana María Sancho.
2. Na publicação da OCDE de 2001 *What Schools for the Future?*, se elabora um conjunto de cenários considerando cinco dimensões: a) atitudes, expectativas, apoio político; b) metas e funções para as escolas; c) organização e estruturas; d) dimensões geopolíticas; e) força docente.
3. O relatório foi preparado pela equipe integrada por membros da *Red Enlaces*, Ministério da Educação do Chile (Pedro Hepp, Hugo Martínez e Magdalena Claro); Instituto de Informática Educativa da Universidade de La Frontera (Enrique Hinostroza e Ernesto Laval) e Fundação Chile (Célia Alvariño). O objetivo da equipe é efetuar análises mais sistemáticas sobre o papel das TIC em cada um dos seis cenários da OCDE.
4. Tal foi o interesse do projeto sobre os futuros da escola da OCDE/CERI que, desde o início, desenvolverm-se novas análises sobre o futuro da universidade e a aprendizagem ao longo da vida em geral.
5. Inglaterra, Holanda, Nova Zelândia e Canadá.

REFERÊNCIAS

OECD/CERI. *Knowledge Management in the Learning Society*. París, 2000.
OECD/CERI. *What Schools for the Future?* París, 2001a.

OECD/CERI. *The Well-being of Nations - the role of human and social capital*. París, 2001b.
OECD/CERI. *Networks of Innovation - towards new models for managing schools and systems*. París, 2003.
OECD/CERI. *Innovation in the Knowledge Economy: implications for education and learning systems.* París, 2004.
OECD/CERI. *Teachers Matter: Attracting, Developing and Retaining Effective Teachers*. París, 2005a.
OECD/CERI. *From Education to Work: A Difficult Transition for Young Adults with Low Levels of Education*. París, 2005b.